新时代大学出版社高质量发展探索与实践

主编

孙保营

河南文艺出版社
· 郑州 ·

图书在版编目（CIP）数据

新时代大学出版社高质量发展探索与实践/孙保营主编. --郑州:河南文艺出版社,2021.7

ISBN 978-7-5559-1193-7

Ⅰ.①新 … Ⅱ.①孙… Ⅲ.①高等学校-出版社-中国-文集 Ⅳ.①G239.22-53

中国版本图书馆 CIP 数据核字（2021）第 145801 号

策　　划　马　达
责任编辑　张　阳　刘晓晓
责任校对　樊建伟
书籍设计　孙文恒
统　　筹　李勇军

出版发行　河南文艺出版社
本社地址　郑州市郑东新区祥盛街 27 号 C 座 5 楼
承印单位　河南瑞之光印刷股份有限公司
经销单位　新华书店
纸张规格　700 毫米×1000 毫米　1/16
印　　张　23.5
字　　数　390 000
版　　次　2021 年 7 月第 1 版
印　　次　2021 年 7 月第 1 次印刷
定　　价　88.00 元

编委会

主　编：孙保营

副主编：李海涛　　丁忠华　　王卫疆　　李龙传

提升大学出版人的学术力（代序）

宗俊峰

习近平总书记站在新时代党和国家事业发展全局的高度反复强调："要繁荣发展文化事业和文化产业，提高国家文化软实力，推进社会主义文化强国建设。"大学出版社作为文化出版事业的重要组成部分，肩负着"举旗帜、聚民心、育新人、兴文化、展形象"的时代任务，是出版学术精品、弘扬大学精神、传承和发展社会主义先进文化的重要力量。

大学出版社学术为务、真知为根的品质与大学精神一脉相承，自成立以来始终坚持服务教学科研、服务人才培养的办社理念。曾任哈佛大学出版社社长 20 年之久的托马斯·J. 威尔逊曾说："大学出版社应是大学的事业，其首要职责是服务于母体大学。"我国现有大学出版社大多是 20 世纪 80 年代国家为解决大学教材出版的急需而设立的，历经 40 多年的改革与发展，已经成为大学传播学术成果的助推器，以及展示大学文化、理念、特质和形象的重要窗口。

近年来，大学出版社在服务大学教学、科研等方面取得了引人瞩目的成绩，发挥了不可替代的作用。当前，我国大学"双一流"建设正强力推进。配合这一国家重大战略的实施，大学出版社的发展必须有更高的目标。大学出版社必须牢记自身植根于大学的本质特征，承载文化高地守望者的角色和使命，积极谋划，主动对接，顺势而为，主动融入"双一流"建设。同时，面对新时代民族文化复兴的历史重任，大学出版社必须全面把握发展机遇，科学规划发展路径，坚持有所为有所不为，专注于擅长的出版领域，深耕特色专业出版，打造卓越出版能力；要以"书比天大，责比山重"的使命和担当，矢志不渝地走"专业化、精品化、学术化、特色化"的高质量发展之路。同时，要选择高水平作者创作高质量内容，确保实现精品出版和品质出版；要注重打造品牌出版人、品牌编辑、品牌作者，对于大学出版事业而言，就是要造就一批卓有成就的出版家和编辑家。

为了满足新时代对大学出版发展的要求，2020 年 7 月，郑州大学出版社举办"'新时代大学出版社高质量发展'理论研讨会"。研讨会要求全社员工应围绕本职工作，强化问题意识，加强工作研究，提升学术素养，把平时对出版和编辑工作的思考呈现在学术论文中，把撰写论文、研讨交流作为检验日常工作、提升能力素质的有效途径和手段；要求撰写的学术论文要以问题为导向，坚持新颖性、学术性和实践性，确保研究的是新课题、提出的是好思路、解决的是真问题。研讨会后，出版社各岗位员工以论文的形式，运用自己掌握的理论知识对出版实践中的问题进行深入分析，提出了许多有见地和实践价值的方法见解。这些论文写作水平普遍较高，有些基本达到在中文核心期刊发表的水准。特别值得一提的是，郑州大学出版社社长、总编辑孙保营同志率先垂范，在繁忙的工作之余，勤于思索，笔耕不辍，一年多来，先后在《中国出版》《中国编辑》《科技与出版》《编辑学刊》等 CSSCI 期刊或中文核心期刊发表论文 13 篇，其中《新时代学术图书责任编辑之责任的八个维度》以其思考深度和实践效度在中国编辑学会第 21 届年会主题征文中荣获一等奖；其向中国大学出版社协会 2020 年年会提交的《新时代大学出版社助推母体学校"双一流"建设的内在要求与实现路径》获评优秀论文并在《科技与出版》全文刊发，在大学出版界引起关注并获好评。

孔子有云："学而不思则罔，思而不学则殆。"这句话道出了学习与思考的辩证关系，对身处繁忙出版事务中的出版社员工处理好学与思、工作与学习的关系同样具有重要意义。撰写学术论文是提升员工综合能力的有效途径之一，但论文撰写需要进行调研，搜集信息，发现、提炼、思考、总结问题，势必会占用大量时间，这显然会出现一系列新问题，比如：如何在做好本职工作的同时提升自己的学术水平，并有学术成果的持续呈现；如何合理衔接和统筹安排工作与学习的关系，等等，这或许是摆在新时代大学出版人面前值得思索的课题。近两年来，郑州大学出版社学术成果丰硕、员工学术水平有效提升、职称晋升业绩显著；同时，社会效益考核连续三年获评"优秀"等级，在河南出版业一直位居前列，经济效益也大幅提升；出版的《中华战创伤学》荣获第五届中国出版政府奖。这也许就是正确处理好学习与发展的关系、上下协力打造出版品牌的积极成果，也从另一个维度印证了两者的辩证关系和学思正道。

我们知道，出版业总是与文化共生相长，不断推出反映时代需要、体现时代精神、记录时代脚步的精品图书。而相对于外显的出版物和出版活动，出版人则居于幕后、内隐无闻，"为他人作嫁衣裳"，不见丰功伟绩的辉煌，缺少厥功至伟的褒奖。但就是一代又一代的出版人，对一个时代文化的生产方向和生产方式产生着不可忽视的影响。我们每个大学出版人都要怀有"努力成为出版家"的职业理想；作为大学出版社的管理者，我希望大学出版人的素质素养不断提升，也乐见优秀的出版家不断涌现，并以此作为对我国出版事业，尤其是大学出版事业不断传承和发展的真诚祝福。

现在，郑州大学出版社意欲将此次研讨会后的优秀论文和一年来发表在编辑出版专业核心期刊的优秀论文一起编纂成册并公开出版，这是大学出版界的一次有益于出版人成长的尝试和创举，也是一件颇有价值的事情。欣喜之余，写下以上文字。

是为序。

2021 年 7 月于北京

（宗俊峰，中国大学出版社协会理事长、清华大学出版社社长）

目　　录

第一篇　积微成著:学术前沿思辨

《二月河先生纪念文萃》史实辨正

　　——兼论图书编辑的作家观与版本意识／李勇军／3

模因论与编校视角下非本义网络流行语的规范化

　　——以"怼""囧""怂"为例／刘晓晓／9

基于SCL-90的编辑出版人员心理健康状况的meta分析／张霞／20

第二篇　深耕厚植:选题策划要义

深挖地方文化资源,着力打造特色出版

　　——以《河南省图书馆地方特色文化资源概览》为例／申从芳／35

特殊儿童教育图书策划出版问题及对策研究／宋妍妍／43

论高校出版社马克思主义理论选题策划的基本原则／辛菲／54

教材类图书编辑与具有双重身份作者的有效沟通探究／刘金兰／64

提高书稿来源质量的四个支点／陈文静／71

浅析图书出版过程中策划编辑与作者的有效沟通／胥丽光／79

浅析策划编辑和文字编辑分离背后的"隐患"／张华／86

第三篇　目营心匠:编校实务探微

图书编辑在实际工作中如何践行"脑力" / 孙精精 / 99

锤炼工匠精神,提高图书编校质量 / 樊建伟 / 108

深挖图书质检服务功能,助力编校人才精准培养 / 刘开 / 118

学术图书编辑中的常见问题及对策探析 / 张锦森 / 124

流程化管理在图书编校质量管理中的应用 / 苗瑞敏 / 132

学术图书编辑中的问题分析与对策建议 / 杨飞飞 / 140

建筑工程类图书典型问题的编辑加工浅析 / 刘永静 / 149

第四篇　以人为本:编辑队伍建设

新时代高校出版社编辑人才培养刍议 / 李珊珊 / 159

高校出版社编辑职业倦怠及纾解策略 / 和晓晓 / 167

青年编辑职业倦怠的影响因素及纾解路径 / 刘永静 / 172

新时代高校出版社青年编辑成长的困局及破解 / 吴静 / 181

培养出版人工匠精神的策略考辨 / 陈思 / 190

新时代学术图书编辑能力提升研究 / 刘莉 / 197

新时代出版社医学编辑核心能力的四个维度

　　——以"'一带一路'背景下国际化临床医学丛书"出版为例 / 李龙传 / 204

医学编辑能力提升方法研究 / 张彦勤 / 213

新媒体时代出版社编辑"存在感"探析 / 王红燕 / 219

黏度思维:新时代图书编辑的核心竞争力 / 成振珂 / 228

新时代图书编辑能力内涵及提升路径 / 寇小艳 / 236

新时代对图书编辑能力的要求及提升路径 / 王莲霞 / 244

第五篇　开拓创新:出版营销方略

浅谈线上销售崛起对图书行业销售模式的影响 / 刘宇洋 / 255

"互联网+"时代大学出版社营销模式创新探析 / 丁忠华 / 264

中小型地方大学出版社学术出版的困境与对策 / 崔勇 / 271

新时代高校教材出版的问题及对策 / 祁小冬 / 277

第六篇　科学管理:转型发展探究

完善出版职业资格管理的思考 / 凌青 / 285

高校出版社数字化转型升级研究 / 黄世昆 / 291

数字化背景下高校出版社转型升级研究 / 郜毅 / 299

新媒体时代高校出版社核心竞争力培养研究 / 孙泓 / 306

基于书号实名申领信息系统升级改造的思考 / 侯晓莉 / 314

新时代高校出版社党建工作:问题、成因及对策 / 赵常信 / 321

新时代高校出版社高质量特色发展之路

　　——以郑州大学出版社为例 / 张卫明 / 328

基于区块链技术的出版行业转型研究 / 王卫疆 / 334

参考文献 / 342

后记 / 364

第一篇

积微成著：学术前沿思辨

《二月河先生纪念文萃》史实辨正
——兼论图书编辑的作家观与版本意识

李勇军

摘要：现当代作家被误读现象屡见不鲜。一个成熟的图书编辑，应该对相关作者做出准确的评判，并具备相应的版本知识和版本意识。

关键词：二月河；误读；编辑的作家观；版本意识

一、被误读的二月河

"世界上有华人的地方，就有二月河的书。"这种说法不算夸张。

在担任《二月河先生纪念文萃》（鲁钊主编）责编的过程中，我再一次认真思考一个严肃的话题：现当代作家特别是当代作家被误读的现象。最典型的一种说法是："《康熙大帝》第一卷出版后，立即轰动文坛。"事实则是，该卷出版后，造成严重库存积压。第一至四卷的印刷数字就是明证。第一卷《夺宫》印数 75 800 册，第二卷《惊风密雨》印数 38 000 册，仅为第一卷的二分之一，第三卷《玉宇呈祥》印数 10 100 册，不及第一卷的七分之一……文学的背影并未走远，即从进入新时期的 1977 年算起，至今不过 40 余年。那么，文坛内外的人物到底是缺失常识，还是过于健忘呢？

看来，从最初的记忆到年迈时的忘却，从记忆的形成到记忆的磨蚀，从记忆能力尚未健全到记忆能力的丧失，此间的种种问题注定会摆在我们的面前……①

① 德拉埃斯马. 记忆的风景 [M]. 张朝霞，译. 北京：北京联合出版公司，2014.

下面我们举例说明。

二、史实举隅

这部《二月河先生纪念文萃》所收文字出自数十位作者之手，有的前后矛盾，有的与史实不符，这里所举四例均属于后者。

（一）《夺宫》与"夺宫初政"

【例1】从此《夺宫初政》《惊风密雨》《玉宇呈祥》《乱起萧墙》陆续推出。因此，二月河常对人说，"周熠是我出书的引荐人"。

二月河《康熙大帝》的第一卷《夺宫》，黄河文艺出版社 1985 年 11 月第 1 版。笔者注意到，以后陆续出版的第二、三、四卷《惊风密雨》《玉宇呈祥》《乱起萧墙》均为四字书名。接下来，《雍正皇帝》三卷也都是四字书名：《九王夺嫡》《雕弓天狼》《恨水东逝》；《乾隆皇帝》六卷仍然是四字书名：《风华初露》《夕照空山》《日落长河》《天步艰难》《云暗凤阙》《秋声紫苑》。

其中，《乾隆皇帝》第五卷《云暗凤阙》曾用名《月昏五鼓》，先后有两个版本：新世界出版社 1999 年 5 月版、河南文艺出版社 1999 年 7 月版。

二月河在一篇文章中写道：《康熙大帝》的第三卷，卷名还是责编顾仉九先生的提议（见《我和我的编辑》）；第一卷最后定名为《夺宫》，也许同样源于顾先生的提议？如今两人均已作古，已无从考证。

到了 2002 年，长江文艺出版社出版发行 13 卷本《二月河文集》，《夺宫》改名为《夺宫初政》。

（二）二月河并非"出生在二月"

【例2】你曾经说，你出生在二月，黄河冰凌解放了，大自然美景又掀开新的一页。

2007 年，二月河出版自传体长篇散文《密云不雨》①，开篇写道：

_____

① 二月河. 密云不雨［M］. 北京：作家出版社，2007.

1945 年的农历九月二十九,这个阴寒的深秋,在山西省昔阳县一个偏僻的山庄,我出生了。这个地方叫南庄,也称南李家庄。在昔阳县正北偏东,倚浮山襟神山,傍莲花山、凤凰山……前后左右都是山,也有一条河,叫铺沟河。你打开地图,根本就找不到这条河。但我曾经见过这条河,是满沟的石头蛋子,大的犹如卧牛,小的鸡蛋许大,干得几乎见不到水。以至于我在后来写书,起笔名时根本就想不到它。

笔名"二月河"的由来,跟"出生在二月"也没有任何关系。

田永清先生《二月河开凌解放》一文写道:"二月河"这个笔名,是他年满 40 岁、正式出版《康熙大帝》第一卷时,才首次使用的。他当时的考虑是:自己创作的是长篇历史小说,而自己的名字叫凌解放,一个历史,一个现代,二者有点不协调,于是想改用一个笔名。究竟用什么笔名呢?顺着"凌解放"找思路:凌者,冰凌也;解放者,开春解冻也。冰凌融解,不正是人们看到的二月河的景象吗?这里,二月河特指黄河。

马先灿先生则认为,"二月河"这个笔名很可能出自"初唐四杰"之一杨炯的《出塞》诗:

> 塞外欲纷纭,雌雄犹未分。
> 明堂占气色,华盖辨星文。
> 二月河魁将,三千太乙军。
> 丈夫皆有志,会见立功勋。

这首五律写得雄健有力,格调超拔,从中选词,用作笔名,正可表达凌解放以借著书立说的形式而建功立业的宏大抱负。

(三)历史著作与历史小说

【例 3】一位以文为道见证改革开放四十载的中国文人,一名以史为镜书写"落霞三部"皇皇史的南阳赤子。

"皇皇史"?二月河先生的"康雍乾系列"是历史题材的长篇小说,它与史学著作大相径庭。

历史,也可简称为"史",或者特指人类社会发展史(不是"植物史""动物进化史"之类),它是记载和阐释人类历史事件的一门学科。这门学科领域的著作,就是史学著作。

历史小说是小说的一种，它以历史人物和事件为题材，反映一定历史时期的生活面貌和人物事迹；作品中描写和表现的人物和事件，一般都要有历史根据，但同时允许适当的虚构，包括对有关重大历史事件的重要情节的虚构——特别是"戏说"风格的历史小说。具体到二月河的历史小说创作，他遵循的是"大事不虚，小事不拘"和"不求真有，但求会有"的原则。作品本身虽然可以传递给读者一定的历史知识，但它主要以塑造人物形象给读者以文学的熏陶和人生的启迪。

历史著作不容虚构，但也未必完全客观、真实，因为"历史是人写的"，历史著作也是人写的，那么书写者必然有自己的观点倾向和个人好恶，同时个人识见、知识积累也有局限性，还有客观条件的限制（如研究现当代史，相关档案解密极其有限）等。

《清史稿》《清实录》是历史著作，二月河的《康熙大帝》《雍正皇帝》《乾隆皇帝》是长篇历史小说；换句话说：前者不允许虚构，后者则尽可能放开想象、大胆虚构。

——但是也有一种较为极端的说法：小说是"除了人名、地名之外，其他都是真的"；而有些历史著作则"除了人名、地名，基本史料都是假的"。

（四）第 100 名不是"压轴"

【例 4】《雍正皇帝》被评选为"20 世纪中文小说一百强"的压轴之作。

"20 世纪中文小说一百强"，由香港《亚洲周刊》评出，二月河的《雍正皇帝》排在第 100 位（最后一位）。鲁迅名著《呐喊》高居榜首。

严格说来，该奖项并非"政府大奖"，它与内地《小说月报》杂志的"百花奖"（该刊由百花文艺出版社主办）、《人民文学》杂志的"人民文学奖"、《十月》杂志的"十月文学奖"等并没有本质的区别。

但从另一个角度来说，这是对一个世纪以来，整个华人世界小说创作的大盘点，且评委阵容强大，包括多位知名学者，如余秋雨、王蒙、王晓明、刘再复、谢冕、南方朔、刘以鬯、黄继持、黄子平、郑树森、王德威、潘雨桐、黄孟文等，评选具有代表性和公信力，因此影响巨大。

除《呐喊》之外，排在第二、三、四位的分别是《边城》（沈从文）、《骆驼祥子》（老舍）、《传奇》（张爱玲）；同时入围该奖项的还有长篇历史小说《曾国藩》（唐浩明），排在第 36 位。

"压轴"，是戏曲术语，指演出中的倒数第二个剧目，由最末一个剧目称"大轴"而得名（京剧把第一出戏叫作"开锣戏"，第二出叫作"早轴"，第三出叫作"中轴"，第四出就叫作"压轴"，最后一出叫作"大轴"——也叫作"送客戏"）。演压轴戏的一般都是戏班挂头牌的主要演员。现在人们往往把"令人注目""最后出场"的视为"压轴"。

显然，在上述"一百强"中，如果把二月河《雍正皇帝》视为"压轴"，鲁迅、沈从文诸公，岂不成了"开锣戏"！

三、编辑的作家观与版本意识

上述误读，除了作者缺乏基本常识之外，最主要的原因还是对作家、对作品并非真正熟悉。

一名成熟的编辑需要具备多种素质，而客观准确的作者（作家）观、科学理性的版本意识必不可少。

先说作家观。

作为编辑，应该能够对自己的作者做出客观、准确的评判。这种评判既建立在对作家本人，即"人脉"的把握上，也建立在对其不同创作阶段代表性作品的认真阅读的基础上。编辑的身份首先是读者（而且往往是第一读者），但同时又"高于"读者，其阅读过程应该带着专业眼光。对作家有意无意地拔高，与对作家有意无意地贬低一样，都是对作家、对文学史的不尊重，也必将影响和制约着编辑职业素养的提升。以二月河《康熙大帝》第一至四卷为例，各卷印数等基本信息是：第一卷《夺宫》，1985 年 11 月第 1版，印数 75 800 册；第二卷《惊风密雨》，1987 年 6 月第 1 版，印数 38 000册；第三卷《玉宇呈祥》，1988 年 8 月第 1 版，印数 10 100 册；第四卷《乱起萧墙》，1989 年 12 月第 1 版，印数 12 000 册。可以看出，第二卷的印数仅及第一卷的二分之一，第三卷的印数不及第一卷的七分之一。那么，何来"出版后，立即轰动文坛"之说？

作为图书编辑，对作者的误读、误判，不外乎以下原因：一是缺乏相应的专业素养；二是"外因"影响了正确的评判，比如作者担任较高的行政职务或在学会、协会等团体担任较高的社会职务，被尊为"大师"、学术权威，或者是相应的专业团队进行过刻意包装、有较高的显示度，或者被"粉丝""水军"的叫好声影响了判断力。

正如每位作家都有自己生活的"深井"，每位编辑也应该建立自己特定的作者队伍，其中蕴含着真正的核心出版资源，不为所谓的"主流批评"所左右，不为流俗所左右。而且，深入一个作家的世界，往往能够让一位编辑发现一个庞大作家群的"矿脉"。

再说版本意识。

图书编辑的版本意识与作家观，其实是一个问题的两个方面。

作者资源（作家、学者及其他专业人员）的积累，并非单单"人脉资源"的问题，还包括对作者学术背景的"心领神会"，对其作品相应版本的把握，对其不同时期代表性作品的阅读，对于同一部作品不同版本的把握。版本变迁源流，直接反映了作家的创作轨迹，同时也是出版史的直接印证。

以版本为出发点，成熟的编辑应同时具备"向后看"和"向前看"的出版理念。"向后看"即从已出版图书中寻求超越和突破，或旧瓶装新酒，或新瓶装旧酒，做出适应市场、满足读者需求的出版产品；"向前看"即具备不同寻常的前瞻意识，见微知著，见一叶而知秋之将至，开发出学科前沿的出版资源。莫言在获得诺贝尔文学奖之后，首次编选文集的版本观就颇有代表性："编选这种总结性的文集，最大的羞愧就是面对着那些当初草率付梓、如今不堪入目的文章。当然也可以将这类文章剔除出去，但既是阶段性的全集，剔出去又名实不副；当然也可以将不满意的文章大加删改，但如此又有不忠实自己的写作历史之弊。因此……除了技术方面的错误，其余的尽量保持原貌。以前改动过的，以最后一次定稿为准。"

一个成功的作家，都应具备强烈的版本意识。

同样，没有版本意识的编辑，也无法成为一名称职的编辑。

模因论与编校视角下非本义网络流行语的规范化
——以"怼""囧""怂"为例

刘晓晓

摘要：流行语"怼""囧""怂"等的流行义与其本义相差甚远，它们属于非本义网络流行语，其语义演变的背后有强势语言模因的支撑。在语言文字应用领域将其判定为对规范语的讹用，将会给编辑出版工作带来一定的影响。它们对相应本字"㨃""窘""㞞"的替代是社会文化选择（强势语言模因左右社会文化选择）和语言内部规律双重作用的结果。相关语言文字工作者对于它们进入汉语规范语系统，应持欢迎态度。

关键词：非本义网络流行语；讹用；强势语言模因；新词语规范基本原则

近年来，随着 4G、5G 技术的飞速发展，互联网越来越多地介入人们的日常生活，并由此形成独特的网络文化。我们知道，语言是文化的主要载体，网络文化的勃兴，必然会催生大量的网络流行语。这些流行语一经出现，便借由网络迅速传播，进而影响社会生活的方方面面，如"怼"字在这两年热度很高，频繁见诸各大报刊、网站，甚至被《咬文嚼字》评选为 2017 年度十大流行语之一。

不少语言学领域的学者研究指出，这些已经在生活中被频繁使用的流行语，其流行义都与本义相差甚远，是对规范语的一种讹用，应该用规范语替代它们。郭祥将此类流行语定义为非本义网络流行语，认为它们是"最初孕育发酵于网络环境中，后被社会大众认同并使用，产生出不同于其原始义、基本义或字面义的新义的词语"。① 如"怼"字在《现代汉语词典》（第 7 版）的读音是"duì"，表"怨恨"义，而表达"反驳、对抗、碰撞、斗嘴"义且读为"duǐ"的，实则应是北方方言中的"㨃"字。孔国兴认为，"'㨃'和'怼'音义相去甚远，断不可混而同之"，并指出，"作为使用规范语言的重要媒介，主流媒体对流行词语的使用也应持审慎的态度"。②

笔者认为，规范化工作对汉语的健康发展十分重要，在网络流行语极为活跃的今天，我们当然不能为了求新求异，对流行词语不加选择地吸收、使用。但是，汉语作为一种意合型语言，本身就是一个包容性较强的动态化系统，对于"怼""囧""怂"这类非本义网络流行语，我们可以跳出现有语言规范的桎梏，看到其语义演变及传播背后的复杂机制，在审慎的基础上，对其持更宽容的态度。

本文以"怼""囧""怂"为例，采用北京语言大学大数据与语言教育研究所研发的 BBC 语料库和各门户网站的语料，分析非本义网络流行语的语义演变，以及这种演变背后所支撑的强势语言模因，再结合笔者从事编辑出版工作的心得体会和新词语规范的基本原则，得出结论：对非本义网络流行语进入规范语系应持欢迎态度，不能"全盘否定"和"封杀"它们。

一、基于语料库和门户网站的语义演变分析

关于"怼""囧""怂"的语料众多，这里笔者进行了筛选，仅选取 BBC 语料库报刊项和主要门户网站的语料分析如下。

（一）"怼"字的语义演变

根据杨绪明、陈晓的研究和《辞海》（第 7 版）的释义，"怼"字早已在古汉语中出现，《穀梁传·庄公三十一年》中有"财尽则怨，力尽则怼，君子危之，故谨而志之也"，这里"怼"读"duì"，表"怨恨"义，与现在"怼"字的读音和含义一致。不过，"怼"在现代汉语中已经基本失去了独立用法，只能作为一个语素，搭配"怨"字，组成"怨怼"一词被大众使

① 郭祥. 当代非本义网络流行词（语）研究［D］. 泉州：华侨大学，2020.
② 孔国兴. "怼"：一个错误的研究对象［J］. 中国图书评论，2019（9）：33.

用。如：

老书记在当地一干就是十七年，老百姓称他"龙王"，半是怨怼半是敬畏，那个被人"骂"的水利工程就是占地一千余亩的枣林水库。（《人民日报》2017 年 10 月 28 日）

可以看到，规范语系统中"怼"字的含义和用法，都与作为流行语的"怼"字相去甚远。那么，作为流行语的"怼"字，其意义和用法如何呢？根据杨绪明、陈晓等人的研究，作为流行语的"怼"字是对北方方言中"㨃"字的讹用，多表"碰撞、反驳、对抗、斗嘴"义，可以作为一个动词单独使用，也可与"互""开""上"等词组合使用。如：

（1）表示碰撞

轿车轮胎漏气失控，怼上隔离护栏。（《潇湘晨报》官方百家号 2020 年 4 月 22 日）

（2）表示反驳

特别是年轻一代对西方的态度，更耐人寻味：面对西方的一些"傲慢与偏见"，他们不再卑怯、沉默，而是理直气壮地"怼"回去。（《人民日报》2017 年 11 月 28 日）

（3）表示对抗

朝鲜领导人与美国总统特朗普新年仍然不忘隔空"互怼"。［《人民日报》（海外版）2018 年 1 月 5 日］

（4）表示斗嘴

我常在论坛里"灌灌水"，与观点相反的人互怼，特别有意思。［《人民日报》（海外版）2017 年 8 月 4 日］

孔国兴指出，根据《汉语方言大词典》，北京官话、胶辽官话、西南官话、吴语、粤语、中原官话中都出现动词"㨃"，最开始表示"冲撞、顶撞"义，后经语义泛化，逐渐演变为上述语义。① 钱添艳、尹群认为，方言"㨃"在进入网络语境时，因大众对"㨃"字极为陌生，便选择了与其读音相近且较为熟知的"怼"字替代，并且从字形结构上看，"怼"字部首为"心"，

① 孔国兴."怼"：一个错误的研究对象［J］.中国图书评论，2019（9）：30.

更容易使大众将其与情绪、态度联系起来。① 这样"怼"便借用了"㨃"的读音和意义，在网络语境中取代了"㨃"，并有逐渐进入规范语的趋势。2016 年 10 月 28 日，综艺节目《真正男子汉》第 2 季第 2 期中，某嘉宾被教官批评教育后问："这就叫被怼吗？"教官便说出了一番"小怼小进步，大怼大进步，不怼不进步"的"理论"。"怼"因此渐渐流行起来，发展出上述含义，并成为 2017 年度十大网络流行语之一。

（二）"囧"字的语义演变

"囧"字被不少网友誉为"最牛古汉字"，不过根据《辞海》（第 7 版）和《说文解字》的释义，以及相关研究可知，网络语境中"囧"字的语义与其本义可以说是风马牛不相及的。《说文解字》对"囧"的释义是："囧，窗牖丽廔，闿明也。"《辞海》（第 7 版）认为，"囧"同"冏"，像窗口通明之状。所以，"囧"本为窗户的象形，表"光明"义。

而在网络语境中，"囧"因其独特的字形——"口"部里的"八"和"门"组合起来非常像一张有着八字眉的、看起来十分无奈的人脸。又因"囧"与表示"为难"义的"窘"读音相同，都为"jiǒng"。故而，作为流行语的"囧"主要衍生出一种混合了尴尬、无奈、为难、郁闷、调笑等情绪的复杂语义。如：

　　《港囧》引发的港片思考"囧囧"有神真不是传说。[《人民日报》（海外版）2015 年 10 月 9 日]

　　《食在囧途》汇聚了很多关于"吃"的囧事，还原了人们日常生活中真实的一面……用食物化"囧"为乐，节目倡导了一种"热爱生活""热爱美食"的健康理念。（《人民日报》2017 年 1 月 26 日）

　　《尬！囧！糗！娱乐圈 2020 年最尴尬时刻》（北晚新视觉网 2020 年 12 月 31 日）

萧振华认为，"囧"字未被收入《通用规范汉字表》，是非传承用字，在文字意义上，完全可以用其他规范字替代②，但他并未指出应该用哪一个规

① 钱添艳，尹群. 从网络新词"怼"看方源词的扩大化 [J]. 湖州师范学院学报，2019，41（11）：110-116.

② 萧振华. 出版物质量问题典例面面观 [M]. 合肥：安徽教育出版社，2020：2.

范字。吕宝霞认为,"囧"字是"窘"的假借字。[①] 周雯迪认为,"囧"字缺乏"窘"字所表达的"穷困、困苦"义,"窘"也无法表达"囧"在流行语境中的"调笑、幽默"义,因此双方不能互相代替。[②] 虽然学界对于"囧"是否为"窘"的讹用有争议,但大多学者都不赞同将"囧"纳入规范语系统,尽管围绕"囧"字已经有"囧"系列电影和节目。

(三)"怂"字的语义演变

《现代汉语词典》(第 7 版)中,"怂"字的读音是"sǒng",表示"惊惧、鼓动"义,多与"恿"搭配在规范语中出现。如:

> 本来觉民、觉慧、淑英、淑华几个人曾经怂恿他们的母亲把琴留在这里过新年,但是张太太说家里有事情,终于把琴带回去了。(巴金《家》)

> 换个角度来看,菲现政府近年来之所以在南海问题不断挑衅,阿基诺三世甚至屡屡对中国出言不逊,与美国的怂恿打气有很大关系。(《光明日报》2015 年 8 月 4 日)

而在网络语境中,作为流行语的"怂"读作"sóng",可单独作为形容词使用,表示"讽刺人软弱无能"义。也可与"认"搭配成"认怂"一词,表示"服软、认输"义。如:

> "款式太土""看上去很怂""我的青春被校服毁了"……校服为何总是广为诟病?(《人民日报》2016 年 9 月 8 日)

> 元谷迅速"认怂",不仅马上撤走刊物,还忙不迭地发表声明"表示遗憾",并一再辩称这是"误会"。[《人民日报》(海外版)2017 年 2 月 18 日]

吉沅认为,作为流行语的"怂",其实是陕甘地区方言词"㞞"的讹用,其品格比较低下,并不适合在大众媒体中广为传播。[③]《现代汉语词典》(第 7 版)中,"㞞"字简化为"尿",读作"sóng",表示"讽刺人软弱无能"义。从这点看,"怂"与"㞞"的关系与"怼"和"撑"类同。表示"讽刺

---

① 吕宝霞."囧"的古词新义及其演变的认知研究 [J]. 现代语文,2010 (27):133-136.
② 周雯迪."囧"与"窘"行废关系探析 [J]. 名作欣赏,2018 (9):162-164.
③ 吉沅. 不必为"怂"站台 [N]. 语言文字周报,2019-01-23 (1).

人软弱无能"的"屄"从方言进入共同语,大众因对"屄"的认知程度低,便选择了与其读音相近且认知程度高的"怂"字替代。而且从字形结构上看,"怂"由"从"和"心"组成,很容易让大众把它与人的性格、行为联系起来。

以上,笔者分析了非本义网络流行语"怼""囧""怂"的语义演变。可以看到,不少学者对它们的应用及流行持否定态度,认为其是对规范语"憝""窘""屄"的讹用。但是,笔者认为,语言是社会文化的主要载体,"怼""囧""怂"这类非本义网络流行语的语义演变过程是比较复杂的,其衍生传播的背后是有强势语言模因支撑的,并且它们在实际应用中是经过了大众刻意筛选的,其衍生并不是毫无根据和义理的。这就要求我们不能囿于语义分析的角度,而应从语言文字应用涉及的相关领域综合考量对非本义网络流行语的规范化。

二、基于模因论的语义衍生与传播分析

何自然认为,模因(meme)一词,最早由新达尔文主义(neo-Darwinism)的倡导者理查德·道金斯(Richard Dawkins)在 1976 年所著的《自私的基因》一书中提出,是对基因(gene)一词的仿造。模因是一种文化基因,可以通过类似病毒传染的方式,嵌入人们的大脑并"寄生",随后通过复制模仿在人类社会传播。"比如说,对某种事物,如标语口号、时髦用语、音乐旋律、创造发明、流行时尚等,只要有谁带个头,人们就会自觉不自觉地跟着模仿起来,并传播开去,成为'人云亦云''人为我为'的模因现象。"[1]

显然,流行语就是一种模因。尤其是在网络语境中,网民对语言的使用多求新求异,一个新词语一经生成,便能经由网络渠道迅速在人们的大脑中"寄生"、复制、模仿并传播。并且,何自然指出,语言模因也分为强势语言模因和弱势语言模因,强势语言模因能得到人们的广泛认同,可以决定人们交流时的心理意向,从而在社会语境中广泛传播,战胜弱势语言模因。[2]

---

① 何自然. 语言中的模因 [J]. 语言科学, 2005 (6): 54-55.
② 何自然. 流行语流行的模因论解读 [J]. 山东外语教学, 2014 (2): 9-10.

曹进、靳琰指出:"凡是复制的保真度高、被复制的机会多、传播的范围广、存活的时间长、传播效果明显的模因就是强势模因。"[1] 他们将网络流行语中的强势语言模因分为表情符号模因、社会语用模因、缩略模因和谐音模因等 11 类。根据其定义,结合前面的语义分析,笔者认为,"怼""囧""怂"这类非本义网络流行语的衍生与传播是表情符号模因和谐音模因综合作用的结果。

在网络语境中,表情符号有生动形象、易于模仿、传播范围广且效果明显的特点,因而,表情符号在网络时代受到热捧,是一种强势语言模因。汉字本身就是一种表意文字,可以不依赖语音,以字形表达意义,故汉字本身就有成为表情符号模因的潜质。如"囧"字本身特殊的字形,不仅让人过目难忘,而且在表达"尴尬、无奈、为难、郁闷、调笑"等义时,保真程度高,更能让人们从视觉上迅速理解并传播这种含义。在这一点上,"窘"字因字形不够生动形象、不易模仿传播等,成为弱势语言模因,从而在网络语境中逐渐被强势语言模因"囧"替代。"怼"和"怂"的流行也与它们的字形有一定的关系,它们的大众认知程度高,都有"心"作为部首,使人们易于联想到与自身相关的情绪、性格等,其认知程度高又决定了保真程度高,便于模仿传播。而"㨃"和"㞞",单从字形上看,很难让人把它们和与自身有关的情绪、性格等联系起来,并且大众对这两个方言词的认知程度较低,这些都不利于"㨃"和"㞞"在社会中的模仿传播,所以这两个词也逐渐被强势语言模因"怼"和"怂"代替了。

曹进、靳琰认为,谐音类模因是指人们利用谐音关系(音同或音近),创造新词或借用既有词语代替原词,人们"多选用最为简洁的'形'来最大限度地传递丰富的'义'"。[2] 从这点上看,"怼""囧""怂"与"㨃""窘""㞞"音同或音近,字形上最为简洁、表义丰富、便于联想传播。这也是"怼""囧""怂"成为强势语言模因,逐渐替代"㨃""窘""㞞"的另一原因。

以上,我们分析了作为网络流行语的"怼""囧""怂"语义衍生与传播背后是有强势语言模因作为支撑的,它们的流行并非讹用那么简单。并

① 曹进,靳琰. 网络强势语言模因传播力的学理阐释 [J]. 国际新闻界,2016 (2):39.
② 曹进,靳琰. 网络强势语言模因传播力的学理阐释 [J]. 国际新闻界,2016 (2):53.

且，作为强势语言模因的它们，几乎在实际应用中挤占掉了"撑""窘""屉"的生存空间。以"怼"和"撑"为例，笔者搜索 BBC 语料库的报刊项，共得到 71 条语料，去除乱码语料和表示"怨怼"义的语料 43 条，剩余28 条语料均表示"碰撞、反驳、对抗、斗嘴"义，搜索"撑"则无结果。面对这样几乎已被社会约定俗成的强势语言模因，将其判为讹用并进行规范化是否合适呢？下面，笔者结合从事编辑工作的心得体会与新词语规范基本原则，谈谈对"怼""囧""怂"这类非本义网络流行语规范化的看法。

三、基于编辑出版工作和新词语规范基本原则的分析

（一）强势语言模因对编辑出版工作的影响

作为一名编辑，笔者发现编辑出版工作的各个阶段经常受到"怼""囧""怂"这种强势语言模因的影响。

首先，作者创作和编辑审稿加工阶段。因这种强势语言模因复制的保真度高、传播的范围广、传播效果明显、时尚度高，一旦流行便会经由网络及社会生活的各个渠道迅速嵌入作者的大脑，决定其创作时的心理意念。这样不少作者在使用这类词时理所应当地认为它们便是规范词，可以将其写入书稿。以笔者在 2020 年度工作中遇到的书稿为例，"怼""囧""怂"这三个流行语在书稿中的"讹用率"几乎是 100%。笔者将其修改为"撑""窘""屉"后，不少作者会觉得是改错了，有的要求再改回去。这种情况有时候需要编辑和作者反复沟通，会增加书稿发排前的工作时间。而且，现在使用拼音输入法的作者也越来越多，以搜狗拼音输入法为例，笔者在输入"duì""jiǒng""sóng"时，"怼""囧""怂"的排位都远比"撑""窘""屉"靠前。甚至"撑"和"屉"二字，初次输入时，需要手动下翻多行才能出现，这无疑增加了作者的打字时间，使其复制保真度低、传播难度增加，更加重了这类语言模因的弱势程度。故而作为规范语的弱势语言模因在作者创作和编辑审稿加工这一阶段被作为流行语的强势语言模因挤占了，会给图书出版工作增加相应的时间成本。

其次，书稿发排环节。按照现行出版规范，"怼""囧""怂"还未进入

规范语的系统，很多专家不建议其出现在正规出版物中。那么，编辑在审稿加工的时候，就需要把其改为规范语"撑""窘""屄"，然后才能将书稿发排。但是，"撑"和"屄"二字来自方言，比较生僻，"屄"还需要变为简体的"屄"，很多字体中没有收录。这就需要照排人员在书稿排版时手动造字。这类造字一不小心就会出现错误，所以编辑在拿到排好版的校样时，还需要特别注意这类造字问题，这也会增加出版工作的时间成本。

最后，书稿印刷环节。如果书稿中有造字，那么对印厂的要求就比较高。根据笔者的了解，目前有些印厂设备的字库不支持这类造字，无法将这类字印出来。如果编辑在图书下印前，没有留心并告知印厂书稿中有造字，而印厂的设备也不支持时，那么最终这些造字可能显示为"■"，导致图书印制出现重大失误，给出版社带来经济损失。

以上，笔者结合编辑工作经验，分析了"怼""囧""怂"这类强势语言模因对整个出版工作的影响。可以看到，流行语"怼""囧""怂"的"讹用"看似微不足道，但编辑若不特加留意，它们也会给图书出版带来不少问题，甚至造成经济损失。

（二）结合新词语规范基本原则的分析

想解决这一问题，就需要对"怼""囧""怂"这类非本义网络流行语是否为规范词语进行判定。从前面的分析可以看到，不少语言学领域的学者对"怼""囧""怂"这类流行语进入规范语系统持否定态度，认为目前大众对其的使用是一种讹用，应用规范语"撑""窘""屄"替代。

于根元、金惠淑等在《新词新语规范基本原则概论》一文中提出了新词新语规范的 10 条基本原则，分别是：必要的原则，丰富的原则，经济、明白的原则，符合结构规律的原则，重视国际通用的原则，大汉语的原则，品位的原则，语体的原则，使用和动态变化的原则，引导的原则。①

根据孔国兴、吉泫等人的研究，"怼""囧""怂"这类词语不符合结构规律的原则（汉语方言中已有规范字，"囧"的本义与流行义毫不相关等）和品位原则（"屄"在原方言中属粗鄙、带有骂詈色彩的口语词），这阻碍了

---

① 新词新语规范基本原则研究课题组，金惠淑. 新词新语规范基本原则概论［M］//教育部语言文字应用研究所. 语言文字应用研究论文集Ⅱ. 北京：语文出版社，2004：169-173.

它们进入规范语系统。但是，根据前面的分析，也可看到作为流行语的"怼""囧""忐"符合必要的原则（其使用释放了网络时代大众的一些情绪，填补了规范语中的空白），丰富的原则（丰富了汉语词汇系统），经济、明白的原则（以最为简洁的"形"最大限度地传递了丰富的"义"），大汉语的原则（作为强势语言模因在世界华语区迅速传播），语体的原则（时尚度高，形象生动），使用和动态变化的原则（大众认知度高，易于模仿传播）和引导的原则（利于创新）。从这个方面看，"怼""囧""忐"的流行应该不会昙花一现，我们不能仅从语言学角度"全盘否定"。

王希杰认为，语言的发展中常会有积非成是的现象，这种从语言错误到语言规范的现象，是社会文化选择和语言内部规律双重作用的结果，是语言的自我调节功能在起作用。"从这个意义上说，只要是在语言的规律系统所能够控制的范围之内，语言允许它的使用者大胆地突破现有的规范。"① 张明辉、王聪研究指出，流行语"怼"属"六书"中"本有其字的假借"。循着这一思路，笔者认为，流行语"怼""囧""忐"的语义演变很难说没有受到"六书"中"象形""指事""形声"和"假借"的影响。因此，从这一角度看，流行语"怼""囧""忐"的传播并不能简单说是一种讹用。其语义演变及作为流行语的传播也是社会文化选择（强势语言模因左右社会文化选择）和语言内部规律双重作用的结果。

四、结语

综上，我们以"怼""囧""忐"为例，分析了非本义网络流行语的语义演变，认为其语义演变是强势语言模因作用的结果，并结合笔者从事编辑工作的心得体会和新词语规范的基本原则，指出其语义演变及作为强势语言模因的传播也是社会文化选择和语言内部规律双重作用的结果，并不是简单的讹用。故笔者认为，在它们已经挤占了弱势语言模因"捭""窘""屟"应用空间的情况下，无论在语言文字研究领域还是在编辑出版领域，都不能简单判定其为"讹用"，对其进入规范语系统应该保持一种开放、欢迎的态

---

① 王希杰. 汉语的规范化问题和语言的自我调节功能［J］. 语言文字应用，1995（3）：15.

度，这样才能使汉语更好地保持活力，充分发挥其社会功用。当然，汉语规范化是一项十分复杂的工程，如何在尊重汉语自身规律的基础上，处理好众多约定俗成的习惯性用法，是每一个语言文字工作者都要面对的难题，需要我们进行更深入的思考。

基于 SCL-90 的编辑出版人员心理健康状况的 meta 分析

张　霞

摘要： 本文旨在综合评价及全面、客观地探讨我国编辑出版人员的心理健康状况。检索中国学术期刊全文数据库（CNKI）、维普中文科技期刊数据库（VIP）、万方数据库、中国生物医学文献数据库（CBM）和 PubMed 数据库有关以 SCL-90 测评工具评估编辑出版人员心理健康状况的相关文献，应用 RevMan5.3 软件进行相关统计分析。检索并纳入 16 篇相关文献，总样本量 2 777 例。结果显示，我国编辑出版人员 SCL-90 总分、躯体化、人际关系、抑郁、焦虑、恐怖、精神病性因子得分均高于 2006 年全国常模，加权均数差（WMD）分别为 4.77、0.17、0.16、0.2、0.2、0.11 和 0.11。我国编辑出版人员心理健康水平与全国常模相比存在不同程度的问题，其可能与年龄、学历、职称及期刊类型等因素有关。

关键词： 编辑出版人员；SCL-90；心理健康；meta 分析

随着社会的快速发展，不同职业人员均承受着来自社会、工作、家庭等多方面的压力，其中职业压力最为突出，并已经成为影响人们身心健康的关键因素。[①] 近年来，在网络技术及计算机信息化快速发展的背景下，编辑出版人员需要不断提升自身的业务技术水平和多样化、高强度、密集化的编辑工作能力。同时，出版管理体制不断改革，对出版物质量的要求不断提高，

---

① 苏希，王旭，苏虹. 临床医生职业压力应对方式与心理健康的关联 [J]. 安徽医学，2013，34（7）：993-996.

由此带来的职业压力也对编辑出版人员的心理健康造成了不良影响。[①] 编辑出版工作具有较强的时限性、繁杂性和严谨性,而健康的心理是编辑出版人员保持严谨、科学、理性的工作态度和保证出版物编校质量的前提。[②] 目前针对该职业群体心理健康问题的调查研究较少,且结论不一,较多只针对编辑心理健康总体影响因素进行分析,而针对具体各项因子影响因素进行深入调查分析的研究较少。[③] 因此,深入研究编辑出版人员的心理健康状况,并有针对性地提出相应的预防措施,具有非常重要的现实意义和实践价值。

症状自评量表(Symptom Check List 90,SCL-90)是目前应用最为广泛的心理健康测评量表之一,从情感、意识、思维、人际关系等方面共90个项目进行评估,最终采用9个维度因子分别反映9个方面的心理健康状况。[④] 本研究对基于SCL-90评估我国编辑出版人员心理健康情况的研究结果进行meta分析,旨在综合评价及全面、客观地探讨我国编辑出版人员的心理健康状况,并为今后预防和改善其心理健康状况提供科学依据。

一、资料与方法

(一)纳入与排除标准

纳入标准:①心理健康状况测评工具为SCL-90,结果包含总分或总均分,或单项分的均值和标准差的文献。②研究设计类型为现况调查。③研究对象为中国各类图书、期刊编辑出版人员。

排除标准:①数据存在明显错误的文献。②若不同文献重复采用同一批数据则仅纳入其中一篇,排除其余文献。③综述及述评类研究。

---

① 吴民虎. 浅谈如何培养编辑出版人员的积极心理 [J]. 新闻研究导刊,2017,8(17):244.

② 岳静玲,韩玉. 科技期刊编辑心理健康状况及心理素质的优化 [J]. 中国健康心理学杂志,2007,15(6):559-560.

③ 王斐然,高艳华,刘国义,等. 高校期刊编辑SCL-90各因子的影响因素 [J]. 医学研究与教育,2016,33(3):22-28.

④ DEROGATIS L R, LIPMAN R S, COVI L. SCL-90:an outpatient psychiatric rating scale-preliminary report [J]. Psychopharmacology Bulletin,1973,9(1):13-28.

（二）文献检索

以 SCL-90 量表、90 项症状清单、症状自评量表、心理健康、编辑、编辑人员、出版人员、出版人、编辑出版人员为中文检索词和 SCL-90、Symptom Check List-90、self-reporting inventory、mental health、psychological health status、editors、publishers、editorial staff、China 为英文检索词，对中国出版物全文数据库（CNKI）、维普中文科技期刊数据库（VIP）、万方数据库、中国生物医学文献数据库（CBM）和 PubMed 数据库进行系统检索（从建库至 2018 年 1 月国内外公开发表的有关基于 SCL-90 量表对我国编辑出版人员心理健康状况进行调查和研究的中英文文献）。

（三）文献筛选与资料提取

由 2 名研究者对上述数据库进行独立检索，通过阅读题目、摘要，必要时进行全文阅读，并按照纳入与排除标准对文献进行筛选，最终纳入符合标准的文献，存在争议的文献则由另一名来自统计学专业的研究者进行判别。由 2 名研究者对纳入文献进行独立数据提取：第一作者、发表年份、期刊类型、样本量、性别、学历、职称、SCL-90 量表各项得分均值及标准差等信息，提取完毕的数据进行交叉校对。

（四）统计分析

应用 RevMan 5.3 软件进行统计分析，通过对纳入文献采用 I^2 检验和 Q 检验进行异质性检验，选取固定效应模型（异质性检验 $P>0.05$，$I^2<50\%$ 判定为较低异质性）或随机效应模型（异质性检验 $P \leqslant 0.05$，$I^2 \geqslant 50\%$）对总分和 9 个维度的因子得分均数差进行合并。由于纳入文献资料均为数值变量，且数值单位相同，故采用加权均数差（weighted mean difference，WMD）作为效应量及其 95%CI 对结果进行评估。本研究采用改变所选效应模型类型方式进行敏感性分析，以评价结果是否稳定可靠。采用漏斗图检验对发表偏倚进行判断。若研究结果有异质性，则采用亚组分析对异质性来源进行探讨。

二、结果

（一）文献筛选结果

检索到相关文献共 628 篇，排除重复文献 240 篇后剩余 388 篇，根据题目或摘要排除 283 篇无关文献，对 105 篇文献依照纳入与排除标准阅读全文后排除 89 篇，最终纳入 16 篇相关文献。

（二）纳入文献基本资料

纳入以 SCL-90 评估编辑出版人员心理健康状况的文献 16 篇，累积样本量 2 777 例，其中报告总分或总均分及各单项分的均值和标准差的文献 10 篇（其中 1 篇无总分的可由总均分乘以 9 而换算得出），只报告单项分的均值及标准差的文献 6 篇（其中两篇不包含所有 9 项因子）。12 篇文献针对不同性别、学历、职称等进行分析。出版物类型包括高校学报、医学期刊和科技期刊。13 篇文献与金华等人于 1986 年制定的中国正常人常模作为对照组①，2 篇以青年常模为对照，1 篇无常模对照。纳入文献的基本特征见表 1。

表 1　纳入文献的基本特征

第一作者	发表年份	样本量/例	期刊类型	样本来源	常模选择	SCL-90 总分	总均分
刘腾飞	2011	468	医学期刊	中华预防医学会系列杂志	1986 年全国常模	135.89±24.11	1.51±0.27
史志兵	2006	51	学报	山东	1986 年全国常模	140.57±37.13	1.56±0.41
吕应春	2005	114	科技期刊	河南	青年常模	未报道	未报道

---

① 金华，吴文源，张明园. 中国正常人 SCL-90 评定结果的初步分析 [J]. 中国神经精神疾病杂志，1986，12（5）：260-263.

续表1

第一作者	发表年份	样本量/例	期刊类型	样本来源	常模选择	SCL-90 总分	总均分
吴秋玲	2005	129	科技期刊	广东	1986 年全国常模	123±39	未报道
吴红艳	2003	37	科技期刊	全国	1986 年全国常模	120.22±35.00	未报道
姚仁斌	2014	92	学报	安徽	1986 年全国常模	132.71±25.90	未报道
姬建敏	2005	54	学报	河南	1986 年全国常模	140.78±38.10	未报道
库雪飞	2015	275	医学期刊	中华预防医学会系列杂志	1986 年全国常模	未报道	1.42±0.51
张勋	2012	375	医学期刊	中华预防医学会系列杂志	1986 年全国常模	未报道	未报道
张秀红	2011	59	学术期刊	辽宁	1986 年全国常模	154±45.062	1.71±0.501
张薇	2015	435	医学期刊	未报道	1986 年全国常模	未报道	未报道
曹梦园	2013	78	医学期刊	吉林	青年常模	未报道	未报道
李广宇	2014	78	科技期刊	广东	未报道	137.6±34.9	未报道
郑淑瑛	2016	60	医学期刊	未报道	1986 年全国常模	143.35±49.56	未报道
韩京锏	2013	276	医学期刊	中华预防医学会系列杂志	1986 年全国常模	未报道	未报道
高艳华	2006	196	科技期刊	河北	1986 年全国常模	未报道	未报道

（三）meta 分析结果

1. 与 1986 年全国常模 SCL-90 得分比较

将纳入的 16 篇文献分别对总分和单项分进行 meta 分析，各项分析的异质性检验结果 I^2 均大于 70% 而 P 均小于 0.001，提示结果异质性较高，故对各项分数均采用随机效应模型进行合并分析。其中编辑出版人员与 1986 年全国常模 SCL-90 总分比较的合并 WMD 值为 4.85［$95\%CI$（0.05~9.65）］，提示我国编辑出版人员心理健康状况整体上低于 1986 年全国常模。进一步研究显示，我国编辑出版人员的躯体化、抑郁、焦虑、精神病性 4 项因子得分显著高于 1986 年全国常模（P 均<0.05）；敏感性分析提示结果稳定性好、可信度较高。具体情况见表 2。

表 2　编辑出版人员与 1986 年全国常模 SCL-90 评分对比的 meta 分析结果

条目	WMD 值	$95\%CI$	Z	P	文献数	样本量	敏感性分析	发表偏倚
总分	4.85	0.05,9.65	1.98	0.05	10	1303	稳定	有
躯体化	0.22	0.15,0.28	6.42	<0.001	16	2777	稳定	无
强迫症状	0.23	−0.02,0.47	1.83	0.07	15	2726	不稳定	有
人际关系	0.02	−0.08,0.13	0.45	0.65	16	2777	不稳定	有
抑郁	0.19	0.02,0.37	2.2	0.03	15	2726	稳定	有
焦虑	0.15	0.05,0.25	2.91	0.004	16	2777	稳定	无
敌对	0.05	−0.08,0.18	0.79	0.43	14	2648	不稳定	有
恐怖	0.07	−0.02,016	1.56	0.12	15	2699	不稳定	无
偏执	0.08	−0.04,0.19	1.39	0.18	15	2726	不稳定	有
精神病性	0.07	0.00,0.13	2.05	0.04	16	2699	稳定	有

2. 与 2006 年全国常模 SCL-90 得分比较

与 2006 年全国常模比较，我国编辑出版人员 SCL-90 总分的合并 WMD 值为 4.77［$95\%CI$（0.05~9.49）］；我国编辑出版人员的躯体化、焦虑、人际关系、抑郁、恐怖、精神病性 6 项因子得分显著高于 2006 年全国常模；敏感性分析提示结果稳定性好、可信度较高。具体情况见表3。

表3　编辑出版人员与2006年全国常模SCL-90评分对比的meta分析结果

条目	WMD值	95%CI	Z	P	文献数	样本量	敏感性分析	发表偏倚
总分	4.77	0.05, 9.49	1.98	0.05	10	1303	稳定	有
躯体化	0.17	0.10, 0.24	4.99	<0.001	16	2777	稳定	无
强迫症状	0.19	−0.06, 0.43	1.48	0.14	15	2726	不稳定	有
人际关系	0.16	0.06, 0.27	3.11	0.002	16	2777	稳定	有
抑郁	0.2	0.02, 0.37	2.19	0.03	15	2726	稳定	有
焦虑	0.2	0.10, 0.30	3.82	<0.001	16	2777	稳定	无
敌对	0.07	−0.06, 0.20	1.01	0.31	14	2648	不稳定	有
恐怖	0.11	0.02, 0.20	2.32	0.02	15	2699	稳定	无
偏执	0.08	−0.03, 0.20	1.42	0.15	15	2726	不稳定	有
精神病性	0.11	0.04, 0.17	3.16	0.002	16	2699	稳定	无

3. 不同性别编辑人员SCL-90的比较

男性编辑SCL-90的9项因子得分与女性编辑无差异，敏感性分析显示除偏执外，其余因子结果稳定，但各项研究间异质性较高且合并效应量的95%CI更宽。具体情况见表4。

表4　不同性别的编辑出版人员SCL-90评分对比的meta分析结果

条目	WMD值	95%CI	Z	P	文献数	样本量		异质性检验		敏感性分析
						男	女	I^2	P	
总分	−3.68	−15.54, 8.17	0.61	0.54	5	294	509	79%	<0.001	稳定
躯体化	−0.05	−0.18, 0.09	0.66	0.51	5	353	666	76%	0.002	稳定
强迫症状	−0.00	−0.18, 0.18	0.03	0.97	5	353	666	82%	<0.001	稳定
人际关系	−0.00	−0.14, 0.13	0.04	0.97	5	353	666	73%	0.005	稳定

续表4

条目	WMD 值	95%CI	Z	P	文献数	样本量 男	样本量 女	异质性检验 I^2	异质性检验 P	敏感性分析
抑郁	−0.00	−0.14,0.15	0.05	0.96	5	353	666	74%	0.004	稳定
焦虑	−0.03	−0.15,0.10	0.42	0.68	5	353	666	75%	0.003	稳定
敌对	−0.03	−0.17,0.12	0.35	0.73	5	353	666	75%	0.003	稳定
恐怖	−0.02	−0.12,0.08	0.35	0.73	5	353	666	78%	0.001	稳定
偏执	0.04	−0.11,0.19	0.56	0.58	5	353	666	79%	<0.001	不稳定
精神病性	0.02	−0.07,0.12	0.47	0.64	5	353	666	64%	0.02	稳定

4. 不同职称编辑人员 SCL-90 比较

仅有 3 篇文献提供不同职称间编辑人员 SCL-90 总分的数据,合并结果显示,初级职称的编辑人员 SCL-90 总分显著低于中级职称编辑人员,而高级职称与初级和中级职称的编辑人员间均无差异。具体情况见表5。

表5 不同职称的编辑出版人员 SCL-90 总分对比的 meta 分析结果

条目	WMD 值	95%CI	Z	P	文献数	样本量 职称 A	样本量 职称 B	异质性检验 I^2	异质性检验 P
初级(A)与中级(B)总分	−7.58	−12.89,−2.28	2.8	0.005	3	147	255	0%	0.46
中级(A)与高级(B)总分	3.09	−1.23,7.41	1.4	0.16	3	255	212	0%	0.54
初级(A)与高级(B)总分	1.71	−12.83,16.25	0.23	0.82	3	147	212	58%	0.09

5. 不同学历编辑人员 SCL-90 比较

专科、本科和硕士及以上学历的编辑人员之间的 SCL-90 总分有差异。具体情况见表6。

表6　不同学历的编辑出版人员 SCL-90 总分对比的 meta 分析结果

条目	WMD 值	95%CI	Z	P	文献数	样本量		异质性检验	
						学历 A	学历 B	I^2	P
专科(A)与本科(B)总分	9.73	−9.27,28.74	1	0.32	3	56	387	87%	<0.001
本科(A)与研究生(B)总分	−0.14	−9.75,9.46	0.03	0.98	3	387	175	54%	0.12
专科(A)与研究生(B)总分	13.52	−12.70,39.75	1.01	0.31	3	56	175	93%	<0.001

（四）亚组分析

由表7可初步判断出,男性和女性编辑人员的 SCL-90 总分均高于2006年全国常模,但男性和女性间差异无统计学意义,且研究间异质性较高,性别可能为异质性来源;年龄在40~49岁组编辑人员的 SCL-90 总分高于全国常模,不同年龄组中仅20~29岁组结果的异质性较高且置信区间较宽,缺乏更多包含该年龄段的研究来进一步验证结果;针对不同学历的编辑人员,专科组的编辑人员 SCL-90 总分显著高于本科和硕士学历组,提示专科学历的编辑人员整体的心理健康状况不如其他两种学历人员,专科和硕士组的研究异质性较高,提示其可能为异质性来源;中、高级职称的编辑人员 SCL-90 总分较全国常模高,提示其整体心理健康状况较差;针对不同期刊类型的亚组显示,学报类编辑人员 SCL-90 总分高于医学和科技类期刊编辑人员,后两者研究间异质性较高,可能为异质性来源之一。

表7　亚组分析结果

研究分组		文献数目	WMD(95%CI)	异质性检验	
				I^2	P
性别	女性	5	3.04(−4.29~10.38)	67.0%	0.02
	男性	5	6.18(−2.75~15.12)	85.0%	<0.001

续表7

研究分组		文献数目	WMD(95%CI)	异质性检验	
				I^2	P
年龄组	20~29 岁	2	-2.90(-14.89~9.09)	62.0%	0.10
	30~39 岁	2	1.82(-2.16~5.79)	28.0%	0.24
	40~49 岁	2	4.14(0.77~7.51)	0.0%	0.39
	≥50 岁	2	-4.26(-10.36~1.84)	27.0%	0.24
学历	专科	3	15.63(11.10~20.15)	93.0%	<0.001
	本科	3	3.87(1.06~6.67)	0.0%	0.46
	研究生	3	6.08(2.07~10.10)	52.0%	0.12
职称	初级	3	1.39(-3.30~6.08)	18.0%	0.29
	中级	3	8.62(5.52~11.71)	0.0%	0.94
	高级	3	4.50(1.12~7.88)	48.0%	0.15
出版物类型	学报	3	5.59(1.20~9.98)	32.0%	0.23
	医学期刊	3	4.31(-2.69~11.31)	76.0%	0.02
	科技期刊	3	-2.75(-13.48~7.98)	79.0%	0.009

三、讨论

我国编辑出版人员心理健康研究起步晚,相关文献数量较少,而由于出版从业生态的改变及出版改制等原因导致该职业压力加剧、心理问题增多,因此有相当的现实性、必要性和紧迫性针对编辑人员心理健康进行深入研究。[①] SCL-90 具有良好区分效度,可区分正常人与存在心理疾病的人群。[②] 较多基于 SCL-90 的研究显示,编辑出版人员在躯体化、焦虑、敌对、强迫

---

① 田宏碧,张志强.中国大陆编辑心理健康研究评述 [J]. 出版科学,2011,19 (6):23-26.

② SCHMITZN, HARTKAMPN, KIUSEJ, etal. The symptom Check-List-90-R (SCL-90-R): a German validation study [J]. QualLifeRes, 2000, 9 (2):185-193.

等方面存在较明显的心理问题。① 但该类研究样本量较小、结论不一致，且大多与 1986 年制定的常模相比较。近些年的研究若继续使用该常模可能导致症状的评价过高或过低，使测评结果违反心理测量学原则。②

为全面客观地分析我国编辑出版人员的心理健康状况，本研究采用近年来更为常用的 2006 年全国常模，对纳入的 16 篇相关文献进行 meta 分析。结果显示，我国编辑人员 SCL-90 总分及躯体化、焦虑、人际关系、抑郁、恐怖、精神病性 6 项因子得分高于全国常模，提示我国编辑出版人员心理健康状况低于正常人，主要表现在躯体化、人际关系、抑郁、焦虑、恐怖、精神病性等方面。敏感性分析显示结果稳健性良好。漏斗图显示，与总分比较的研究无明显发表偏倚，结果可信度较高，其余不同因子得分间比较的研究多存在明显的发表偏倚。导致我国编辑出版人员心理健康状况不同程度上低于全国正常人水平的原因，可能与编辑人员工作责任压力大、社会认同感不高、职业隐匿性强等因素有关，并可导致其心理障碍、人际关系障碍等。③编辑人员的躯体化得分较高，这跟编辑工作时久坐、伏案劳作、反复校稿、活动较少关系密切，这不仅可导致躯体健康问题，也间接影响其心境和情绪。编辑人员必须注重文稿的前沿性、准确性等，而文稿本身的专业性较强，因此对编辑的综合素质要求较高，既需掌握编辑专业知识，又要不断学习最前沿的知识。各出版单位竞争激烈，编辑必须保持严谨认真的工作态度，但工作负荷重、时间长、工作单调、缺乏与外界交流、精神紧张、劳累等，必然导致不同程度的躯体化、焦虑、人际关系敏感、精神病性和抑郁等。

本研究根据纳入文献特征，另对不同性别、职称、学历的编辑人员 SCL-90 得分进行 meta 分析，以深入探究其心理健康状况。结果显示，初级职称的编辑人员 SCL-90 总分显著低于中级职称编辑人员，提示初级职称的编辑人员整体心理健康状况可能优于中级职称编辑人员，而高级职称与初

① 姚仁斌，俞荷俊，章新生，等. 安徽省高校学报编辑不同人口学特征心理健康评分调查 [J]. 中华全科医学，2015，13（9）：1480-1483.
② 童辉杰. SCL-90 量表及其常模 20 年变迁之研究 [J]. 心理科学，2010，33（4）：928-930，921.
③ 马龙. 编辑人员心理健康问题探讨 [J]. 武警学院学报，2014（3）：90-92.

级、中级职称的编辑人员间均无显著差异；未发现不同性别、学历间编辑人员的 SCL-90 得分间有显著差异。而目前较多观点认为，职称、年龄越低，心理问题越严重。但根据本研究亚组分析结果，提示中年编辑（40~49 岁）、中级和高级职称亚组的编辑人员的 SCL-90 总分显著高于全国常模，其原因可能为中高级职称人员较多为中年人，除编辑任务之外，他们还有行政职务、科研、授课及其他一些工作，该群体工作压力更高，若未及时缓解可导致心理问题。另外，亚组分析提示，专科学历亚组编辑人员的 SCL-90 总分显著高于全国常模。有研究表明，随着学历增加，编辑人员心理健康状况逐渐提高，因高学历人员在工作方面更容易上手、效率高，比学历低的编辑更易找到合适的工作岗位，更易实现自身价值。出版物类型为学报的亚组，其 SCL-90 总分显著高于全国常模，有学者认为高校学报编辑面对的是高水平学术理论期刊，其对科学性、创新度、学术含量等的要求使高校学报编辑身心常年处于应激、疲惫、透支状态，可导致较多心理问题。

本研究通过严格按照设定的纳入与排除标准对相关文献进行筛选，对纳入文献潜在的发表偏倚进行评估，并结合敏感性分析，以尽可能保证结论的准确性。但结论的可靠性仍可能受下列因素的影响：①纳入的文献均为已发表文献；②编辑人员 SCL-90 总分与 2006 年常模对比结果的漏斗图提示可能存在潜在的发表偏倚；③亚组分析中学历、职称、年龄亚组文献较少，增加了选择偏倚的可能，且异质性较高、可信度较低而影响结论的准确性；④缺乏不同性别、年龄、职称、学历等因素在 SCL-90 躯体化、强迫等 9 项因子得分的数据，而未能对其进行亚组分析，以更深入地探讨编辑人员心理健康问题。

综上所述，我国编辑出版人员心理健康水平低于全国正常人群，在躯体化、焦虑、人际关系、抑郁、恐怖、精神病性等方面存在不同程度的问题，其可能与年龄、学历、职称及出版物类型等因素有关。针对编辑人员心理问题的表现形式及影响因素，有关单位必须重视编辑出版人员的心理健康问题，尽可能地创建并营造良好的工作环境，如通过配备心理减压活动室等来缓解编辑的工作和心理压力。而编辑出版人员自身要积极正确地处理工作压力，注意劳逸结合，了解并掌握一定的心理健康知识，学会自我调节，必要时尽早寻求心理咨询或治疗，这不仅有利于身心健康，也能更好地保证编辑工作的质量和效率，从而为读者提供优质、可靠的出版服务。

第二篇

深耕厚植：选题策划要义

深挖地方文化资源，着力打造特色出版

——以《河南省图书馆地方特色文化资源概览》为例

申从芳

摘要： 在编辑《河南省图书馆地方特色文化资源概览》一书的过程中，笔者通过对书中大量史料的查阅，对河南地方特色资源有了更多认识。认为可对书中论述的多个地方特色文化资源进行"深挖细耕"，拓展地方特色出版项目的深度，并在融合出版的大背景下，结合数字出版等形式进行创新，形成品牌特色，提升出版社在地方文化资源出版方面的核心竞争力。

关键词： 地方特色文化资源；融合出版；品牌特色；双效统一

一部河南史，半部中国史。走在河南，伸手一摸就是春秋文化，两脚一踩便是秦砖汉瓦。《河南省图书馆地方特色文化资源概览》（郑州大学出版社 2020 年 10 月第 1 版）便是一本历史底蕴深厚、文化资源丰富的视频资料纸质化的精粹集成。全书以翔实的历史资料、恢宏的结构篇章、四百余幅图片及二维码为依托，让人们更加立体地去了解河南地方特色文化资源的魅力。

本书是响应全国文化信息资源共享工程建设的一项重要成果。该共享工程是自 2002 年起，由原文化部、财政部共同组织实施的一项国家重大文化惠民工程。其目的是将中华优秀文化资源进行数字化加工、整合与传播，从而实现全国范围内的共建共享。文化共享河南省分中心依托河南省图书馆开展工作，在 2011—2019 年，共立项建设了文物、姓氏、古建、戏曲等 40 个专题项目，涵盖文化专题片、动漫、音频、微视频、数据库等不同类型。《河南省图书馆地方特色文化资源概览》一书以上述资源为基础，全方位地展示河南地方特色文化资源的面貌，其内容简介如表1所示。

表1　《河南省图书馆地方特色文化资源概览》内容简介

篇章	特色资源
中原探索	许昌灵井遗址、舞阳贾湖遗址、偃师二里头文化遗址、新郑裴李岗遗址、郑州商代遗址、安阳殷墟商代遗址、安阳洹北商城遗址、三门峡虢国墓地和都城、洛阳东周王城……
中原姓氏	常姓、陈姓、范姓、郭姓、韩姓、胡姓、黄姓、康姓、孔姓、李姓、林姓、刘姓、龙姓、申姓、史姓、唐姓……
河南古建	开封祐国寺塔、安阳天宁寺塔、三门峡宝轮寺塔、武陟妙乐寺塔、登封法王寺、登封嵩岳寺塔、安阳修定寺塔、开封相国寺……
风卷红旗	豫西抗日烽火、"河防堡垒"杜八联、竹沟记忆、郑州二七纪念塔、叶家大庄英雄纪念地、渑池兵站旧址、红色四望山、许世友将军故居、新乡史来贺纪念馆……
戏曲动漫	豫剧《朝阳沟》、豫剧《程婴救孤》、豫剧《卷席筒》、豫剧《七品芝麻官》、越调《七擒孟获》、越调《失空斩》、越调《诸葛亮出山》、曲剧《看闺女》、曲剧《庞酒壶坐轿》……
中国豫菜	烹鱼之妙、鸡毛成阜、饸饼皆生、山珍海错、洛阳水席、开封包子、郑州烩面、炖菜之乡……
舞之河南	安阳战鼓、开封大鼓、洛阳新安花棍、平顶山鱼灯、濮阳秧歌、信阳花伞舞、固始花挑、鹿邑打铁舞……
市县特色	河洛大鼓、拐河丝绸、方城黄石砚、社旗木雕、唐河桐蛋、镇平布艺、固始县根亲文化……
大调曲子	赶舟、萧河月下追韩信、王章卧牛衣、万寿无疆、梅亭宴、闺中怨、唧唧咕、曼吟……

书中涉及板块较多，内容丰富，因版面及字数的限制，故无法对每个篇章及特色资源展开详细论述。但在编辑过程中，笔者深感书中可开发的地方特色出版资源颇多，并就如何着力打造地方特色出版有三点思考。

一、深挖细耕，拓展深度

一个具有地方特色的出版项目能不能做好、做透，深度是关键。例如，在《河南省图书馆地方特色文化资源概览》一书中，每个篇章都可以深度挖掘，做好相关选题开发。以下笔者以书中"中原探索""风卷红旗""戏曲动漫"三个篇章为例展开论述，拓展深度，又会出现多个子项目。这些具有深度的子项目联合起来就构成整个地方特色文化资源的出版项目。出版项目要有一定的深度，不能对项目范围内的每个选题都浅尝辄止，否则它就是一个没有深度、没有良好效益的项目，对读者来说也只能作为一个文化性的消遣娱乐项目，而没有学习和提升的功能。①

（一）中原探索

"中原探索"篇章让读者了解到河南是裴李岗文化和仰韶文化的故乡，贾湖遗址、西山仰韶文化城址等证明我们当时已经迈入了古代文明社会的门槛。夏商周时期，河南则成为三代文明的核心，在全国独领风骚。二里头是夏代晚期的重要都城，安阳殷墟已列入世界文化遗产名录，所发现的大量甲骨文是中华文明的基石。新郑郑韩故城、上蔡蔡国故城、商丘宋国故城等均是周代的通都大邑。汉魏洛阳故城、北宋东京城（今开封）等在中国城市发展史上占有举足轻重的地位，对周边国家的城市布局也产生了较大影响。宝丰清凉寺、禹州钧台窑等唐宋瓷窑址，代表了当时世界瓷器烧造的最高水平。还有巩义北宋皇陵、新乡明潞简王墓、洛阳龙门石窟等，均彰显出中华民族的智慧。

上述这些独具特色的出版资源，为打造有地方特色的图书品牌提供了丰富的资源宝库。旧石器时代，河南留下了几十万年前古人类活动的遗迹；新石器时代，河南更成为华夏文明的源头。如此深厚的历史底蕴，为开拓历史性、教育性和普及性的出版物提供了丰富的素材，既能以书中历史文化遗产出版"河南文化遗产""文化河南"等方面的系列丛书，也可以浓缩为一册

---

① 赵伟力，孙玮贤，李凌雁. "深挖细耕"本土出版资源，着力做好地方特色出版 [J]. 科技与出版，2016（10）：104-107.

精华版图书。在策划过程中不断对选题进行细分、组合和优化，既能以探索发现的历史先后顺序进行策划，又能按各地市县的古迹分布特点分区域进行研究。需要注意的是，许多文化遗产涉及年份、地名、人名等，信息较多，编校时应大量翻阅权威资料，避免出现史实错误。

（二）风卷红旗

"风卷红旗"篇章让读者了解到河南是红色革命热土，历史文化底蕴厚重，风卷红旗、红色记忆，红色文化源远流长。在这片红色沃土上，豫西在1931年"九一八事变"后，掀起抗日救亡怒潮；八路军驻洛阳办事处发挥了发展和巩固豫西党组织的重要作用；渑池兵站在抗日战争时期成为中转作战物资的重要枢纽；"河防堡垒"杜八联记录着英雄们用生命和鲜血保护黄河交通线的始终安全和全天候畅通的英勇事迹；竹沟抗日根据地成立了历史上第一个完全代表农工利益的县级农民革命政权——确山县临时治安委员会；信阳革命老区为鄂豫皖苏区主要发源地和核心区域，在中国革命历史进程中具有重要的地位和影响。①

2019年9月16日，习近平总书记在河南考察调研的第一站是位于新县的鄂豫皖苏区首府烈士陵园，向革命烈士纪念碑敬献花篮，瞻仰革命烈士纪念堂。他指出，要利用好红色资源、发扬好红色传统、传承好红色基因。这足以显示习近平总书记对弘扬红色文化的重视。如何发挥好红色文化，特别是河南红色文化在立德树人、培根铸魂方面的作用，是我们出版人应该认真思考的问题。2021年恰逢建党100周年，更应重视红色主题的出版。在选题时，要眼光高远，放眼于作品本身的正能量与积极意义；着重于红色作品所弘扬的精神，对当下社会的励志作用和其所传达的意志品质，从而获得书籍所应该起到的宣传正能量的作用。如《河南省图书馆地方特色文化资源概览》中提到红色信阳、焦裕禄等，可以以"大别山精神""焦裕禄精神"等来策划选题。还有对许世友、彭雪枫等人物的事迹可进行深入挖掘，撰稿时应丰富人物形象，并确保故事的完整性。此类选题必然会涉及历史事件、人物生平等，一些史料和历史图片还有可能涉及著作权问题，在策划时要把好

---

① 赵丽，刘杰. 河南省图书馆地方特色文化资源概览［M］. 郑州：郑州大学出版社，2020：119.

政治关并尊重著作权。

（三）戏曲动漫

"戏曲动漫"篇章是戏曲和动漫的有机结合，是一种新的文化传播方式，对中华传统戏曲文化的传承和中国动漫行业的发展有着重大意义。戏曲动漫以戏曲故事作为动漫演绎的主要内容，通过动漫技术的多种表现形式来刻画戏曲艺术中的人物造型、戏曲服饰、程式化表演动作等艺术特点，并以戏曲音乐作为主体音乐，完全保留了戏曲艺术的独特唱腔和配乐，将中国传统戏曲的精粹融入动漫艺术。传统戏曲与动漫的双向融合，使得戏曲的表现手段更为丰富，故事更为生动形象，主题鲜明突出，具有较强的吸引力，易为少年儿童所接受与喜爱。以动漫形式推广传统戏曲艺术，为在少年儿童中推广、普及优秀传统文化开辟了有效途径，帮助少年儿童提升想象力、创造力和审美能力。

戏曲动漫是对传统曲艺节目进行的二度演绎。如何把戏曲作为出版选题进行开发？以豫剧为例，早在 2002 年，河南省就制定了《中小学生音乐课堂标准实施方案》，把豫剧纳入了中小学课堂，但是没有做强制性要求，所以很多中小学生不够重视中原传统的音乐文化。[①] 要想改变这一现状，我们应深入校园进行调研，走访学生和老师，了解他们的需求，可策划"地方戏曲进校园"系列选题，参考《河南省图书馆地方特色文化资源概览》中戏曲结合动漫的形式，也可运用"互联网+戏曲"的模式，寓教于乐，让青少年乐于接受和喜欢。应当注意的是，由于戏曲很多来自民间故事，其中不免会含有一些较为粗俗的内容，因此，要开发校园选题，不能够将过于成人化的传统剧目照搬过来，必须根据学生的发展需求，挑选一些有助于学生身心健康发展的剧目内容进行编排和教学。

二、融合发展，不断创新

在媒体融合时代背景下，利用多媒体不断创新，实现图书的多渠道多方

---

① 刘洪，赵可.《戏曲进校园普及读本》编写手记 [J]. 采写编，2017（6）：136–138.

式出版和营销，是图书出版方式转变的重要途径。不同的出版物形式给读者带来的阅读体验和阅读效果肯定有所差别，这也势必造成出版企业的社会效益和经济效益组成的多样化，对出版企业的长远发展带来的影响不可估量。

（一）纸质与数字的融合

《河南省图书馆地方特色文化资源概览》的每个资源介绍都配有相关图片和二维码。扫描二维码可得到文字相对应的视频内容，因视频时间较长（每个时长 30 分钟左右），而书中篇幅有限，故文字内容只是简单的描述。二维码可以带来更多有价值的内容延展，实现纸书的"隐性扩版"，从而给读者带来更多的互动体验。读者通过移动终端扫描二维码，可以立刻观看与主题内容相关的完整视频、音频和动画等内容片段。这增强了纸书的可读性，使静态的图书动起来，满足了读者深度阅读的需求，更能让读者获得立体式情境阅读的体验。

地方特色出版项目的产品要多样化。在当前出版形势下，一个规模较大的出版项目，如果以单一的纸质出版物形式出现，已经不符合形势发展的需要。当前出版物形式多种多样，除了目前常用的二维码，很多出版社基于AR 甚至 VR 技术的出版物都陆续呈现。① 比如，在《河南省图书馆地方特色文化资源概览》中，介绍了众多的文化古迹、特色古建筑等。假设在介绍红旗渠有关内容时，能进一步优化，运用 AR 技术，使其在手机上出现动态视频，实现与红旗渠劳动模范的跨时空互动，带领读者穿梭时空，将林州境域内独特的自然风光全方位地展现在读者眼前，那么相比单一的纸书，阅读效果肯定会更加令人震撼。

（二）不同领域的融合

以地方特色文化资源为基础，不断创新，可以使出版者获得大量的资源优势，这些优势包括良好的品牌效应，与地方相关文化部门的长期合作，以及拥有优秀的作者队伍等。基于这些优势，可开发越来越多的拓展项目，如在"戏曲动漫进校园"选题策划中，可以拓展校园文化建设。在"风卷红

---

① 谢广灼. 二维码在图书出版行业中的应用［J］. 出版广角，2015（Z1）：130-133.

旗"选题策划方面，可进行研学旅行等与教育相关的新领域扩展。另外，可以充分利用互联网、大数据等技术，系统研究读者阅读习惯和购买习惯，并采取相应的营销策略，通过行业报纸、微博、网店、直播等加大对系列丛书的宣传，从而取得良好的经济效益。

三、打造品牌，兼顾双效

出版社的竞争在很大程度上是品牌图书的竞争。品牌图书不仅是长销书，能够给出版社带来可观的经济效益，更是出版社的无形资产，是出版社社会影响力和美誉度的重要体现。①

（一）努力打造品牌

品牌建设的关键在于原创策划。但是，当前有创意思维并能实现创意的原创策划较为缺乏。对于主题出版来说，新时代不缺少大主题，但是让人耳目一新、有温度的好策划并不多，能贴近普通读者并引起广泛共鸣的好策划更少。面向市场的图书有无限的读者需求，但如何进行有效分析，抓住读者需求精准策划，始终是行业的难点。在地方特色文化资源选题的挖掘中，用新思路、新创意，提升内容水准、打磨内容、精致创新形式，才能打造出良好的品牌。

（二）兼顾双重效益

图书出版产业社会效益与经济效益在绝大多数情况下是可以实现统一的。这一点在人文社科类图书方面表现得尤为明显。人文社科类图书如果具有了良好的社会效益，必然会受到广大读者的欢迎，从而提高销量，取得良好的经济效益。例如，以地方特色文化资源开发的系列选题，内容丰富，知识性强，让读者在愉悦的阅读中了解到我国地方特色文化的博大精深，其社会效益不言而喻；若再加以推广宣传，在经济效益方面也往往会有不俗的表现。

---

① 孙华明. 浅谈出版社品牌图书的打造与维护：以《新语文读本》为例［J］. 出版广角，2019（12）：30-32.

四、结语

　　文化资源是一个地区政治、经济、社会各方面生活的综合反映。因此不断挖掘地方特色文化资源，实现地方特色资源建设的可持续发展，并通过多种渠道进行展示和宣传，深化建设成果的建用结合，能有效促进一个地区各项事业的发展和繁荣，推进该地区的文化建设，提升群众的文化素质。但特色不是靠一本或几本书就能形成的，必须坚持不懈地开发和策划，推出一批又一批独具特色、质量上乘的图书，年复一年地积累，滴水成涓，形成一种品牌或规模，才能在读者心中留下深刻的印象，并实现经济效益与社会效益的统一。在当今信息时代，信息量大，知识更新快，读者的阅读兴趣也变化得很快，对图书的地方特色会提出更高的要求。因此，抓特色需要在内容上、形式上不断创新，不断挖掘新内容，运用新技术，努力做到特色突显，品种常新，使自己的出版品牌永葆旺盛的生命力。

特殊儿童教育图书策划出版问题及对策研究

宋妍妍

摘要： 由于特殊儿童在身心各方面与普通儿童存在差异，他们更需要因材施教的图书，以帮助其学习基本的知识技能和缓解心理问题。本文从我国目前特殊儿童教育视角出发，在深入分析当前特殊儿童教育图书的现状及困境后，结合教育、心理、出版等不同领域，借鉴数字出版和定制出版的成熟经验，依托平台建构，提出增强特殊儿童教育图书出版原创力，针对特殊儿童教育类图书实行"数字出版+知识服务+定制出版"的融合出版体系建设，为特殊儿童提供更多具有针对性图书的同时，也为我国特殊儿童图书的出版发展提供一个新的思路。

关键词： 特殊儿童；教育图书；数字化；图书出版

特殊儿童首先是儿童，其次才是区别于一般儿童，有着特殊性的儿童。一般观点认为，儿童是指 0~12 岁的未成年人。但是，联合国《儿童权利公约》认为，"儿童系 18 岁以下的任何人，除非对其适用之法律规定成年年龄低于 18 岁"，明确将儿童的年龄上限界定为 18 岁。鉴于特殊儿童教育的世界融合性，本文将特殊儿童的年龄界定为 0~18 岁。

一、特殊儿童及特殊教育

特殊儿童的特殊性来自个体差异的显著性，对特殊儿童的理解有广义和狭义之分。广义的特殊儿童，是指与正常儿童在各方面有显著差异的各类儿童，这些差异可表现在智力、感官、情绪、肢体、行为等方面，既包括低智力儿童，也包括高智力的超常儿童；狭义的特殊儿童专指感官、肢体残疾儿童或障碍儿童，如盲、哑、聋、智力障碍等儿童，故又称"缺陷儿童"或"障碍儿童"。

所谓特殊儿童教育，是指根据特殊儿童的身心特点和教育需要，采用一般的或特殊的教学方法或手段，最大限度地发挥受教育者的潜能，使他们增长知识，获得技能，拥有良好的品德，提高适应能力的一种教育。由于特殊儿童存在广义与狭义之分，因此特殊儿童教育也有广义和狭义的区别。广义的特殊儿童教育是指对各类特殊儿童所实施的各种形式的教育，而狭义的特殊儿童教育是指在专门机构中对残障儿童所实施的教育。

特殊儿童教育类图书作为特殊儿童学习基本知识技能和缓解心理问题的重要介质，能帮助其尽最大可能与正常儿童一同参与生活并能进行普通学校的学习活动，在不同程度上改善他们的心理问题，进而实现"提智"和"增知"的目的。因此，特殊儿童的差异性引发了教育上的特殊教育需要，进而触发了针对特殊儿童教育需要的图书策划出版。

二、特殊儿童教育类图书出版现状

随着我国特殊儿童教育的快速发展，特殊儿童教育类图书成为特殊儿童教育实施的重要载体，在特殊儿童教育发展中具有举足轻重的作用。一方面，特殊儿童教育实施在一定程度上对其教育类出版物的发展起着促进作用；另一方面，特殊儿童教育出版物的发展与进步也影响着特殊儿童教育的发展。二者相互作用，相辅相成。目前针对特殊儿童教育类图书可以分为两大类：一类是适用于专门机构的特殊儿童教育教材，另一类是适用广义的特殊儿童教育的大众读物。

（一）特殊儿童教育教材出版现状

针对狭义的专门机构如普通学校或特殊教育学校实施的特殊儿童教育，为目前我国倡导融合教育的培养模式。融合教育的核心观点是，特殊儿童不应在隔离的特殊环境，而是在普通学校或特殊教育学校与其他学生一起学习。教师应通过调整环境、教学方法和教材来适应不同特点学生的学习，让所有儿童就读于适合其年龄层次及学习特点的班级或学校，并通过多方协同合作，为他们提供高质量的、有效的教育，让所有儿童都获得充分发展。

我国自 20 世纪 80 年代开始推行随班就读政策，自开展以来已经形成以随班就读为主体、特殊教育学校为骨干、以送教上门和远程教育为补充的特殊儿童融合教育体系。1998—2018 年全国教育事业发展统计公报显示：在普通小学、初中随班就读以及在附设特教班就读的学生超过了全国残疾学生在校人数的 50%。由此可见，随班就读已成为我国融合教育的主要实践形式，已经高效率、大幅度地提升了特殊儿童的入学率，促进了我国融合教育的长足发展。但是，与特殊儿童教育相配套的特殊教育教材严重匮乏。现有教材内容滞后，已不能适应我国融合教育培养模式发展的需要。

2016 年 12 月，教育部正式颁布三类（盲、聋、培智）特殊教育义务教育课程标准，这是中华人民共和国成立以来第一次为特殊儿童专门制定的一整套义务教育课程标准。同年年底，人民教育出版社依据三类特殊教育课程方案和标准，编写完成首批部分学科起始年级 22 册教材，2017 年 7 月获教育部审定通过，于当年秋季学期开始投入使用。按照教材整体规划，全套 447 册教材将于 2023 年完成编写工作。①

截至 2020 年秋季，我国关于三类特殊儿童在义务教育阶段所使用的官方教材，与教育部在 2017 年公布的用书情况相比，所开课程有所增多，涉及的年级更加广泛，且更注重对特殊儿童多方面的培养。但与普通义务教育教材相比，特殊教育教材不仅更新速度慢，数量也远远不够。

由于特殊教育的课程理念、培养目标和课程内容的特殊性，部分特殊学校开始尝试建设个别化课程。他们结合本校特殊儿童的多种需求，在对课程资源进行科学评估的基础上，组织本校教师，自主开发课程和编写教材，如深圳元平特殊教育学校、北京西城培智中心学校、河北承德特殊教育学校、山东淄博特殊教育中心等。但自编教材往往需要结合本校学生的不同情况有针对性地进行，对特殊教育教师的专业素养也有较高要求，且时间跨度较大，对一般的特殊教育学校来说较难开展。

---

① 李晨. 国家通用义务教育阶段特殊教育教材历史回顾与展望 [J]. 中国出版，2020（17）：36-40.

（二）特殊儿童教育大众读物出版现状

阅读对儿童非常重要，它不但可以丰富儿童的知识，开阔他们的眼界，而且有助于儿童观察力、想象力、思维能力及语言表达能力的发展与提高，还能培养儿童良好的非智力品质。

特殊儿童在语言和文字的表达及理解方面与普通儿童相比较弱，随机接收的知识量也比普通儿童少。因此，只有为特殊儿童选择合适的大众读物，便于特殊儿童认读和接受，才能满足特殊儿童的认知需求，进而实现促进特殊儿童身心良好发展的效果。

但目前国内适用于特殊儿童阅读的大众读物类别相对单一，且数量匮乏。其中，以图画为主、文字为辅的绘本是特殊儿童的主要课外读物。这些绘本针对不同类型的特殊儿童呈现出不同的主题，诸如儿童心理治愈系列、儿童健康成长系列以及儿童情绪管理与性格培养系列绘本等。但一个不容忽视的问题是，笔者从当当、京东、豆瓣等平台看到，这些绘本大多来自版权引进，我国自主出版的较少，如表 1 所示。

表 1　主要平台针对特殊儿童的部分读物

适用类别	书名	作者	版权类别
听障	温暖的手语	法兰兹-约瑟夫·豪尼格著；薇蕾娜·巴尔豪斯绘；王晓翠译	引进
听障	我可以克服听力障碍	珍妮弗·莫尔-玛丽诺斯著；马尔塔·法夫雷加绘；王晏译	引进
视障	美丽心灵看世界	法兰兹-约瑟夫·豪尼格著；薇蕾娜·巴尔豪斯绘；曾璇译	引进
视障	看不见	蔡兆伦著绘	自主
脑瘫	啄木鸟女孩	刘清彦，姜义村著；海蒂朵儿绘	自主
白化症	像海鸥一样洁白	阿科斯佳·科尔麦纳著；马加·鲁比绘；漆仰平译	引进
失读症	聪明的"笨小孩"	海伦娜·卡拉杰克著；马加·鲁比绘；漆仰平译	引进

续表1

适用类别	书名	作者	版权类别
唐氏综合征	本色王子	西尔克·施内著；海克·西斯蒂希绘；冯斌译	引进
唐氏综合征	不一样的大卫	海伦娜·卡拉杰克著；马加·鲁比绘；漆仰平译	引进
肢体残疾	轮椅上的梦	法兰兹-约瑟夫·豪尼格著；薇蕾娜·巴尔豪斯绘；王晓翠译	引进
孤独症	来自星星的约翰	海伦娜·卡拉杰克著；马加·鲁比绘；漆仰平译	引进

　　绘本19世纪诞生于欧洲，20世纪30年代传入美国并迎来了黄金时代。但绘本在我国的发展相对较晚，我国的儿童绘本从20世纪80年代才开始引入，在2000年之后实现快速发展，但是目前占据市场主体地位的仍然为引进版绘本。① 在目前具体的特殊教育教学中，一些学校的教师会有选择地将这些绘本运用于课堂。国外不乏优秀绘本，但因不同的国家或民族有其不同的传统文化与信仰，中西方教育文化、价值观念的差异，西方绘本所描述和传达的思想并不能完全适用于中国的教育文化理念。对中国儿童，包括特殊儿童来讲，并不能起到很好的阅读治疗效果。

三、特殊儿童教育类图书出版的现实困境

　　我国自20世纪80年代开始推行随班就读政策以来，有越来越多症状较轻的特殊学生（主要指部分肢体残疾、轻度智力障碍、弱视和重听等特殊学生）进入普通学校接受九年义务教育。同时，有越来越多的中、重度特殊儿童进入特殊学校学习，这也使得很多特殊学校的教育对象发生了重大变化。

　　而目前国家针对特殊教育投入使用的教材非常有限，且这些教材的编写人员大多与普通教材的相同，并非专业特殊教育人士，且教材内容也与普通

---

① 常晓彤. 对我国原创儿童绘本与引进儿童绘本的比较研究［J］. 当代教育实践与教学研究，2018（10）：200-201.

教材相似。与此同时，与特殊儿童教育相关，能够适应我国本土教育理念的文学类、图画类书籍也较少，不能满足其正常的课外阅读需求。特殊儿童教育类图书目前正面临着很多现实出版困境。

（一）专业作者人才紧缺

我国特殊教育类专业人才非常紧缺，这就使编写特殊儿童教育图书的专业人才匮乏。对于特殊教育而言，作者应对该专业领域有很深的了解，既要懂特殊教育专业知识，也要对儿童心理学有所涉及。而我国特殊教育官方教材的编写人员大多仍为义务教育阶段教材编写人员，缺乏对特殊儿童教育及特殊儿童心理的深度了解，必然会使这类教材缺乏针对性。因此，一些特殊教育学校组织特教教师在官方教材的基础上，结合本校特殊儿童的多种需求自主编写教材，取得了不错的成效。但当前特教教师比较缺乏，在照顾特殊儿童、完成基本工作的同时还要承担教材的编写工作，给他们带来了巨大压力。因此，自编教材历时长，难度大。

对于特殊教育类大众读物来说，目前一些特殊教育类绘本的编写人员大多为特殊人群，或者是一些有过特殊经历的资深儿童文学工作者。例如，《啄木鸟女孩》的文字作者刘清彦，在经历过一场疾病后，开始关注自闭症与亚斯伯格症特殊性格孩子，并创作了一系列与此相关的绘本。而目前，这类既懂绘画又懂儿童心理，且了解特殊群体的作者在我国还比较少。因此，对于特殊教育类专门图书的策划和编写较难开展。

（二）出版周期长，原创力不足

出版周期是指一本书从作者交稿到出版成书的过程，一般包括初审、复审、终审、编辑加工、校对、装帧设计等多个环节，每一步都需要作者与编辑以及出版各环节人员的互相支持和协作。因此，一本好书的问世少则几个月，多则几年。特殊教育类图书题材较为特殊，又具有一定的专业性，导致出版周期更长。

目前，我国特殊儿童使用的官方教材是教育部在 2017 年秋季学期出版的第三套特殊教育教材，这套教材的出版距 1960 年第一套官方教材的出版发行已有近 60 年的时间。截至 2020 年秋季，第三套教材中关于三类特殊儿童

（盲、聋和培智）的教育教材仅完成一少部分，全套 447 册教材预计至 2023
年年底才能初步完成编写工作。

在大众读物方面，无论是普通儿童绘本还是特殊教育绘本，引进版本仍
占据主流市场，针对特殊儿童教育方面的原创大众读物，因作者、选题、绘
画等各方面原因的制约，出版比较困难。

（三）图书内容难以实现精准对接

广义的特殊儿童，除了传统的三类（盲、聋和培智）外，还包括自闭症
儿童、情绪和行为障碍儿童、注意力缺陷儿童、多动症障碍儿童、语言障碍
儿童、学习障碍儿童、沟通障碍儿童、感觉统合失调儿童、攻击性行为儿
童、动作发展迟缓儿童、肢残与病弱儿童、处境不利儿童等。由于每一位特
殊儿童的病情、状况都不完全相同，他们的学习起点、接受程度等也有很大
差别。因此，面对他们不同的学习需求，特殊教育教师需要采用不同的教学
设计，有针对性地进行授课。教材的教学目标和内容应充分关注特殊儿童的
缺陷补偿与潜能开发，关注学生的社会适应性。1975 年，美国联邦政府颁布
的《全体残障儿童教育法案》中提出，要为接受特殊教育的每一位特殊儿童
量身制定能够适应其个人学习和发展需要的教育方案，这一规定被称为个别
化教育计划（individualized education program）。随着我国特殊教育的发展，
这一教育理念也开始被提倡并逐渐被实践。这表明，针对不同的特殊儿童，
应该为其提供更加精准、更具针对性的图书，以此来辅助教学工作。而在实
践中，针对特殊儿童教育类的图书，大多只涉及视障、听障和智障儿童三
类，已经不能满足多样化特殊儿童教育的需求。

四、提升特殊儿童教育类图书出版效率的对策建议

上述特殊儿童教育类图书出版现状及所面临的一些困境，反映了特殊教
育出版中长时间难以解决的现实问题。但我们有理由相信，随着互联网和信
息技术的发展，我们有一定的技术和能力为不同类别的特殊儿童量身定制图
书，以尽可能地为他们提供更具针对性和个性化的教育。与此同时，也为特
殊儿童教育出版中所存在的问题提供有针对性的解决思路。

（一）积极培养专业作者和编辑群，优化出版周期

专业图书作者是具有一定专业技术知识的专家、学者，有宝贵的实践经验，在本专业领域具有一定的造诣和影响力；同时，还应具备一定的写作能力，能用语言、文字流畅地表达自己的思想见解。这样的专业人士写出的图书作品，才有独到的价值和实用性。[①] 特殊教育领域的专业作者既是相关精品图书的原创者，也是出版社出版特殊教育图书的核心资源。因此，宝贵的专业作者资源，需要长期的积累、专门的培养和精心的维护。

第一，要充分利用网络资源。网络作为一个高度开放的沟通平台，可以发挥双向交流的作用。相关编辑可以通过参加特殊儿童教育论坛、浏览特殊教育类相关网站等了解实时专业动态，查找相关作者信息，了解其特长，寻找优秀专业作者群。第二，要重视师范院校特殊教育专业、各特殊教育学校等得天独厚的优秀师生资源，积极开展社校（院）合作，并建立长期稳定的合作出版关系。如出版社可以搭建平台，共同关注和完善特殊儿童教育学科建设，促进各院校间的专业交流和合作，出版社的先进出版理念与院校作者群的专业特殊教育知识相结合，最终实现资源共享。第三，积极参加特殊教育行业会议与活动。出版社专业编辑要完全融入特殊教育专业领域，例如加入特殊教育、学前教育等相关专业协会，参加学术会议和年会，定期参加专业培训，经常进行市场调研，组织选题论证会等。这些方式，可以大大提高特殊儿童教育专业领域相关作者群的交流和合作，既有助于作者群专业能力的相互学习和提高，又能起到不断扩大作者队伍、丰富作者资源的目的。

出版社拥有专业作者群，势必会在出版周期上占据优势。但优化出版周期，除了专业的作者群，还需要专业的出版社编辑群和先进的出版方式。这就需要出版社积极深入合作院校或走进社会相关特殊教育领域，并广泛关注出版市场。在深挖、广络、培养一批优秀特殊教育专业出版编辑的同时，要运用先进出版理念，采取诸如数字出版、定制出版等先进出版方式，最终实现出版质量和出版周期的双效发展。

---

① 彭淑凡. 专业图书作者资源的开发与维护 [J]. 科技与出版，2011（9）：40-42.

（二）强化融合教育"以生为本"理念，充分发挥图书原创力

随着我国融合教育的飞速发展，教育教学逐渐从"以教为中心"转向"以学为中心"。对于特殊儿童教育教材，其内容应重点关注特殊儿童的认知与心理规律，体现"以生为本"的理念。近年来教材中自闭症、学习障碍、情绪与行为障碍、语言障碍等相关内容的篇幅比重逐步赶超传统三类障碍儿童（盲、聋和培智）的内容，这一改变和融合教育教学实践息息相关。2013年中国教育统计年鉴显示，在中小学随班就读的特殊儿童中，其他残疾人数（即除视障、听障、智障三类儿童外的残疾儿童人数）总和是 49 687 人，但至 2018 年，人数已经达到 144 347 人，发展速度十分迅猛。这也说明随着融合教育的进一步推进，普通学校班级的学生构成将会越来越复杂，这就要求教材编写要充分体现"以生为本"的教学理念，立足于融合教育实践，注重融合教育环境下特殊儿童所具有的多样化特征，扩大特殊儿童的教材类别，只有这样，才能为特殊儿童融合教育奠定良好的理论知识基础。①

中华文明上下五千年，原创图书能够将民族文化特色通过现代手段传达出来，使民族文化得以传承和发展。注重中国传统文化元素的应用和融合，有助于引导我国儿童对中国优秀传统文化的热爱，进而培养本民族儿童的文化自信心和民族自豪感。倡导图书创作的原创力，是对我们自身优秀传统文化最有力的捍卫。对于我国特殊儿童读物来讲，一本优秀读物，既能够抓住特殊儿童的阅读兴趣，符合特殊儿童发展的需要，又能够锻炼特殊儿童的交往能力，有助于培养特殊儿童健康向上的心理素养，使他们乐观、积极地学习和生活。目前，我国"儿童文学先行者"刘清彦，推出诸如《弟弟的世界》《啄木鸟女孩》《亚斯的国王新衣》《小喜鹊和岩石山》《小番茄的滋味》《阅读里的生命教育：从绘本里预见美丽人生》等优秀原创图书，立足我国文化原动力，关注特殊儿童心理教育，获得了特殊教育领域诸多专家学者及特殊儿童家长的广泛认可及好评，对于我国发展针对特殊儿童的原创大众读物具有重要的指导意义。

---

① 高菀彤. 对特殊教育的理解与融合教育的建议［J］. 科学咨询（教育科研），2020（9）：13-14.

（三）把握数字化融合发展契机，开发特殊儿童教育图书多元产品

数字经济时代，数字产品已经遍及社会生产与生活的各个领域。如我国开发的适用于儿童教育的移动 App "凯叔讲故事" 及信息关联产品 "天猫精灵" 等，它们将传统图书知识以 "有声读物" "音乐故事" 等形式呈现给大众，丰富了儿童的认知。

特殊教育也需要现代教育技术的辅助。现代教育技术采用多媒体的形式，将声音、图片、音视频等各种形式的材料融合起来，能够营造更加逼真的学习环境，从而调动特殊儿童的学习兴趣。针对特殊儿童教育图书，出版者应把握数字化融合发展的契机，聚集特殊教育领域专业人士，为特殊儿童教育开发数字教育产品，通过移动 App、电子教材等为客户提供后续服务。

目前，我国已开始尝试开发针对特殊儿童的移动 App，这些 App 针对听觉障碍、智力障碍以及自闭症的学生，在不同程度上起到了辅助学习、寓教于乐的作用。2014 年 4 月 2 日，时任应用汇 CEO 的罗川推出了针对自闭症儿童的辅助沟通系统（augmentative and alternative communication，AAC）"小雨滴 1.0"。时隔五年，2019 年 4 月 2 日，即第 12 个 "世界提高自闭症意识日"，罗川再次为自闭症儿童推出了全新的教育应用 App "新雨滴"，该 App 旨在通过智能手机交互平台帮助自闭症儿童学习最基础的语法结构。该项目得到了联合国儿童基金会（UNICEF）专项资金的支持，并在世界范围内引起广泛关注。"新雨滴" 中的每一句话都配有精美的手绘图片，以帮助自闭症儿童理解对应句子的意思。通过 "新雨滴" App，自闭症儿童可以表达最基本的自我生理的需求。"新雨滴" 还设计了很多儿童认知学习训练的内容，如认知数字、颜色、形状等，家长和老师可以通过该 App 教孩子认知学习。可见，移动化、智能化、交互式的传授方式更有利于特殊儿童的学习和发展。

（四）依托平台建构，建立特殊儿童教育社群

中国互联网络信息中心（CNNIC）发布的第 45 次《中国互联网络发展状况统计报告》显示，截至 2020 年 3 月，我国网民规模为 9.04 亿，其中手机网民规模为 8.97 亿。这表明，在移动互联网时代，网站和自媒体平台的建

构至关重要。与目前手机网民关系最密切的信息发布及引流平台是微博、微信，越来越多的企业都建立了自己的微信公众平台，并借此进行商业活动，建立自身的社群。在我国的出版行业中，大多数出版机构都拥有认证的微信公众平台。比如"特教爱绘本"这一公众号，致力于为不同类别的特殊儿童推荐适合其阅读并能使之从中受益的绘本，同时展示一些绘本教学的经典案例，吸引了不少特教教师和家长的关注，巩固了自身的社群。笔者所在的郑州大学出版社也拥有自己的企业微信公众号，拥有自己的微店及天猫官方旗舰店，还拥有自己的图书微论坛——"郑大书圈"。

五、结语

构建特殊儿童教育类图书"数字出版+知识服务+定制出版"的融合出版体系，需要专业的作者和编辑、优秀的绘者、具有先进出版理念出版者的共同努力。本文旨在通过分析我国目前在特殊儿童图书策划出版领域存在的现实困境，力图给出建设性的策划出版指导方案，并结合当前的数字出版和知识服务新常态，希望能够为出版者和特殊儿童提供先进的、具有可复制性和可持续性的特殊儿童教育图书出版系统，最终实现让特殊儿童轻松获取知识的目的。鉴于特殊儿童教育类图书涉及面窄、专业性强、从业人员少、资源稀缺的事实，本研究可能还存在具体实施中的操作难度，但在我国对特殊教育事业的大力扶持和政策支持下，一定能够在一定程度上推动我国特殊教育出版的发展，出版更多优质的特殊儿童教育类图书。

论高校出版社马克思主义理论选题策划的
基本原则

辛　菲

摘要：马克思主义理论选题出版是高校出版社的重要使命，政治性要求坚持马克思主义与弘扬价值观，是前提；学理性凸显思想性、理论性与科学性，是支撑；实践性强调与新时代中国这本大书融为一体，是路径。三者构成马克思主义出版选题策划的基本遵循，也是高校出版社坚守意识形态阵地、发出时代最强音的重要举措。

关键词：马克思主义理论选题；政治性；学理性；实践性；意识形态

高校是意识形态主阵地，高校出版社理应承担起弘扬主旋律，维护国家意识形态安全的社会责任。事实上，囿于高校出版社转企改制后的经济导向和国家对出版物的强化管理，加上马克思主义理论自身具有的政治敏锐性，马克思主义理论选题在高校出版社有被边缘化的趋势。这与十八大以来国家对思想政治工作的重视有偏差。解决问题的出路在于构建指导原则，笔者认为，政治性、学理性、实践性是马克思主义理论出版选题策划的三个基本原则。

一、政治性是前提：坚持马克思主义，弘扬主流价值观

马克思主义理论选题的政治性是马克思主义理论的本质属性，是首要的原则，正如毛泽东同志所谈到的："政治和业务是对立统一的，政治是主要

的，是第一位的，一定要反对不问政治的倾向。"① 政治性包括内容的政治性与出版从业人员的政治性。

（一）政治性是马克思主义理论出版物的根本属性

马克思主义是我国的根本指导思想，马克思主义理论出版物是宣传马克思主义的重要载体，是高校思想政治理论统一教材的有益补充，也与中央主流"三报一刊"相得益彰，尤其是阐释党的新理念、新观点的读物，更能起到推动马克思主义传播与弘扬主旋律的作用。在这种意义上，马克思主义理论出版物选题的政治性是第一位的，在追根究底的意义上，政治性就是人民性，就是确保出版物的人民性，体现出来的是马克思主义理论出版物为人民、为党治国理政和为社会主义制度服务的根本宗旨，必须要理直气壮，不能含含糊糊、模棱两可。

随着我国强化对意识形态的管理，也鉴于主管部门对新书出版数量的限制和高校出版社对经济效益的考量，马克思主义理论选题成为策划编辑的敏感选题。实际上，愈是在意识形态复杂的状况下，愈是要直面现实问题，高校出版社应该肩负起自己的社会责任，勇挑重担，组织专家学者针对某一突出的社会问题出版有针对性的读物，以达到以正视听的目的。事实上，出版社可以借鉴期刊社的专题专栏形式，诸如对历史虚无主义思潮进行系列批判，起到的效果往往是事半功倍的。比如中国人民大学出版社，其关于马克思主义理论、政治哲学选题的出版得到了社会的广泛赞誉，所取得的成绩和产生的影响在高校出版社中堪称翘楚。

（二）马克思主义理论出版物内容的政治性

马克思主义理论选题的政治性原则首要是出版物内容的政治性。马克思主义理论选题内容的政治性就是确保其实质内容是马克思主义相关论题，分析方法是马克思主义方法，方略路径是为人民、为社会主义制度服务。

一方面，内容是马克思主义相关论题。马克思主义理论相关选题内容丰富，诸如对马克思主义经典作家思想、中国特色社会主义理论、党中央新理

---

① 中共中央文献研究室. 毛泽东文集：第七卷 [M]. 北京：人民出版社，1999：309.

念新思想新战略的解读与阐释等。这里尤其要注意的是个别以马克思主义之名的"反马"理论，西方马克思主义中的一些流派的主要旨趣就是要解构马克思主义，以达到污蔑马克思主义，进而否定中国特色社会主义合理性、科学性的目的。这里仅以"西方列宁学"为例，西方列宁学自诩为列宁主义的最新注释，最能代表列宁的本真意义，对列宁的思想主张进行再解读，其多数论断明显是不符合事实的，诸如十月革命的"早产论"、社会主义终结论等，造成列宁主义认识的断裂，最后是遮蔽了列宁最革命最科学最具生命力的部分，这是我们要完全反对的。

另一方面，分析方法是马克思主义分析方法。马克思主义分析方法突出历史地、辩证地、阶级地进行马克思主义理论研究。众所周知，只有以历史的、辩证的、阶级的观点看问题，才能把握问题的本质，例如对资本主义的态度，马克思主义认为资本主义在历史上也具有进步性，在其历史发展过程中的作用也是变化的，对无产阶级和资产阶级的作用也是迥异的，唯有如此，我们才能对资本主义有全面的认识。在马克思主义理论选题的把握过程中，一定要看其是否符合马克思主义分析方法，坚决防止片面化、绝对化和空洞化。

（三）马克思主义理论出版从业人员的政治性

假如对马克思主义理论选题内容审视不够，一定会引发大众的信仰危机，不断解构我国的主流意识形态。把马克思主义理论选题中那些"反马"的内容剥离出去，这是出版从业人员的必备技能，体现的是出版从业人员的政治性。

习近平总书记对全国思想政治理论课教师提出的六点要求中，居于首位的是"政治要强"，提高出版从业人员的政治性是确保马克思主义理论选题政治性的保障，其提高途径如下。

一方面，让真正具有马克思主义理论知识素养的人员参与选题过程。策划编辑的职能可以理解为联系出版业务，通过自己的交际圈得到马克思主义理论研究者的支持，但这个选题是否具有价值，是否满足"政治性"要求，这不是一个道德和先验的判断，而是基于专业知识的事实判断。

另一方面，出版从业人员要加强马克思主义理论学习，注重意识形态问题的研习。出版物的问世需要策划编辑、责任编辑、总编辑等的层层把控，任何一个环节出现政治性缺失都会造成不可估量的后果。因此，对相关出版人员进行政治性教育势在必行。政治性教育主要要求出版人员具有坚实的政治素养，对马克思主义理论特别是党中央的方针政策及新观点、新主张、新策略有清晰的认知，利用"学习强国"App、专家专题报告、马克思主义理论知识竞赛等形式夯实出版人员的政治知识基础，提高政治觉悟，理直气壮地进行马克思主义理论选题的策划和出版。

二、学理性是支撑：凸显思想性、理论性与科学性

马克思认为："理论只要彻底，就能说服人。所谓彻底，就是抓住事物的根本。但人的根本就是人本身。"① 马克思主义理论出版的目的在于引导大众，引导的前提是服人，而服人的前提则是"抓住事物的根本"，学理性是抓住事物根本的保证。在笔者看来，马克思主义理论选题要突出学理性就是要在选题中突出"读原著，学原文，悟原理"。

（一）马克思主义理论选题学理性提出的必然性

突出学理性就是以彻底的思想理论征服读者，用真理的理想引导大众。简言之，学理性就是凸显思想性、理论性与科学性。马克思主义理论选题学理性的首要条件就是选题本身是否具有理论性。马克思主义是科学的真理，不能以时空的变化否认马克思主义基本理论的普遍性、科学性，也就是说，马克思主义理论选题本身具有科学性和学理性。众所周知，马克思主义理论是一个庞大的知识体系，涉及哲学、政治经济学等需要不断深入研究的命题。诸如"价值"问题，劳动者创造价值问题，人工智能能否创造价值问题，等等。在涉及马克思主义理论选题时，首先要确定的就是选题本身是否具有学理性，如果只是简单地对以往原理的堆砌，对热点问题简单地低水平重复，这不是好的选题。马克思主义理论选题学理性的第二个要求就是理论表达方式的科学性。不同学科具有特定的学科话语表达，马克思主义理论亦

① 中共中央马克思恩格斯列宁斯大林著作编译局. 马克思恩格斯选集：第一卷 ［M］. 北京：人民出版社，2012：9.

是如此。在当前马克思主义理论出版物方面，有相当比例是为项目和职称而出版，部分出版物在题目凝练、目录设置、论证内容阐述方面对马克思主义理论基本概念、范畴运用混淆，基本原理阐述错误，甚至引文版本老旧，这都涉及理论表达是否科学的问题。如果内容本身错误，如何起到说服和引领大众的使命，特别是涉及意识形态问题时，理论表达失当所造成的后果更是严重。

马克思主义理论选题也要遵循选题机制自身规律、读者认知规律。科学的选题机制是出版社克服粗放型发展模式、实现高质量发展的前提。没有成熟的选题规划体系，不尊重选题机制的规律性，难以打造出兼具产品意识、社会价值、版权思维的优秀作品。[①] 此外，出版物的对象即读者的认知规律也同样重要，只有把握选题的目标市场，才能够达到回应读者、说服群众和引导大众的目的。对读者认知规律的把握、对整个文化市场的充分调研决定了马克思主义理论选题的持久性。

（二）马克思主义理论选题学理性的实现路径

马克思主义理论选题的学理性是出版物质量的重要保障，缺乏学理性就不能主动追踪学术前沿，缺乏政治敏锐性会造成对市场需求变化把握不准。这些都会影响到选题方向和策划的内容，对此着重需要从"编研一体"、培育特色丛书、联合策划等方面来推进。

第一，编研一体。目前的编辑门槛比较低，少数出版社编辑学历较低，甚至个别人没有出版专业技术人员职业资格证书，这与编辑学者化的要求相去甚远。[②] "编研一体"是杜绝这种现象的重要途径之一。"编研一体"就是要求编辑与研者合二为一，"'研'是为了能更好地'编'，'研'的功夫升华了'编'的品质"。[③] 要有系统的马克思主义理论学习研究经历，能时刻关注马克思主义理论学科最新研究动态，对党中央各种新理论、新观点、新

① 王程程. 实、优、精、远：出版重点选题的规划策略 [J]. 中国出版，2020（11）：33-36.

② 朱剑. 如影随形：四十年来学术期刊编辑的身份焦虑——1978—2017 年学术期刊史的一个侧面 [J]. 清华大学学报（哲学社会科学版），2018，33（2）：1-35，192.

③ 陈寿富. 学术期刊编辑的理性诉求与实践智慧：从高校社科学报编辑身份焦虑谈起 [J]. 河南大学学报（社会科学版），2020（2）：151-156.

策略有自己独特的理解看法，发表代表性的学术论文，传达自己的学术立场和学术声音。这不仅可以形塑编辑的社会声誉，而且确保选题具有前瞻性。这也要求出版社在职称评定、激励机制制定的过程中能够对编辑的学术成果给予体现，否则以学术引领高质量选题的目标只能是空谈。学术论文等学术成果除了代表编辑的学术性，也表现出编辑获取、整合信息的能力及自主学习的意识。

第二，培育特色丛书。出版社应该在选题上形成自身特色，要有明晰的品牌规划，秉承"人无我有，人有我优"的理念，通过对马克思主义理论学科进行细化，找到选题重点，培育特色丛书，比如南京大学出版社在出版西方马克思主义著作方面就独树一帜。特色丛书内具稳定性、持续性与逻辑性，如果能加大培育力度，增大优质书稿比例，这个过程也将是策划编辑学习的过程，这样容易形成良性互动。因为策划编辑会围绕选题参加学术会议，向专家面对面约稿，无论是学术会议，还是与专家学者的交流，编辑都需要提前进行相关学术热点的学习和学术思维的训练。随着特色栏目的推进，所有参与人员的学术修养都会进一步增强，一本优质书稿和粗制滥造的书稿对人的影响是截然不同的。培育特色丛书会形成成熟的马克思主义理论选题规划体系，形成品牌效应，使出版社在宣扬马克思主义理论方面占据优势地位。

第三，联合策划。提高学术性除了出版社编辑自身努力外，也可以尝试联合策划的路径。联合策划就是通过跨区域、跨圈层的形式联合其他的出版社和编辑部召开选题会议，围绕一定的主题，如随着人工智能的发展，马克思主义的劳动价值论面临的理解困境，以匿名评审的方式充分讨论，遴选出优秀的选题，而后可以就相关选题请教相关领域的专家，对选题及其论证内容进行精细辅导。可以说，联合策划不失为一个有益尝试。在笔者看来，联合策划还可以克服组稿、约稿文风不统一等操作难题，因为各个出版社可以根据自身独特的风格进行稿件的挑选和重组。

三、实践性是路径：增强意识形态的话语权与主导权

"实践"是马克思主义核心范畴之一，甚至有人把马克思主义哲学称为

"实践哲学"，以表征"实践"概念在马克思主义中的地位。笔者认为，"实践性"原则既是对马克思主义实践性的继承，也是对马克思主义中国化过程的总结，更是基于新时代增强意识形态话语权、主导权的客观要求。要树立"实践性"理念，必须从针对性、大众性、系统性、实证性四个方面来确证。

（一）"实践性"的逻辑基础

从理论逻辑方面看，"实践性"原则是对马克思主义实践本质的继承。马克思在《关于费尔巴哈的提纲》中指出："旧的哲学家只是用不同的方式解释世界，问题在于改变世界。"① 马克思主义正是致力于"改变世界"的。具体说来，马克思、恩格斯在肯定资本主义历史进步性的同时看到了资本主义的"短暂性"，因为资本主义有其自身无法克服的矛盾，最终将被新的社会形态替代。"唯物史观"和"剩余价值"两大历史贡献正是马克思、恩格斯对现实的资本主义社会剖析的结果。由此，马克思、恩格斯找到了新社会的实现形式、依靠力量等，也描绘了未来社会的具体原则。可以说，马克思主义本身就是"实践性"的代表，远远超越以往哲学。马克思主义源于资本主义现实运动，旨在建立现实的共产主义社会。

从历史逻辑方面看，"实践性"原则是对马克思主义中国化过程的经验总结。马克思主义之所以能在中国具有指导思想的地位，追根究底在于它改变了中国的面貌。马克思主义与中国的第一次结合，产生了毛泽东思想，让中华民族从此站立起来，改变了中华民族一百多年任人宰割的屈辱历史；马克思主义与中国的第二次结合，产生了中国特色社会主义理论体系，让中国富起来、强起来，为实现中华民族伟大复兴的"中国梦"建立了坚实的基础。站起来、富起来、强起来是马克思主义在中国发展的集中概括。那些与马克思主义同时传入中国的其他学说，如实用主义理论等都在历史发展中慢慢沉寂。我们坚持马克思主义不动摇，坚持马克思主义中国化就是相信马克思主义可以继续让中国"强起来"。当前中国疫情防控取得的巨大成功，已经在说明社会主义制度的优越性和马克思主义的科学性。

从实践逻辑方面看，"实践性"原则是基于新时代增强意识形态话语权

---

① 中共中央马克思恩格斯列宁斯大林著作编译局. 马克思恩格斯文集：第一卷 [M]. 北京：人民出版社，2009：502.

的客观要求。中国的改革开放是成功的，但也存在着我们无法回避的问题，如贫富差距、腐败滋生、生态破坏等。在思想和理论领域，各种思想主张交汇碰撞，中国存在的一些问题被无限放大、拔高，加上国外媒体的煽动，一些错误思想不断解构马克思主义的真理性，否定社会主义制度的声音时有发生。对此，为正本清源、巩固主流意识形态，我们需要理论创新来直面错误思潮，不能任其泛滥。在百年未有之大变局的时代背景下，"逆全球化问题""新型国家关系问题""人类命运共同体的构建问题"等，这些理论方面的创新和出版更具有实践性。

综上所述，马克思主义理论选题策划的"实践性"原则就是突出解决我国面临的重大现实问题，提出能够回答时代之问的具体方法。遮蔽矛盾的献媚、空洞的提议、乌托邦式的理论构思……这些选题都只是无病呻吟的伪命题，不是真学术，不具有马克思主义的"实践性"，也就难以以理服人，这是选题策划必须避免的。

（二）践行"实践性"原则的具体策略

"实践性"原则是理论、历史和实践逻辑的必然要求，是巩固思想文化阵地、引导大众信仰的应有之义。

一是针对性。高校出版社肩负维护意识形态安全的责任，应组织编辑针对一段时期社会上出现的消解主流话语的各种错误倾向，比如疫情下的"人类命运共同体构建困境问题"、民粹主义泛滥问题，以及新帝国主义问题等，给予理论回应。众所周知，马克思主义经典著作，习近平总书记系列重要讲话、治国理政等著作一般由人民出版社、外文出版社等权威出版社出版，高校出版社则应发挥其学术性特质，进行精细化分类，走特色出版之路，这才是高校出版社马克思主义理论出版物参与市场竞争的有效之路。以最近中美关系为例，如果高校出版社能够围绕国际贸易、社会主义与资本主义关系、帝国主义与战争等问题积极发声，势必对我国舆情引导起到重要作用。除了内容的针对性，也要观照目标群体即读者，要针对不同的读者目标采取差异化的阐述方式，毕竟读者的获得感和提升感是衡量出版物价值的重要指标。

二是大众性。马克思主义理论表达形式决定其影响力，所谓的"大众性"就是指通俗性。马克思主义发源于欧洲，在被传入中国后，开启了大众化的道路，毛泽东的《矛盾论》《实践论》最具代表性。毛泽东用通俗易懂的语言表达了马克思、恩格斯、列宁对矛盾、实践的理解，启发了当时文化水平总体低下的中国民众，对凝聚人心干革命起到了至关重要的作用。若将黑格尔的《小逻辑》、马克思的《黑格尔法哲学批判》、列宁的《哲学笔记》翻译后直接在全国传播，这样的效果是远远落后于毛泽东的通俗性表述的。在当代，理论界对具体事务的马克思主义范式的回应，要么是缺失，要么是话语方式建构滞后，这容易造成"马克思主义理论的解释力与说服力相对滞后，从而造成人们对其误解，甚至对其合法性产生怀疑"的困局。① 在策划马克思主义理论选题时，一定要杜绝单纯的术语堆砌卖弄及不加分析的原文引用。此外，"大众性"要求编辑策划时注重新媒体的应用，借助其便捷、及时、互动的特点，吸引读者利用碎片化的时间阅读经典。

三是系统性。马克思不是天生的马克思主义者，马克思主义也不是一成不变的。1848 年《共产党宣言》发表后，马克思、恩格斯所预想的欧洲大革命也没有如期而至，巴黎公社建立起的无产阶级政权也只是昙花一现，西方主要的发达国家没有同时革命，反而落后的俄国的社会革命如火如荼地进行……这一切都在说明，任何一个理论都要随着时空的变化而变化，理论是问题的回应，认识是对实践的总结。这就要求，马克思主义理论选题策划不能一蹴而就。错误地认为出版物已出版就是终点，事实上远不是如此。随着社会的发展，学者在思考，策划编辑也要敏锐意识到理论表述的转变问题，可以就此问题与出版物原作者进行互动，要求进行修改后再版，例如马克思对《共产党宣言》多个译本的序言在不断变化。

四是实证性。这里指称的"实证性"是在理论阐述的过程中借助数据、计算的方式确证结论的科学性。在马克思主义经典著作《资本论》中，马克思借助数字计算说明了"交换价值""资本周转""剩余价值"等政治经济学范畴，揭示了资本主义发展规律，是对以往哲学话语表达的有益补充。无独有偶，在 19 世纪 90 年代，针对俄国资本主义发展程度问题，民粹派坚持认为俄国资本主义尚未处于统治地位，俄国应该在公社的基础上进入社会主

---

① 李小玲. 新媒体时代主流意识形态传播的挑战与对策 [J]. 新闻爱好者，2020 (3)：44-48.

义，因为公社中蕴含着平均分配等共产主义因素。可见，对资本主义的认识问题事关俄国社会道路选择这一根本性问题。列宁在《俄国资本主义的发展》中指出，从 19 世纪 90 年代开始，俄国农业机器的输入和国内机器的生产都增长迅速，以俄国制造的耕犁为例，在 1879 年生产了约 14 500 部，而 1894 年达到了 75 500 部。① 再如，列宁指出，俄国与其他资本主义国家相比，各个生产者都呈现出分散性，甚至达到匪夷所思的地步：在拥有 20 000 工人的近 9 000 个小作坊中，共有财产的作坊只有几十个②，这种生产分散性恰恰说明了俄国工业资本主义的发展，因为正是资本主义的发展才摧毁了原始村社原则，等等。诸如此类数据彻底批驳了民粹派关于资本主义发展的错误观点，进而为寻找俄国革命道路提供理论基础。值得注意的是，要防止用"平均数"遮蔽了差异性，比如，在分析社会发展贫富差距时，不仅要说明城市和农村的差距，也要说明城市和城市、农村和农村的差距，只有做到分析正确才能确保提出解决之策的有效性。

---

① 中共中央马克思恩格斯列宁斯大林著作编译局. 列宁全集：第一卷 ［M］. 北京：人民出版社，2013：247.

② 中共中央马克思恩格斯列宁斯大林著作编译局. 列宁全集：第一卷 ［M］. 北京：人民出版社，2013：261.

教材类图书编辑与具有双重身份作者的
有效沟通探究

刘金兰

摘要： 相较于其他图书，教材类图书具有一定的特殊性，其作者也是使用者。这种双重身份的统一，决定了作者在教材出版中占据了重要地位，这在一定程度上也加大了编辑与作者有效沟通的难度。本文论述了双方有效沟通的重要性，分析了双方无法实现有效沟通的原因，探讨了有效沟通的策略，以期对教材类编辑与作者实现有效沟通提供借鉴。

关键词： 教材类图书编辑；双重身份作者；有效沟通

一、教材类图书编辑与作者有效沟通的重要性

图书编辑在日常工作中，从选题策划、组稿、编辑加工、图书设计到印制，以及后期的市场宣传与推广，每一个工作环节都需要与各环节不同工作岗位的人打交道。沟通能力的高低，直接关系着编辑工作的有效开展。可以说，出版流程中每一个环节的沟通均影响着编辑的工作效率，影响着图书出版的整体进展。对于处在出版流程核心地位的图书编辑而言，有效沟通至关重要。从某种意义上说，有效沟通就是生产力。

作者是图书编辑日常工作中最重要的沟通对象。与作者进行沟通是图书编辑的一项重要的工作内容。图书编辑与作者的沟通是否有效，直接影响选题的开发与维护，以及图书出版与发行。有效沟通对于从事教材类图书出版的编辑而言更为重要。

首先，选题策划阶段，与作者的有效沟通直接影响着图书的定位及质量。① 与其他选题不同，教材类图书的作者多是院校的一线教师，他们既是图书的作者，又是图书使用者，这两种身份的统一，直接决定着作者在教材类图书选题开发中的重要地位。他们深刻了解现实教学中应使用哪些教材，这些教材应该怎么编写，或者说什么样的教材最适合、最能满足教学使用，最能服务于教育教学。而这些对于只从事大众图书出版的编辑来说，是最为欠缺，最需要了解和掌握的，更是开发教材类图书选题、服务于教育教学所不可缺少的、最重要的因素。从作者那里收集策划选题的重要信息，离不开编辑与作者的有效沟通。

其次，组稿阶段，制定科学合理的写作大纲离不开与作者的有效沟通。与普通图书相比，教材类图书有其特殊性：教材的编写必须依据该学科的课程标准，要准确把握学科的知识点和对学生知识及能力目标的要求，这具有较强的专业性。图书编辑对出版流程的把控及对图书的编辑加工是其优势，但是恰恰欠缺开发教材类图书所需要的学科专业知识。编辑需要加强与作者的沟通，以了解相关学科的教学目标及教材编写内容，制订科学合理的写作大纲。

再次，"三审三校"阶段，教材类图书内容的优化及提升离不开与作者的有效沟通。审稿是编辑过程的重要环节之一，编辑对稿件进行审读、评价、决定取舍，并对稿件提出修改要求及建议，使稿件内容质量达到编写大纲要求。"三校"是对书稿内容的打磨，消灭书稿中的知识性差错及文字差错，使图书在编校质量上达到出版要求。从审稿到退修以及清样的审读，都需要编辑与作者进行口头的或者书面的沟通交流，共同为图书质量把关。

最后，教材类图书的推广与宣传，更离不开与作者（也是图书使用者）的沟通与联系。图书出版后，并不代表着编辑与作者的出版合作结束。教材类图书的作者多为学科领域内的专家，具有一定的知名度和影响力，对图书后期的市场宣传与推广使用具有很大的影响。图书编辑与作者应保持有效沟通，以拓宽图书的销售渠道，提高图书的发行量及市场影响力。

---

① 卢婵. 论图书编辑与作者沟通的方法 [J]. 传播力研究，2019，3（22）：151.

二、教材类图书编辑与作者沟通不畅的原因

在教材类图书的整个出版流程中，编辑与作者之间存在各种沟通问题，有时无法实现有效沟通。究其原因，主要有两个方面。

（一）专业知识不对称

编辑与作者分处于不同的专业领域，掌握着不同的专业知识。图书编辑掌握着出版行业的专业知识，相对于作者来说是图书出版上的"专家"；而作者作为院校的教师，相对于编辑来说是该学科领域内的教育教学"专家"。图书编辑对学科专业知识欠缺，而作者对出版专业知识欠缺，这种专业知识的不对称必然导致双方的认知不同，从而造成沟通不畅。①

作者不了解图书的出版知识，不了解图书出版前必须经过严格的"三审三校"，只有达到出版要求才可以出版。甚至有的作者不知道怎样才能达到出版要求，只是简单地认为书稿写作完毕就可以直接印制成书。在出版合作前期，编辑如果没有在出版流程与出版要求上与作者进行基本沟通，而作者对出版知识一片空白，就会造成对出版工作的"误解"。

编辑对学科专业知识欠缺，在与作者进行沟通时，最直接的影响是作者对编辑的不认可。作者对编辑的认可，是双方进行合作的基础。没有作者愿意将自己的学术成果交付于自己不认可的编辑。这种不认可最容易在审稿及编辑加工环节中体现出来。缺乏学科专业知识的编辑，无法对书稿给出专业的审稿意见，也无法提出专业的修改意见，无法准确判断书稿中的知识性差错。在与作者沟通修稿时，会造成作者对编辑水平的质疑，造成其在出版工作上的不配合。

（二）书稿要求不统一

作者在写作书稿时，考虑的是教学使用，重点是内容。比如，知识结构是否科学合理，书稿内容是否符合课程标准；理论与实践是否相统一；等

① 聂文聪. 图书编辑出版过程中与作者的有效沟通及合作 [J]. 现代交际，2019（4）：102-103.

等。甚至有的老师把书稿的写作内容与讲课内容等同。书稿中往往出现为了将某一知识点讲清楚、讲透彻而前后重复性讲解的现象。

图书编辑在对书稿进行编辑加工时，不仅关注图书的内容，而且还关注书稿是否体例统一、格式统一，图表的使用是否规范等。也就是说，编辑不但要求书稿在内容上达到出版要求，在形式上更要求达到出版要求。相较于作者对知识讲解的重视及教学使用要求的看重，编辑更关注书稿的逻辑性、规范性以及是否达到出版要求。

编辑与作者对书稿要求的不同会直接导致双方的误解。编辑认为作者的书稿过于粗糙，达不到"齐、清、定"的基本要求；而作者认为编辑吹毛求疵、鸡蛋里面挑骨头。这种互不理解，必然增加双方的矛盾，导致双方无法进行有效沟通。

三、教材类图书编辑与作者有效沟通的要求

（一）"为他人作嫁衣裳"的服务意识

"为他人作嫁衣裳"出自晚唐诗人秦韬玉的《贫女》，该句话常用以形容编辑工作，成为出版人对自我工作的评价。"为他人作嫁衣裳"虽然不能准确、全面地概括出编辑工作的实质与性质，但是从某些方面来说，编辑则恰如诗中的"贫女"，整日压线刺绣，将丝丝金线制成新嫁娘光彩华丽的嫁衣。"为他人作嫁衣裳"强调的是一种图书编辑对作者应具有的服务意识。这种服务意识要求编辑具有忘我工作、无私奉献的职业精神。作者是出版社重要的资源，图书编辑要树立为作者服务的意识，充分尊重每一位作者，认真对待每一部书稿，为作者提供优质的出版服务，用专业的知识与敬业的态度确保图书质量。① 在琐碎枯燥的编辑工作中，编辑要树牢"为他人作嫁衣裳"的服务意识，取得作者的信任，赢得作者的认可。

（二）"己所不欲，勿施于人"的换位思考

编辑与作者的沟通不是单向的一方向另一方输出信息，而是一种双向沟

---

① 徐晶. 浅议沟通能力对图书编辑的重要性 [J]. 新闻研究导刊，2019，10（5）：184.

通。在这一过程中，编辑与作者针对出版环节中出现的问题进行观点及思想上的互动交流。在交流时编辑要注意换位思考，多站在作者的角度考虑问题。

每一部书稿都是作者的心血之作，编辑对待书稿要认真、细心、耐心，要有精益求精的工匠精神，为作者提供优质专业的服务。在与作者沟通时，要理解作者对出版知识的欠缺，耐心做出讲解，与作者达成共识。在与作者沟通书稿问题时，站在对方的角度，采取恰当的形式。对书稿进行编辑加工时，要充分尊重作者的写作风格及语言习惯，做到能不改则不改，有错必改，改必有据。

作者也应理解并认同编辑的工作，理解编辑工作的繁杂性以及编辑对书稿编校质量的高要求，给予编辑充足的时间对书稿进行打磨及优化，不为出书而出书，不为赶时间而超流程，充分信任编辑。

编辑与作者在沟通中，能换位思考，站在对方的角度去处理问题，那么沟通就会顺畅而高效，整个出版流程也会愈加流畅，大大提高了工作效率，加快了图书的出版进度。①

（三）"打铁还需自身硬"的专业能力

"打铁还需自身硬，干事更要本领强"，编辑要提高自己的专业能力。在日常工作中，教材类图书编辑要与作者保持有效沟通，必须具备以下能力：一是与人交往的沟通能力。编辑工作比较琐碎繁杂，需要与作者进行沟通的地方也比较多。编辑要不断提高自身的沟通能力，掌握沟通技巧，针对不同的作者采取不同的沟通方式，使自己的想法、建议以及意见以艺术的语言展现，使作者乐于接受，保持愉悦的沟通氛围，达到有效的沟通目的。二是图书出版的职业能力。编辑具有较强的职业能力，才能取得作者的信任，让作者放心、安心。三是学科知识的掌握能力。教材使用对象的特殊性决定了它对专业性的高要求。专业的图书必须由相关专业的编辑负责，如果编辑在其负责的图书学科专业知识不扎实，那么在与作者的沟通中就会非常被动，作者也会觉得编辑是外行，不够专业。

---

① 周红利. 编辑与作者双向沟通模式探索 [J]. 新闻研究导刊，2020，11（7）：176-177.

四、教材类图书编辑与作者有效沟通的对策建议

（一）高度重视图书写作大纲及编写体例

写作大纲解决的是让作者写什么的问题，编写体例解决的是让作者怎么写的问题。由于教材类图书自身的特殊性，编辑在组稿开始前必须依照学科标准制定写作大纲，并通过编写委员会的讨论，反复修改，再最终确定。教材主编根据写作大纲对各位作者进行编写分工，明确编写任务。明确了写什么，接下来就是怎么写的问题。例如高职高专类教材，其编写是采用案例导入还是项目导入，教材章节需要设置哪些栏目，理论知识讲解与案例实训分析怎么展示，怎么凸显实践教学环节及特点……所有这些细节问题都需要在编写体例中有明确要求。编辑在与作者沟通时，应给作者提供写作样稿，以便作者更加直观地了解编辑对图书的写作要求，保质保量地完成书稿的写作。写作大纲及编写体例的制订，会让编辑与作者在教材的写作上达成共识，为组稿后的审稿及编辑加工打下良好的基础。

（二）准确传达言之有据的退修意见

编辑在处理作者稿件时，要通读全文，深入了解稿件的内容，根据组稿前制订的写作大纲及编写体例，对整本书稿做出判断，哪里需要修改，建议怎么修改。编辑在与作者沟通退修建议时，要思路清晰，观点明确，言之有据。退修意见如果思路混乱，观点不明确、不具体，作者就无法正确理解稿件需要怎么修改，甚至会造成误解。作者如果无法弄懂问题所在，那么在修改稿件时也很难具有针对性，理不清修改思路，找不到修改方法。这种情况下，作者即使修改了稿件，可能造成该改的没改，不该改动的反而改了，这样的修改是无效的，无法达到编辑对稿件的修改要求。言之有据要求编辑针对书稿提出的意见及建议要专业，要具有权威性，要使作者信服。作者只有认可了编辑给出的意见及建议，才会配合编辑修改稿件。

（三）综合运用多种新媒体沟通方式

新媒体时代，编辑与作者的沟通方式日益多样化。E-mail、QQ、微信等

新媒体沟通方式，在编辑的日常工作中发挥着越来越重要的作用。编辑在不同的工作环节需要运用不同的沟通方式，以实现与作者的有效沟通。

电话沟通节省时间，传递信息及时，使编辑方便、快捷地与作者进行联系。编辑在紧急情况下或者需要深入沟通时，宜与作者进行电话沟通。E-mail 通过文本沟通，有利于将沟通内容讲述清晰，便于保存和查找。编辑在与作者沟通策划方案、写作大纲、书稿的退修意见时宜采用 E-mail。编辑加工阶段，编辑对书稿中出现的问题，需要与作者进行各种方式的交流，这时QQ 和微信的沟通优势便凸显出来。尤其是微信对图片的传输及强大的语音功能，使编辑与作者交流起来更加得心应手。文字表达不出的，采用语言；语言表达不清的，可以拍照发送图片。各种沟通方式的综合运用可以使沟通更加流畅。

教材类图书的作者往往不是一个人，而是多人组成的编写委员会。同一问题，编辑往往需要与该书的所有作者一一沟通。为提高效率，编辑可在QQ 或微信上临时建立 QQ 群或微信群，不仅将作者拉进群，也可将审稿专家、美编等与该书相关的人员都拉进去。专业的问题由专业的人员回答，疑难的问题大家一起讨论。群策群力，拉近了大家的距离，提高了工作效率，加快了出版进度。

五、结语

在教材类图书出版竞争日益激烈的今天，编辑要不断加强自身专业能力，增强服务意识，运用多种沟通方式，实现与作者的有效沟通，确保图书的质量和出版进度，从而打造出满足广大院校师生使用的优质教材，更好地服务于教育教学。

提高书稿来源质量的四个支点

陈文静

摘要：图书市场的竞争归根到底是图书质量和品牌的竞争。进入新时代，国家和社会都对图书质量提出了更高的要求。图书质量建设是出版社的核心工作，直接影响着出版社的健康可持续发展。作为编辑人员应强化质量责任意识，通过对优秀作者资源的开发与维护，提出并落实图书编写的基本要求，重视提纲和样稿整体质量，定期召开书稿编写会等措施，对作者的书稿来源进行严格把关，扎实提升书稿质量，为高质量图书出版奠定良好的基础。

关键词：图书出版质量；书稿来源；优秀作者

随着市场经济的蓬勃发展，出版行业发生了翻天覆地的变化，同时也面临着前所未有的挑战。图书市场的竞争归根到底是图书质量和品牌的竞争，如何在提高图书质量的同时兼顾社会效益和经济效益，是目前各出版社迫切需要解决的问题。提高图书质量是一项较为复杂的系统工程。作为一名编辑，首先应树立"质量第一"的理念；其次，编辑、校对、设计、排版、印务等各个环节的工作人员应站位高，有责任意识，把提高出版物的质量放在首位。目前，出版市场图书种类繁多，质量参差不齐，这就需要出版工作者把好"源头"关，拒绝"三俗"选题，推动"正能量"图书的出版。[1] 本文从优秀作者资源的开发与维护、作者编写图书基本要求、重视提纲和样稿整

---

① 史格非，于笑天，黎世莹，等. 控制撰稿源头，提高编校质量 [J]. 编辑学报，2018（1）：54-56.

体质量及定期召开书稿编写会等四个方面，论述提升图书出版书稿来源质量的对策，为高品质图书出版奠定良好的基础。

一、优秀作者资源的开发与维护

美国著名出版家小赫伯特·S.贝利曾这样描述作者的重要性："出版社的活动和决策深受一群才华横溢的作者所影响，他们被看作是出版社力量的源泉。"① 想要在竞争激烈的图书市场获得一席之地，必须树立"质量为王"的意识，而作者作为内容质量的创造者和提供者，其重要性不言而喻。想要成为一名优秀的编辑，就必须拥有一支高水平、高学历、长期稳定合作的作者团队。即使选题再好，如果没有文笔优良的作者，也是无米之炊，难以达到预期的效果。

（一）开发好优秀作者资源

优秀作者资源的开发有多种渠道，主要通过四条途径：第一，编辑要发扬自身的优势，利用自己的人际朋友圈，开发一些潜在作者资源。如通过身边的老师、朋友、同学及领导等相互介绍，长此以往，即可建立起属于自己的作者队伍。第二，编辑要练就一双"火眼金睛"，充分利用网络资源。在互联网高速发展的今天，公众号、论坛、微博及微信等平台上有大量的优秀作者，且这些作者大都自带粉丝，有利于后期的发行和推广。第三，编辑要做到三勤，即"嘴要勤、腿要勤、手要勤"。优秀的选题不是坐在办公室就能等来的，编辑应经常参加一些学术会议，在会议上认识一些本专业有知名度的作者，整合更多的人脉资源，捕捉潜在的优秀选题。第四，编辑要打好感情牌，让熟悉的作者充分信任自己，并不断引荐新作者，形成作者资源"点—线—面"扩张的良性循环。② 俗话说，"人以群分，物以类聚"，编辑要善于利用每一位作者资源，从最初单纯的合作关系转变为亦师亦友的知己关系，建立起深厚的感情，经常保持联系，聊聊工作情况和图书发行情况，而且通过双方的沟通和交流，还会产生新的选题来源和作者资源，这是一位

---

① 窦臻.把控组稿关键问题 提高科技图书出版质量 [J].中国编辑，2018（2）：74-76.
② 蒋学东.编辑绩效考核的定量化尝试 [J].科技与出版，2014（1）：46-50.

真正优秀的"编辑"所应具备的能力。

（二）维护好优秀作者资源

维护作者资源主要通过三条途径：第一，编辑要提供专业化服务，让作者放心。作者信任编辑的首要因素是"专业"。在前期图书选题策划阶段，编辑可以从出版和市场的角度出发预估社会效益和经济效益，同时就图书特色、书名的确定和写作框架等提出自己的专业性见解。在中期图书出版流程阶段，编辑可以从图书质量管理和规范的角度出发，在三审、编辑加工、版式与封面设计等方面确保图书质量。在后期图书发行阶段，编辑应积极配合作者开展一些新书发布会或是专题讲座等，并及时跟踪，随时掌握图书销售情况的最新动态，努力提升新书的市场占有率，不断扩大新书的学术影响力。第二，编辑要与作者保持紧密联系，让作者舒心。编辑可通过丰富的网络资源，如微信、电子邮件和 QQ 等通信工具与作者交流沟通，省时高效；同时，编辑也可以与作者面对面沟通，不仅可以增加彼此的好感从而消除距离感，而且顺畅专业的沟通能够增进彼此的信任。切记不能突然拜访，以免适得其反，可提前电话预约或由熟人引荐，拜访前还必须充分了解作者的相关信息，如研究领域、学术信息、性格爱好及出书情况等，达到"知彼知己，百战不殆"的目标。第三，编辑要提供经济上的激励措施，让作者尽心。合理的稿酬不仅可以确保书稿质量，也是作者实现劳动价值的一个重要体现，对一些畅销书和优秀作者要根据图书销量制定合理的付酬标准。对作者来说，写书可以对学术知识和宝贵经验进行总结和提炼，学术成果不仅可以用来评定职称，而且可以提高知名度，打造品牌，从而获得更好的社会效益和经济效益。

二、严格落实作者编写图书要求

目前部分学术出版存在一些弊端，如重数量轻质量、有"高原"缺"高峰"等问题。[①] 图书出版是一项复杂、烦琐且环环相扣的系统工程，涉及编

---

① 孙保营. 新时代学术图书责任编辑之责任的八个维度 [J]. 中国编辑，2021（2）：87-90.

辑、作者、出版社等多个主体，涵盖编、印、发等多个环节。作者是图书出版的第一要素，优秀的作者本身就是响亮的"金字招牌"。因此，必须提前给作者制订清楚、完整的图书编写要求，以期把控"源头"稿件的质量。

（一）严格"齐、清、定"要求

图书选题一经确定，作者应及时与出版社签订约稿合同，在正式书稿完成之前，应先写出 3 000 字左右的样稿交出版社审阅，以便责任编辑尽早发现书稿中的问题，及时纠正。作者应按约稿合同和"编写须知"要求，按时将"齐、清、定"书稿交付出版社。一般应在出书日期前 6 个月交稿。若不按期交稿，出书日期相应后延，并按合同要求作相应处罚。

"齐"是指来稿一次交齐。主要包括作者情况（含主要作者 300 字左右的简介、联系方式等）、内容提要、序、前言、编写说明、目录、正文、图表、附件等。图稿（包括照片、图片）电子版一式两份，一份插入书稿文本中，便于编校人员审校；另一份单独建一个文件夹，用于制版，其中每幅图都要注明图号、分图号、图题等。"清"是指书稿纸规格统一，字迹清晰，稿面整洁。在提交电子书稿的同时，还须提供与电子版内容一致的打印样，英文大小写、正斜体、黑白体、数字、符号上下标等一定要准确无误。"定"是指稿件全部内容最后确定，交稿后不得自行增删、修改。原稿一经交付出版社，除出版社退修外，至出书前不再返回作者。

（二）严格书稿内容质量

书稿内容应符合党的路线、方针和政策，不得有政治性错误，不得损害国家形象、泄露国家机密。书稿内容应具有科学性、先进性、实用性、艺术性、可读性，文字上用词应规范，文章结构合理，层次分明，概念清楚，逻辑严密。翻译稿应译文准确，符合汉语语法习惯和用词规范，无错译、漏译。对原著中不符合我国国情的内容应予以删除，并加脚注说明。对政策性很强的内容，如涉及宗教、民族风俗等方面的图书，要严格遵照有关规定处理。

（三）严格书稿著作权要求

出版社尊重作者的著作权，作者必须严格执行《中华人民共和国著作权法》，不得侵犯他人的著作权益，严禁抄袭。在引用他人资料、数据时应注明出处，一般可在参考文献中列出，图表全录时应加注释说明。翻译书稿必须征得版权所有者的书面同意，作者侵犯他人名誉权、肖像权、姓名权等人身权利内容，要承担全部责任，并赔偿由此给出版社造成的损失。

三、重视提纲和样稿整体质量

出版品牌能否走得长远、站得稳固、叫得响亮，关键在于出版物的质量。[①] 无论是传统的纸质出版还是新型的数字出版与融合出版，出版物的内容质量永远都是排第一位的。作者只有撰写出高质量的提纲和样稿，才能保证后续工作的顺利进行。

（一）重视提纲编写质量

编写提纲一般由主编根据编写方案拟定，不能偏离选题方向，要层次清晰，体现编写意图，符合全书布局，能细致勾勒出全书脉络并彰显风格，这是书稿开始编写工作的基础。编辑必须向作者详细讲解提纲的重要性，避免前后矛盾和逻辑混乱。还要对一些问题进行详细说明，比如全书篇幅是否符合要求，字数分配是否得当，图片是否符合要求，是彩色图还是黑白图，是否符合读者需求以及价格和未来的发行，等等。对于一些重点图书和知名学术专著或系列丛书，还可邀请外社的专家召开提纲审定会，多提意见，确保万无一失。[②] 编辑针对提纲中的问题应第一时间和主编沟通，在充分尊重作者的基础上协商，力求达成一致意见。

（二）重视样稿整体质量

编写提纲确定后，作者就可以开始着手编写样稿，样稿通常包含一个章节的内容，样稿是确保图书质量的"第一道把关"。对于多数作者参编的教

---

① 仝磊，董润泽. 新时代出版高质量发展的品牌建设之路［J］. 中国编辑，2021（3）：49-53.

② 贺军生. 构建新型编辑绩效考核体系平衡图书双重效益［J］. 科技与出版，2015（12）：129-131.

材，由主编或是某位德高望重、编写经验丰富的作者编写样稿，经编辑审定并做一些规范处理后发给其他作者参考。样稿具有权威性且可以起到良好的示范作用，也能够节省后期工作的时间和精力，以确保定稿时全书的一致性和完整性。

四、定期召开书稿编写进程会

编辑可事先了解国内外相关领域的科研动态及学术信息，带着这些问题与专家沟通，把自己的选题思路与专家的学术科研结合起来，不仅可以赢得作者的尊重和信任，也可以建立长期的合作伙伴关系。从确定选题到遴选作者，再到图书出版，需组织召开三次编写会。

（一）召开前期样稿审定会

前期样稿审定会重在确保"质量"。所谓样稿，就是一篇范文，能够体现未来图书主题内容的部分章节，写出来后可供编写会讨论和以后各位作者撰稿时参考，具有"样板"的质量和特色。编辑一定要高度重视作者提供给出版社的样稿，样稿内容包含有整体的语言风格、层级罗列、标题凝练、段落完整、逻辑表达和标点符号等。在审读样稿时，编辑切忌自作主张，而应在充分尊重作者意见的基础上提出修订建议，比如某个编写章节的删减要求，层级小标题的凝练要求及图书名词术语和规范的依据标准等。如果是丛书或者套书等，则由众多作者集体编写而成，如郑州大学出版社出版的《中华战创伤学》，这套书从策划、组稿、撰写、编校到出版是一项系统工程，于 2013 年启动，共有 500 多位创伤医学领域的专家群策群力，团结协作，共同打造，其编写形式一致，在体现战创伤医学整体性的前提下，从层级罗列、标题凝练、章节与篇幅设置、语言规范等方面充分保证了全书的完整性和统一性，同时又兼顾分领域研究特色，按照不同部位、不同原因、不同环境等战创伤救治的特殊性以分卷的形式进行编辑和出版，风格迥异，凸显特色，该丛书获批 2015 年"国家出版基金项目"，获得了良好的社会效益和经济效益。①

（二）召开中期书稿推进会

中期书稿推进会重在加快"进度"。此次会议大约在交稿前 4 个月进行，这是编写会议中的"重中之重"，是在作者们研读提纲和熟悉样稿的基础上进行的，由主编主持。前期因各位作者已经明确了自己的内容分工并认真撰写，故要逐章谈自己编写的主要内容和特色，对提纲的修改和补充、删减，是否依据最新的研究数据，有无重复和遗漏等。主编要充分调动大家的积极性，集思广益，完善编写内容。因为参编者都来自一线，他们更熟悉、更了解该专业情况和读者需求，如果有作者提出异议，主编要充分尊重并进行讨论，不可直接回绝。比如，个别作者因专业特长欠缺、编写任务重或某些个人原因而难以完成书稿编写工作时，要增加编写秘书或助手，尽快推荐新作者加入或重新遴选合适的作者，共同合作完成。编辑就会议上提出的问题进行归纳总结，提出共性问题，解决个别疑难问题，并提出后期编写注意事项，最好以 PPT 的形式汇报讲解，更加简单明了、直观清晰。会后必须抓紧落实和逐一核对检查，以确保图书出版的速度和质量。

（三）召开后期通稿定稿会

后期通稿定稿会重在力求"完美"。通稿定稿会大约在交稿前 2 个月进行，中期编写会时各位作者已经把编写内容初稿交给主编，主编进行总结审读，提出异议，编辑进行粗审并提出后期注意事项，经过 2~3 个月的修改和完善，主编将"齐、清、定"的书稿交给出版社，编辑先进行审稿，视该稿成熟程度再最后决定是否召开通稿定稿会。如稿件内容质量差，或存在原则性问题，或逻辑混乱，或涉及侵权等问题，编辑可给予退稿或退修等。经过三次会议，相信书稿质量已得到初步保障，后期还需要出版社"三审三校一通读""印前质检""专家外审""同行互审"等环节，争取使图书达到"零差错"。

---

① 孙保营. "互联网+"背景下地方高校出版社转型发展战略选择研究：以郑州大学出版社为例 [J]. 新闻爱好者，2020（10）：50-53.

五、结语

作为一名编辑，要成为"善识千里马的伯乐"，选择文笔优良的作者，做好优秀作者资源的开发与维护，互帮互学，共同提高。① 同时，要成为"优秀作品的助产士"，将图书编写的基本要求充分告知作者，规范统一，提高质量；要树立"为人作嫁衣的无名英雄"的奉献意识。坚持"质量立社"的发展理念，重视提纲和样稿的质量，并定期召开编写会，以期做到从"源头"把控图书质量，多出"精品"图书，以达到"社会效益首位，社会效益和经济效益相统一"的目标。

---

① 江雨莲，孙激. 人工智能在医学期刊编辑出版中的应用 [J]. 科技与出版，2020 (2)：66-71.

浅析图书出版过程中策划编辑与作者的有效沟通

胥丽光

摘要：图书策划和出版是一个复杂的过程，每一本图书的问世都离不开策划编辑的前期调研、信息采集、选题构思、联系作者、组织撰稿、营销发行等环节。策划是编辑工作的起点，在图书策划过程中，有效地与作者沟通非常重要。为了保障图书符合国家法规和社会主义核心价值观，符合先进文化的前进方向，适应图书市场要求，满足消费者需求，以及出版计划如期完成，与作者有效沟通既是图书质量的保障，也在图书推广和发行中发挥着重要作用。

关键词：图书出版；策划编辑；策划出版；有效沟通

近年来，我国图书出版行业呈现繁荣发展的局面。在图书出版过程中，编辑以及作者必须严格按照出版标准及规范要求从事相关活动。图书编辑分为策划编辑、文字编辑、营销编辑等。对于图书的出版，策划和文字编辑要对作者作品中的语句、语序、文字等进行编辑加工，同时对于图书的格式以及出版的要求进行审核。在此过程中要时刻保持与作者的有效沟通，否则不仅影响图书的质量，还影响图书的出版进度。为了保障图书的正常出版，与作者沟通的重任就落在了策划编辑身上。关于策划编辑如何更好地与作者有效沟通，笔者有以下几点浅见。

一、选题策划阶段与作者的有效沟通

在图书的编辑出版工作中，选题是其中的一个重要环节。在这个过程中，策划编辑要与作者有效沟通，确定主题，严格执行国家出版法律法规、把好图书出版的意识形态关。策划编辑要有高度的职业责任感，坚守"敬业、严谨、求实、创新"的新时代"工匠精神"。同时，在作者写作过程中策划编辑要参与其中，与作者探讨合适的出版形式，以便作者更顺利地完成书稿创作。策划阶段的沟通主要包括确定选题名、作者名、出版方式、资金的投入、书稿完成情况以及营销方案等。①

（一）选题新颖性的沟通

互联网时代，信息的获取方式不断更新，对于图书出版的主题，选择新颖的题材与内容更能引起读者的兴趣，掌握先进的、前沿的信息是未来阶段图书出版选材的必要基础，它保障了图书的实效性与新颖性。

（二）出版要求和格式体例的沟通

在图书的出版过程中，有些内容不符合出版要求，有些内容违背相关规定，在图书选题策划期间，策划编辑要对作者进行及时提醒，避免不必要的修改。同时对于未出版过图书的作者，对于图书出版格式要详细交代，包括序、前言、目录、参考文献等出版规范。作为策划编辑，要对作者负责任，保证图书内容的完整性和格式体例的一致性。

（三）与自由投稿者的沟通

自由投稿一般包括电话投稿、网络投稿、推荐稿、社会征稿等。策划编辑了解作者的第一步通常从电话沟通开始。如果你坐在办公室里接到作者的电话投稿，策划编辑必须向对方询问主题、内容、作者身份和写作情况等。②由于稿件的随机性，很多作者对出版社的情况并不了解。经过简短询问后，

---

① 曹腾. 图书编辑与作者的沟通交流技巧分析 [J]. 今传媒，2016，24（6）：120-121.
② 刘炯. 编辑与作者的有效沟通：四"真"法 [J]. 科技传播，2015，7（4）：26-27.

策划编辑要简要介绍出版社和各部门的情况，并要求对方将稿件以电子稿形式发送至邮箱、QQ、微信等，仔细阅读后再做出判断。如果作者只能邮寄纸质稿件，必须与作者就是否归还纸质稿件达成协议，避免无法出版时引起不必要的纠纷。

（四）与个别约稿者的沟通

个别约稿是策划编辑直接邀请作者创作的一种方式。可通过电话、传真、电子邮件、QQ、微信等通信方式与作者取得联系，并征集稿件。也可以选择适当的时间拜访或邀请作者到出版社讨论稿件情况、稿件进度、出版时间或商谈合同细节。

（五）与团队创作者的沟通

根据征集情况，出版单位通过相关组织工作，邀请一批业内有实力的作者创作稿件。如组织编写丛书、大型专业书籍和教材，聘请业内知名专家学者担任主编或成立编辑委员会等，由他们协助出版社确定或邀请合适的作者完成书稿。在与专家组沟通时一般会召开编写会，请相关专家现场讨论书稿事宜，比如编写分工、大纲的拟订、体例格式的统一、出版时间的约定、合同的签订等。

二、稿件编校过程与作者的有效沟通

作者完成书稿并提交至出版社后，就开始进入图书的编校流程。此时，书稿将进入"三审三校"阶段。三审一般包括初审、复审和终审三个环节。编辑按编校中的所列问题逐一反馈是必要的，及时反馈可以提高图书出版效率。一般反馈主要通过电话、微信、QQ、电子邮件等方式。[①] 例如，郑州大学出版社组织策划了高等教育旅游专业教材，其中在编辑《中国旅游地理》时，笔者通过微信与作者进行了有效沟通。该书的基本框架符合高等教育旅游专业教学大纲，每章内容都与大纲密切相关，是一本高质量的旅游专业类

---

① 施东毅. 图书编辑与作者的有效沟通研究［J］. 新闻传播，2015（3）：85，87.

教材。但需要指出的是：本书涉及内容较多，案例数据信息略显陈旧。笔者建议作者更新本书数据信息，引用最新行业发展数据和经典案例，补充导游证考试的相关知识点，以课后习题或二维码方式呈现。作者回复："首先，我要感谢编辑、专家的评审和最真实的意见。其次，经过编委会商榷讨论，发现数据信息过早，整合数据需要一定的时间，可能会耽误教材的出版时间。不过，我们会及时更新数据，完善相关章节，争取按时提交草案。最后，编辑提出在书中补充导游证考试的知识内容，很实用。我会尽力完善相关微课、慕课和导游证考试相关内容。"

通过策划编辑与作者的反复沟通和协商，新版旅游教材可应用于实际导游考试中，并在实际教学中进一步完善。一般来说，校对工作将消除出版过程中留下的各种错误，包括稿件错误、排版错误、编辑过程中的错误等。在校对过程中，如果有需要与作者沟通解决的稿件问题，校对可以联系策划编辑将相关问题汇总，由策划编辑与作者协调沟通。[1]

三、数字技术融入阶段与作者的有效沟通

互联网的普及使人们进入跨界融合时代，依托大数据技术，构建包含数字教材、测评系统、教学系统、资源平台等在内的数字化出版整体解决方案，可以打通线下出版与线上出版，形成线下和线上相互促进、相互支持的立体出版、融合出版模式。[2] 在这种数字融合出版形势下，如何将图书更加立体化呈现，如何将图书内容通过数字形态展现，需要策划编辑在选题策划时巧妙构思，多与作者沟通，交换思路与创意，充分利用作者的教学资源，将数字化教学资源很好地融入教材出版。例如，在策划酒店餐饮类教材《客家菜点制作》时，笔者看到的原稿并不是图文并茂的，且全稿不成体系。笔者就与作者沟通修改方案：介绍菜品时加上每道菜品的历史渊源及传说故事，然后再讲食材配料、工艺流程、制作过程和成品特点，最后配上每道菜品需要注意的要点和小窍门。每道菜品分成几个板块介绍，每个板块配上相应的图片，同时精选几款有代表性的客家菜品视频，以二维码的形式呈现，

---

① 张放. 论学术图书编审流程中编辑与作者的互动 [J]. 中国编辑研究，2011 (4)：31-35.
② 罗晓黎. 论《旅游英语》的教材内容的多样性 [J]. 英语广场，2018 (12)：78-79.

用精美的图片、生动的视频为读者展现客家菜品的独特风味。从了解这道菜品的渊源到学会做这道菜品，真正领悟到客家菜的精髓，也是对客家菜品很好的宣传与传承。笔者的建议得到作者团队的一致认可，作者立刻联系相关团队拍摄出精美的图片和视频，并按建议修改原稿，最终的成书视觉效果非常好。再如，《饭店餐饮服务与管理》一书理论知识学习结束后，需要实践饭店餐饮的各项服务技能，如餐饮服务中的托盘服务，如何理盘、装盘、起盘、托盘行走等；或餐巾折花的理论知识学习结束后，要求学生必须学会基本的花型折法，这些折法单纯地用文字呈现，很难达到学以致用的效果，因此实训教材在选题开发中就需要突出其专业特色。笔者与作者沟通，让作者在这些教材中加入与实训相匹配的图片及视频——在书中增加实训的图片，再配上实训步骤分解视频，方便学生在实际操作中更好地回顾理论知识，也方便学生随时翻看温习，成功实现立体化教材的开发。再如，在开发酒店管理类教材《酒店情景英语》时，笔者提前与作者沟通，在完善书稿的同时加入一些场景英语音频、视频，充分利用教师的数字教学平台，将相关音频、视频、微课、慕课、SPOC（小规模限制性在线课程）、在线直播等数字化技术很好地融入教材开发，实现线上线下互动的教学模式。作者也充分认可笔者的建议，在自己的教学平台上与教材使用者实现线上教学沟通，点评作业及试卷在线作答等。这种新颖的教材出版方式在居家学习期间得到了广泛应用。教材出版后，受到广大师生的一致好评，并成功入选国家级规划教材。

四、封面和版式设计过程中与作者的有效沟通

一本图书不仅需要"有趣的灵魂"，还需要美丽的外表。封面是图书的门面所在，图书首先吸引读者眼球的也是封面，精美有创意的封面会激起读者的翻阅的冲动和购买欲。版式设计则是将书稿文字梳理成既有利于突出重点，呈现出图书清晰的结构关系，又可以满足读者舒适的阅读方式，将图书阅读的便利性、舒适性更好地发挥出来。① 一旦书稿到稿，策划编辑就要构思版式和封面，需要翻阅书稿，对书稿内容进行初步把控。首先，根据书稿

---

① 张中兴. 关于科技类图书封面、版式设计的一些思考 [N]. 新华书目报，2015-06-11（A03）.

类型把控。书稿是专业类学术专著、实训类教材还是大众读物，不同类别图书适合的封面版式不尽相同，图书封面版式设计也要听取作者的意见。其次，根据书稿内容把控。书稿内容不同，适合的封面版式也不一样，学术专著类图书封面版式要求相对简单且条理清晰，突出重点。教材类图书要求版式明朗、成体系，封面则需要符合教材出版要求，成系列。大众类图书的封面版式则要求相对活泼、有创意、有新意，迎合市场需求。根据内容情况与作者沟通，以便随时调整书稿内容或设计方案。不可随意歪解作者的出版意图，更不能曲解书稿内容，影响封面版式的设计取向。最后，对图书整体把控。根据书稿情况、出版意图等相关信息，可以与作者沟通确定开本、纸张、是否精装、是否有腰封、是否有彩插、是否有其他特殊工艺要求等。总之，图书封面版式设计并不是单纯的色彩堆砌，随意"填空式"拼凑叠加几何图形、色彩和文字，也不是"张冠李戴""千篇一律"式地设计，而是"无声胜有声"地将朴素的特质和艺术意境与作者的写作意图、读者视角完美交融，呈现出与众不同的点睛功效。

五、图书完成和推广阶段与作者的有效沟通

图书完成后，有必要对该书进行宣传和推广。无论该书是专著、教材还是大众读物都需要通过宣传的方式发行，可以通过新书发布会、书讯、书评、微博、直播、各大图书展销会等多种宣传方式。除了依靠本社的发行部门推介外，还需要与作者有效沟通，取得作者的支持和帮助，毕竟作者是该专业相对权威的专家，有着得天独厚的资源和人脉，这一方面把握得好，图书发行推广工作就成功了一半。[①]

在新书发布会或在图书展销会上，遇到发言主题符合自己策划出版方向的作者，或者日后可能成为潜在约稿对象的作者，交谈时主动留下联系方式，接到对方名片，用手机给对方发送信息，说清楚自己的单位和姓名。对方收到信息，顺手就可以保存联系人，存入通讯录，使得互换名片真正转化成建立实际的联系。

---

① 袁翠红. 图书编辑出版过程中与作者的有效沟通及合作 [J]. 科技传播，2016，8 (15)：57-58，67.

六、结语

一本书或一套书的成功出版和发行，是编辑和作者共同努力的结果，在图书出版的整个过程中，策划编辑与作者应时刻保持有效沟通。策划编辑要做好作者信息的采集工作，同时合理采纳作者的有效意见，做出专业化的处理；在图书出版环节，应及时对作者进行告知，同时虚心接受作者对于图书提出的中肯修改意见。要认真负责，做好衔接工作。在"三审三校"过程中，对待作者要以礼相待，以诚相待，保持沟通与倾听，沟通要耐心，仔细听取其诉求，做好笔记，甄选信息，抓住要点，厘清思路，形成意见或建议，并及时反馈给作者；同时要充分利用作者资源，出版更有利于市场要求、读者需要的上乘佳品。在首期版本出版后，依旧要与作者保持沟通，以方便后期的再版与修订，保障图书的发行量，树立良好的业界口碑。

浅析策划编辑和文字编辑分离背后的"隐患"

张　华

摘要：随着出版规模的不断扩大，传统的集策划与加工于一体的编辑职能已发生转变，出现了以策划见长的策划编辑与以加工为优势的文字编辑的分离，使其"术业有专攻"。两者的分离，一方面促进了编辑和出版效率的提高，另一方面因职责界定、沟通不畅等，两者难以形成合力，为图书质量埋下"隐患"。但策划组稿和编辑加工是图书出版过程中的两个重要环节，是图书质量的重要保障。策划编辑和文字编辑职责分离的背后，是更深层次的合作。出版社管理者应及时准确把握两者之间的矛盾点，平衡两者之间的利益点，在社内形成协作共进的工作机制。而策划编辑和文字编辑应在充分发挥自身优势的同时，增强主体意识，为图书出版筑起一道坚固的质量"防线"。

关键词：策划编辑；文字编辑；图书出版；图书质量

编辑工作是整个出版工作的中心环节，影响着出版行业的有序健康发展。改革开放以后，我国出版业进入了全面复苏与发展的新时期，全国出版图书规模不断扩大。相较于 1976 年全年图书出版量仅有 1 万余种，1988 年增加到 6 万余种，1999 年达到 13 万余种，2008 年突破了 27 万种，2012 年剧增至 41 万余种。[①] 而 2020 年 11 月 3 日发布的《2019 年新闻出版产业分析报

---

① 杜大力，赵玉山，邢自兴. 从大数据看新中国 70 年出版成就与发展历程 [J]. 中国新闻出版广电报，2019-10-08（4）.

告》显示，2019 年全国共出版新版图书 22.5 万种，重印图书 28.1 万种①，总数达到了 50.6 万种，相较于 2018 年的 51.9 万种有些许下滑，但总体基数依然十分庞大。

为满足出版行业的发展需求，从 20 世纪 90 年代开始，一些出版社开始推行策划编辑制度，将编辑加工从选题策划、组稿等环节中独立出来，设立了以书稿加工为主的专职文字编辑岗位，策划编辑与文字编辑关注的侧重点有所不同。二者的分离，使得图书编校和出版效率有所提高。但是，随着这种模式的深入推进，隐藏其背后的"隐患"也日益突出，例如，在图书质量专项检查中，内容和编校方面的问题非常突出。尽管各级出版管理部门已采取严格的制度和完备的举措，但并未从根本上扭转图书质量下滑的趋势。本文试从图书内容质量和编校质量的角度，谈谈策划编辑和文字编辑分离背后"隐患"产生的原因，有针对性地提出防控这种"隐患"的对策建议。

一、策划编辑和文字编辑分离的现状分析

美国资深出版人杰拉尔德·格罗斯在《编辑人的世界》中指出："出版社编辑基本上同时扮演着三种不同角色。首先，他们必须多方搜索，挑选可以出版的好书；第二，他们还得进行编辑（没错，不管你听说多少编辑面临财务压力、受到财团的无情干预，以及商业目的压倒文学品位等种种事情，他们依然要做书稿编辑工作）；第三，他们在作者和出版社之间，扮演着'雅努斯'（即双面神）的角色，在作者面前代表出版社，在面对出版社时又代表作者。"② 一本图书，在未进入正式编辑加工过程前，就与作者发生了相互促进的创造性合作，这种关系可以统称为"策划"。顾名思义，编辑的主要任务就是策划，然后对其策划的书稿进行编校加工，这就是传统意义上的"全能型选手"，策划和编辑加工"一肩挑"。随着图书出版规模的不断扩大，传统意义上的编辑工作，被细分为策划编辑和文字编辑两部分，"甚至还

---

① 国家新闻出版署. 2019 年新闻出版产业分析报告（摘要）［R/OL］.（2020-11-03）［2021-02-05］. http：//www. nppa. gov. cn/nppa/upload/files/2020/11/c46bb2bcafec205c. pdf.

② 格罗斯. 编辑人的世界［M］. 齐若兰，译. 北京：北京十月文艺出版社，2019：15.

'异化'出一个'营销发行编辑'"。① 策划编辑与文字编辑的细化，一方面，二者各司其职，促进了图书出版的高效运转；另一方面，图书出版是一个系统工程，最终质量不是各环节的简单相加，还取决于各环节信息的共享与协作。而策划编辑与文字编辑的分离，在某种程度上加剧了信息的不对称，增加了出版物质量风险。

（一）职责界定过于分离，书稿加工过程难以形成合力

从字面意思上来说，策划编辑的主要职责就是"策划"，而文字编辑的主要职责就是对书稿进行加工。这种观念目前在出版界有一定的共识，且深刻影响着图书的生产过程。在一些出版社，策划编辑认为自己主要负责图书生产过程的两端，即交稿前和印制后的相关工作，而图书生产过程的中间阶段则交由文字编辑负责。鉴于这种认识，策划编辑不断加强与作者的沟通和组织稿件，以提高自己的策划能力与绩效。策划稿件的增多，或出于时间因素，或出于其他因素，策划编辑疏于对稿件的审核，直接交由文字编辑进行编校加工，一些本应退修或者退稿的稿件直接进入编校加工环节，不仅浪费了文字编辑的时间和精力，而且辛苦加工的稿件质量也无法保证。

出版社设立策划编辑的初衷是为了更好地调研市场，深入挖掘高质量的选题，实现效益最大化；而文字编辑重在负责稿件的编校加工，保障图书的质量。两者职责明确，但互为补充。盲目割裂两者关系，"必然在两者间出现权力的真空，对图书质量和图书效益产生不良性影响"②。而且，目前许多出版社对策划编辑的考核侧重于选题与效益，实行图书效益与策划编辑收益挂钩的政策，而对于文字编辑，仅以其加工的字数采取计件工资制。考核制度的差异，导致二者之间的差异加剧，甚至出现互相推诿的现象，书稿的质量无法从分工上进行保障。

① 岳昌庆. 向左，向右？：策划编辑与文案编辑划分的实践与探索 [J]. 出版参考，2015（3）：36-37.
② 赵静. 策划编辑与加工编辑对图书质量所负职责应有所重合 [J]. 科技与出版，2009（7）：41-42.

（二）信息沟通渠道不畅，形成"信息孤岛"效应

策划编辑将书稿按照"齐、清、定"的要求交由指定的文字编辑后，文字编辑就对这本书稿负担全部责任。文字编辑拿到书稿后，"看到的只是'是什么'，不了解策划的意图、产品目标甚至稿件类型，基本上是个'信息孤岛'"①，而策划编辑虽然对书稿的背景、编写目的及产品定位等了如指掌，但对书稿缺乏总体把握，这就为之后的编辑加工留下了诸多不确定因素。

即使策划编辑事先告知书稿的作者、写作背景、产品定位等信息，文字编辑在稿件加工环节，发现书稿与此有众多出入之处，虽及时联系作者进行补救，但限于出版周期，往往还是陷文字编辑于被动。更有甚者，策划编辑只注重书稿的数量，对书稿的内容"一问三不知"，但出于社内资源的调配，文字编辑只能"十八般武艺"样样精通。追求字数的文字编辑，此时亦对书稿质量置若罔闻，这进一步增加了图书质量风险。

（三）角色定位不同，策划编辑与文字编辑分歧突出

策划编辑和文字编辑工作的侧重点不同，因此，出版社对其定位和考核标准亦有不同。策划编辑作为出版社选题来源的主要助推者，平常忙于市场调研及与作者的沟通。在他们的观念中，做好选题策划是其工作的重点，无形之中弱化了其审稿的功能。在具体的书稿加工过程中，他们强调分工，将书稿质量全权交由文字编辑负责，文字编辑俨然成为其附庸。

在实际工作中，一部分出版社有重策划轻审稿的倾向，导致文字编辑缺乏职业愿景，逐渐在工作中找不到"兴趣点"和"兴奋点"，丧失了目标和信心。格罗斯认为："新一代编辑轻视文字编校和排印中的细节，而所有权的日趋集中和竞争的愈演愈烈，使出版社面临了巨大的时间和金钱压力，不再看重图书的印制水平。结果就产生了我们眼前这一大堆支离破碎、经不起时间考验、充斥着手民之误的书。"② 这种现象可谓对我们的警醒。

---

① 刘清田. 策划编辑与加工编辑分离下的出版物质量风险与防控［J］. 中国编辑，2016（6）：12–14，18.

② 格罗斯. 编辑人的世界［M］. 齐若兰，译. 北京：北京十月文艺出版社，2019：53.

另外，现行的图书效益与策划编辑的收益挂钩的考核制度，激发了策划编辑的潜能，需要文字编辑编校加工的稿件与日俱增，书稿积压的现象时常发生。在中小出版社，为了追求效益最大化，出版周期一缩再缩，甚至出现要求文字编辑半个月或者一个月完成图书编校流程的现象。文字编辑限于社内编校任务压力，或者追求自己的收益，抱有侥幸心理，不断缩减编校环节，无限制地降低编校质量要求，结果触碰了编校质检合格的底线，造成了不可弥补的损失。

二、策划编辑和文字编辑分离背后"隐患"的主要表现

策划编辑和文字编辑理念的不同，沟通的不顺畅，无形中加剧了两者的分歧，使其处于水火不容的状态，这给图书质量留下了诸多"隐患"。

（一）"齐、清、定"背后潜藏的隐性政治问题

"齐、清、定"是作者交稿和编辑发稿的基本要求。所谓"齐"，是指书稿正文和附件齐全，即"书稿交齐"；所谓"清"，是指书稿文字、图标等信息清楚，即"稿面清晰"；所谓"定"，是指作者承诺不再对书稿内容进行修改，即"业已定稿"。[①] 就字面意思而言，此类问题容易解决。但书稿交付后，文字编辑往往发现书稿中存在诸多应在发稿前需要解决的问题，例如：书稿各章内容设置构成不统一，相应的板块有些章节缺少；参考文献、注释存在缺少作者名、出版社、页码等要素，或未按规范进行标注；图表体例前后不统一，缺少图（表）序、图（表）题等要素；运用理论或原理与当今实际不符；等等。更有甚者，书稿并未进行统稿，前后逻辑关系混乱，或者前后内容简单重复等。诸类问题一方面无形中增加了文字编辑的负担，另一方面部分书稿需要"伤筋动骨"，这对以文字数量为考核标准的文字编辑是一种不小的伤害。

"齐、清、定"问题成为制约书稿质量的关键。问题往往出现在"齐、清、定"的深层，这一方面与策划编辑和文字编辑对"齐、清、定"的关注

---

① 王方宪. 书稿质量检查与编辑加工要求 [J]. 中国编辑，2016（3）：12-16.

点不对称有关，另一方面与长期以来对"齐、清、定"的要求表面化和窄化有关。① 书稿问题有显性与隐性之分，书稿未达到深层"齐、清、定"的要求，就需要文字编辑花费大量的时间和精力去解决书稿中的显性错误，对书稿背后的隐性政治性错误却无暇顾及，有时会造成重大出版事故。

书稿中的隐性政治问题，需要结合稿件的组织过程、作者背景等信息给予把握。文字编辑本来对这方面的信息就知之甚少，如果他们专注于稿件其他方面的加工，忽略了政治倾向、价值导向、文化取向等方面的思考，这就增加了隐性政治差错的风险。例如一本中外社会生活比较的书稿，大力宣传西方生活方式，对中国传统生活缺乏积极的认知，此类违背社会主义核心价值观的书稿就需要特别警惕。

（二）策划目标偏离背后隐藏的内容质量问题

在出版社选题论证会上，策划编辑提出的方案紧贴市场实际，内容积极向上，但作者交上来的稿件与此相差甚远，退修后经过紧张的编辑加工，结果成品却不尽如人意。

每部书稿都有其特定的编写定位，经过选题论证后，该书稿的定位角度就已确定，接下来就是组织稿件编写。每部书稿亦有特定的读者对象，以高中语文拓展读本为例，不仅有必修与选修之别，亦有内容和知识、先修课程和后修课程的差异。文字编辑如果不了解读者对象或者稿件定位，就无法在稿件加工过程中对其定位进行有意识的调整，难以发现书稿是否存在跨度、重复等问题。

在调研过程中，策划编辑注重对产品特色的追求，对市场上的雷同产品视而不见，如小学语文拓展读本，市场同质化现象特别严重；各出版社虽然对书稿内容进行了优化，在封面或者护封位置亦宣称具有某种特色，结果却令人大失所望。这难道是策划编辑调研失误，没有创新的原因？事实上绝非如此。策划编辑对市场上同质化的图书进行比较，寻找出与众不同的切入点，但稿件组织实非易事，且在编校加工过程中采用"保平舍新"的态度，

---

① 刘清田. 策划编辑与加工编辑分离下的出版物质量风险与防控［J］. 中国编辑，2016（6）：12-14，18.

这样好的创意就流于平庸。如果策划编辑在组稿过程中贯彻落实不够、文字编辑在加工过程中不注意强化凸显特色，就会产生差异化追求落空、特色名不副实的深层质量问题。①

（三）职业倦怠背后隐藏的编校质量问题

出版社为了确保图书的出版效率，设置了文字编辑这一岗位，而且为了提升图书编校的质量，制定了大量相关的规章制度。但在以经济指标为导引的考核制度下，策划编辑不断提高图书策划能力，相应地，需要编辑加工的书稿数量陡增。文字编辑为了确保收入，以守住编校质量合格为底线，不断加大工作强度，降低编校要求，但限于出版周期，仍无法满足出版需求。

为了解决稿件积压的问题，有些出版社大力实施外编外校，但外编为了追求时效性，仅对书稿进行粗加工，限于图书后期的质量保障，社内文字编辑只能重新对书稿进行深加工。这种模式无异于激化了策划编辑与文字编辑的矛盾。

另外，为了控制图书编校成本，一些出版社成立了各类分社（如社科分社、基础教育分社等），撤销了校对科，仅在分社保留少数文字编辑，形成了全员皆编、编校"一人挑"的情况。随着图书质量专项检查的推进及个人工作运行中的困难，文字编辑对自己的要求越来越低，出现了各类职业倦怠，如不思进取、得过且过，对抽检图书抱有侥幸心理等。全员皆编、编校"一人挑"的模式还严重打击了文字编辑的信心，使其对职业愿景出现偏差，被迫转岗或者离职。

三、基于策划编辑和文字编辑分离的质量保障对策

策划编辑和文字编辑分离背后暴露的"隐患"，对当今出版社的发展敲响了警钟。为防患于未然，这就需要策划编辑和文字编辑协同合作，真正服务于书稿，同时需要出版社出台针对性的保障制度。

---

① 刘清田. 策划编辑与加工编辑分离下的出版物质量风险与防控［J］. 中国编辑，2016（6）：12-14，18.

（一）严格规范编辑加工流程，落实策划编辑审稿制度

在图书生产过程中，审稿和编辑加工是两个不同的环节，是图书质量保障体系中的重要组成部分。策划编辑组织稿件，重点从宏观性和整体性对稿件进行取舍。而文字编辑以保障稿件的质量为重，对其进行加工，使其达到出版要求。

策划编辑和文字编辑虽各司其职，但初衷是一致的。审稿是编辑加工的基础，编辑加工是审稿的延伸，是其内容的细化。策划编辑首先应对书稿的整体内容有大致的要求，看其是否符合编写要求，选题是否得当等。如有不当之处，要坚决退修，或者退稿；如果得当，应与文字编辑商量编校时间，告知其具体出版要求。如果时间紧迫，两者可以相互协作，共同完成书稿的编校工作，切忌安排书稿后袖手旁观。

策划编辑和文字编辑的有效互动，需要制度的保障。出版社管理者应强化落实策划编辑审稿制度，这不仅能够避免书稿中的政治性、思想性等差错，还能够减少文字编辑的压力，提高其效率。两者的默契配合，对书稿质量的提升有很大的推动作用。

在落实策划编辑审稿制度的同时，应积极营造和谐平等的编校环境。稿件到达后，策划编辑一般将其交予有发稿权的编辑人员，但这种模式不是固定不变的。在策划编辑与文字编辑的合作过程中，策划编辑可以根据稿件具体情况自主选择文字编辑展开合作，文字编辑亦可根据实际情况优选策划编辑，两者形成良性的竞争与合作关系，从而对稿件质量进行把握。[①]

（二）建构合理的出版管理模式，完善绩效考核制度

如果按照工作实际与性格特征对编辑进行划分，不断廓清其职能，使其"术业有专攻"，势必能提高工作效率及图书品质。[②] 策划编辑和文字编辑究竟如何划分，每个出版社都有其独特的运行机制和管理模式，如果"一刀切"，必然会引发新的矛盾点。在现有以经济指标为主的考核机制下，策划编辑和文字编辑的矛盾点日益尖锐。为解决这种矛盾，笔者认为应从以下三

① 咎景岩. 出版社专职文字编辑职业现状与发展策略［J］. 出版与印刷，2020（1）：97-100.
② 何海勤. 术业有专攻：也谈编辑分工［J］. 中国出版，2003（12）：46-47.

个方面努力。

第一，提高文字编辑地位。在现有出版流程中，文字编辑作为策划编辑的重要补充，只能埋头对书稿进行加工，却无权对书稿质量进行整体评价。针对内容较差的稿件，文字编辑急于应付，敷衍了事。在选题策划环节，适当引入文字编辑的参与，提高其"主人翁"意识，这不失为图书质量的一种有效保障。

第二，加强图书质量保障体系建设。为了保障图书质量，几乎所有的出版社都制定了相应的奖惩措施。书稿实行责任编辑负责制，一旦有质量问题，作为责任编辑的文字编辑首当其冲。文字编辑对书稿的质量负有不可推卸的责任，这是毋庸置疑的，但在高强度的编辑加工压力下，如何把控图书质量，应为出版社整体考虑的问题。兼顾策划编辑和文字编辑双重利益，加强图书质量保障体系建设，这应是出版社科学管理的重要任务。

第三，建立合理的绩效考核机制。现有的考核机制，不仅使策划编辑疲于应付，而且使文字编辑缺乏职业规划，降低工作积极性。在净利润考核模式下，策划编辑策划的图书，按照回款码洋，减去编校费、印刷费等所有成本后的净利润进行考核。策划编辑认为，在承担编校费用的基础上，文字编辑不应再参与绩效分配，而且这种理念在很多出版社占据主导地位。反过来讲，文字编辑认为，图书的按时保质出版，自己亦有一定的贡献，理应按比例参与绩效分配。两者争执不休，结果处于劣势地位的文字编辑只能甘拜下风。为了平衡各方利益，有人认为，应将不同编辑岗位的绩效考核合二为一，擅长策划的编辑考核净发货码洋；针对以文字擅长的文字编辑，可以将审稿文稿按一定的比例折合成码洋，以计入考核。[①] 并且，文字编辑的绩效考核，应与策划编辑的利润考核区分开来，在社内独立成体系。这样不仅有利于缓和策划编辑与文字编辑间的分歧，还有助于平衡两者之间职责与利益的关系，增强其融合性。

建构合理的出版管理模式，完善绩效考核制度，不仅有助于缓解策划编辑与文字编辑之间的矛盾，还有助于提高两者工作的积极性。

---

① 贺军生. 构建新型编辑绩效考核体系平衡图书双重效益 [J]. 科技与出版，2015（12）：129-131.

（三）优化培养机制，增强文字编辑主体意识

图书规模的扩大，使得编辑加工的书稿数量与日俱增。为了控制经营成本，一些出版社一方面大力发展外编外校队伍，另一方面大规模招聘人才，充实编辑队伍。但面对严苛的编辑加工工作，人才队伍的培养应成为当务之急。

第一，加强对新入职编辑人员的培训。编辑加工是图书质量的保障，对于新入职编辑人员，熟悉编辑加工流程，提升编校业务能力，应成为其胜任岗位职责的基本要求。因此，在岗前培训中，出版社应在把控宏观全局的情况下，选拔社内优秀策划编辑与文字编辑，采用导师"传帮带"的形式，对新进员工进行引导。

第二，建立专门的文字编辑培养机制。策划编辑职责过于宽泛，使其策划的书稿范围更"博"，这对一心求"专"的文字编辑人员提出了更高的要求。虽然继续教育已成为提高策划、文字编辑能力的重要途径之一，但并不能满足编辑的知识需要。因此，定期举行业务交流会、聘请社外专家开展专题讲座等，应成为提高文字编辑能力的重要举措。

第三，文字编辑应强化主人翁意识。长期以来，文字编辑将自己定位为图书"加工匠"，视自己为策划编辑的"影子"，久而久之，给自己贴上了"不求有功，但求无过"的标签；在具体的编辑加工过程中，不注重书稿的整体性加工，只注意版式等细枝末节方面的错误，图书整体质量堪忧。文字编辑应摆正心态，从整体上感知稿件内容，发现问题积极与策划编辑沟通，把每一本书稿加工视为一次提高自我的机遇。同时，文字编辑应提高自己的悟性，增强自己对书稿的研判能力，努力"为他人作嫁衣"的同时，将自己打造成专家型编辑。

四、结语

策划编辑和文字编辑的有限分离，有助于发挥策划编辑的选题策划能力，亦使文字编辑专注于文稿的加工与整理，两者相互配合，形成有效补充。但在两者分离的背后，存在诸多"隐患"，对图书质量构成风险。"上下

同欲者胜", 策划编辑在发挥好自己特长的同时, 应落实好审稿工作, 加强与文字编辑的沟通; 而文字编辑在发挥好自己加工优势的背后, 应与策划编辑积极交流, 形成良性互动。作为出版社的管理者, 要及时准确把握两者之间的矛盾点, 平衡两者之间的关系, 在社内形成协作共进的工作机制。策划组稿和编辑加工是图书出版过程中的两个重要环节, 是图书质量的重要保障。策划编辑和文字编辑职责分离的背后, 是更深层次的合作。两者在实际工作中应该互相理解, 及时交流, 为图书质量筑起一道坚固的"防线"。

第三篇

目营心匠：编校实务探微

图书编辑在实际工作中如何践行"脑力"

孙精精

摘要：图书编辑在实际工作中切实践行"四力"，既是图书出版的要求，又是职责所在。其中，"脑力"是"四力"中的基础力。从对国家大政方针的把控，到具体的编辑工作细节，到与作者的相处和沟通，再到参与图书的宣传推广等，无不需要编辑充分开动"脑力"。通过有针对性的思考，助推图书出版工作更有效地开展，进而更好地打牢编辑"四力"的根基。

关键词：图书编辑；脑力；图书出版；沟通

2018 年 8 月 21 日至 22 日，全国宣传思想工作会议在北京召开。中共中央总书记、国家主席、中央军委主席习近平出席会议并发表重要讲话，提出宣传思想干部要不断掌握新知识、熟悉新领域、开拓新视野，增强本领能力，加强调查研究，不断增强脚力、眼力、脑力、笔力，努力打造一支政治过硬、本领高强、求实创新、能打胜仗的宣传思想工作队伍。

对工作在一线的图书编辑来说，除了深刻学习、认真领悟，更要在实际工作中脚踏实地践行"四力"。脚力、眼力、脑力、笔力是环环相扣、相互补充、紧密相连的统一体。脚力、眼力、脑力、笔力犹如四个分力，四者加起来就是一个合力。要做好新时代的图书编辑工作，"四力"缺一不可，四力组成的合力更是一个编辑成长的重要助推力。结合图书出版实际工作，笔者认为，"四力"中的"脑力"是一个基础力，至关重要。本文即以"脑力"为切入点，着重从对"脑力"的认识、践行"脑力"的必要性、践行"脑力"的具体体现等三个方面进行探讨，尝试对目前从事编辑工作中的所见、所闻，以及遇到的一些问题进行思考与总结；同时也希望能为今后及同行在图书编辑工作中提供一些借鉴，即"取之于实践，用之于实践"。

一、对"脑力"的认识

《现代汉语词典》（第7版）中对"脑力"的定义是：人的记忆、理解、推理、想象等的能力。

"四力"中的脑力，主要是指增强宣传思想工作者思考和分析问题的能力。宣传思想工作在本质上属于脑力劳动，需要善于思考、勇于求索。对于图书编辑而言，"脑力"是一项基础能力。[①] 方艳认为，"脑力"就是思考力。遇到问题时，需要分析问题、解决问题，需要我们进行深入思考，进而做出正确判断。[②] 戴月认为，"脑力"就是编辑的学习能力。在全媒体时代，作为一名编辑，需要学习各方面的知识，除了要成为本领域的专家，还要成为各方面的"杂家"。[③] 刘向鸿认为，"脑力"是更加高级且复杂的思维活动，图书是生产思想的精神产品，这意味着图书产品的加工者——图书编辑也要具备一定的思考能力。[④] 陈裕华认为，"脑力"指编辑必须具备理论思维的能力、商业思维的能力，有主观能动性，有实现文化的创新性、创造性转化的能力。[⑤] 黄孝阳认为，"脑力"，即愿思考、勤思考、能思考、善思考，并做出准确分析和判断的能力，以及与本部门、本单位的实际相结合，实践创新、理论创新的能力。[⑥]

作为图书编辑，也许从我们踏上这条路的第一天就开始思考：什么是编辑？编辑就是改错别字吗？……走在这条路上，我们又要思考：选题从哪里

① 马力亚·阿瓦力汗. 增强"四力"提升编辑工作质量 [J]. 新闻研究导刊，2020，11 （22）：199-200.

② 方艳. 增强编辑的"四力"，做好重点图书选题策划：《荒漠化土地生态修复的中国模式——库布其模式解析》策划手记 [J]. 传播力研究，2019（17）：172.

③ 戴月. 浅谈全媒体时代图书编辑发展思路 [J]. 科技传播，2020，12（2）：159-160.

④ 刘向鸿. 浅析融媒体时代图书编辑"四力"理念的实操与细分 [J]. 出版发行研究，2020 （4）：78-83.

⑤ 陈裕华. 从"四力"践行微观童书传承和弘扬优秀中国文化 [J]. 文教资料，2020 （16）：85-87.

⑥ 黄孝阳. 由编辑"四力"谈新时代出版工作者的价值与思考 [N]. 中国出版传媒商报，2019-11-19（7）.

来？编辑与作者的关系如何处理？图书的内文版式为什么那么多花样，其中又有什么区别呢？图书出版后，编辑还要开展多项工作，筹划并参与各种图书宣传推广活动，比如新书发布会、研讨会、签售会、分享会等，有时甚至还要华丽变身为"主持人"，这是编辑应该做的吗？后来，思考得越来越深刻：作为一个新时代的图书编辑，如何实现社会效益与经济效益相统一？作为一家出版社的一名图书编辑，我们的出版定位是什么？我们的出版规划是什么？如何做出精品，打响品牌？等等，这些问号无不饱含着一个编辑对"编辑"这个职业的无数想象与期待，更多的是一种不自觉的发自内心的"思考"。

综上，"脑力"离不开思考二字。"学而不思则罔，思而不学则殆"，思考有助于我们进行辨别与判断，为行动提供指南与方向，达到事半功倍的效果。在实际的图书编辑工作中，大到国际关系、社会经济发展，小至图书出版中的一个细节，都需要我们进行认真思考，即充分开动"脑力"。

二、图书编辑在实际工作中践行"脑力"的必要性

图书编辑在实际工作中践行"脑力"，既是图书出版工作的实际要求，又是一名图书编辑的职责所在。

（一）图书出版的要求

2018年12月底，中宣部印发《图书出版单位社会效益评价考核试行办法》（以下简称《办法》）。《办法》突出对出版单位政治方向、出版导向、价值取向的评价考核，明确要求社会效益指标在绩效考核中占50%以上权重。《办法》明确，在评价考核中"图书质量"占了一半权重，其中"内容质量"占42分、"编校印装质量"占8分。《图书质量管理规定》第三条明确提出，图书质量包括内容、编校、设计、印制四项，分为合格、不合格两个等级。内容、编校、设计、印制四项均合格的图书，其质量属合格；四项中有一项不合格的图书，其质量属不合格。《图书质量管理规定》第五条要求，差错率不超过万分之一的图书，其编校质量属合格；差错率超过万分之一的图书，其编校质量属不合格。相较于杂志的万分之二、报纸的万分之

三，图书的质量要求最高，也最严。

为此，图书出版必须执行国家对出版的各项要求，特别是有关内容质量的要求。作为图书编辑，应该付出多于他人许多的"脑力"，不仅仅是让"内容质量"达标，更要尽力做好相关工作，这是图书出版的必然要求。

（二）图书编辑的职责所在

在当下社会与时代发展过程中，图书出版占据着一席重要之地，作为生产图书、向大众传播文化的图书出版机构更肩负着不容推卸的责任。一直以来，传统出版社是意识形态的重要阵地，图书是人民精神生活的重要来源，作为图书"把关人"的编辑，所担负的责任显而易见。作为一名新时代的图书编辑，我们要自觉加强文化自信的建设，坚定信念，积极为社会传播正能量、传播积极的价值观，在潜移默化中为促进社会进步贡献一己之力。

一本书，经过严格的"三审三校"，历经多个流程最终到达书架，凝聚着多位编辑和校对人员的辛勤付出，其中的酸甜苦辣各种滋味也只有亲历者才会感触最深。这是图书区别于其他出版物特别是网络出版物的一个重要特点。当下科技迅猛发展，网络技术能极大地满足读者的各种阅读需求，但是细究之下，网络中内容的可靠性与准确性却一直备受质疑甚至诟病，更多的人仍旧只信赖纸质书。因为传统纸质图书得到了图书编辑的层层把关，才能获得读者更多的信赖与支持。这是图书存在的一个无法令人拒绝的理由，更是一名图书编辑必须而且要继续认真做好每一本书的理由，这也是图书编辑在实际工作中践行"脑力"的重要原因。

三、图书编辑在实际工作中践行"脑力"的具体体现

图书出版流程繁多而琐碎，经常考验着一个编辑的"脑力"。稍有不慎，可能会带来无法挽救的后果。所以，在实际工作中，我们一定要多加思考，充分开动"脑力"，而后采取行之有效的行动。对此，根据平日学习与实际工作情况，笔者主要从在执行政策上开动"脑力"、在内文版式设计上开动"脑力"、在与作者相处上开动"脑力"、在图书宣传推广上开动"脑力"等四个方面进行分析。

（一）在执行政策上开动"脑力"

2013 年，习近平总书记在全国宣传思想工作会议上提出，宣传思想工作一定要把围绕中心、服务大局作为基本职责，要胸怀大局、把握大势、着眼大事。作为一名图书编辑，不仅要认真学习讲话精神，而且要牢记在心，进而进行宏观分析，思考该讲话的背景与意义，继而预测可能会对图书出版行业带来的影响。

在实际工作中，图书编辑无法做到"两耳不闻窗外事，一心只编手上书"，而是要在做好编辑工作的同时，高度关注国家的大政方针；从被动接收转为自动寻找，进而通过日积月累，入脑入心，在脑海中构建起一条时间线，对国家发布的重要文件及精神、讲话有一个大致的了解。这是一种政治"脑力"储备。比如随着我国社会主义市场经济的深入推进，引发了人们对经济类图书关注度的空前高涨，催生了一大批畅销书，诸如《穷爸爸、富爸爸》《谁动了我的奶酪》《你为什么是穷人》等。这是编辑充分开动"脑力"，认真进行选题策划及引进图书出版的重要成果。

（二）在内文版式设计上开动"脑力"

图书出版是一个思考的过程，更是由许多务实的环节构成的。一部书稿，经过编辑的细心审读、精心润泽，以及绞尽脑汁的编辑加工，有时还要左挑右拣地选好图片，接下来就是封面及内文设计了。

我们在接触一个人的时候，首先映入眼帘的是对方的形象，或大方或小气，或清新或平凡，正是这一具体的形象才引起我们的各种联想与判断。"从美学的角度来说，一个美的形式会引起人的快感和共鸣，给人以美的享受；审美活动的起点，还是在形式上。"① 图书的内文版式亦如此，赏心悦目的内文版式会吸引读者继续读下去，从形式审美进入内容审美。

随着社会的发展和读者的多样化需求，很多出版社对图书的内文版式设计日益重视，从整体的成品尺寸，到每一个字的大小与形体，再到一张图片的布局，都会精心设计，使一本书以艺术品的形式来展现。在实际工作中，

---

① 杨牧之. 编辑艺术［M］. 北京：中华书局，2006：89.

图书内文版式理所当然要让美术编辑进行设计，编辑只需要严格按照版式交代照排人员套版式即可。殊不知，编辑对设计好的版式绝不可撒手不管，而是要开动"脑力"，拿起尺子与笔，进行细心思索。

此处谨以笔者曾责编的一本诗集《洛水之阳》为例。诗集内文版式交由美编设计的同时，笔者也找来几本诗歌类书籍，在纸上画出自己内心想象的本诗集（成品尺寸为 145 mm×210 mm）内文的大致版式。经过参考，初定内文版心为 85 mm×160 mm，订口 30 mm，右切口 30 mm，上切口 15 mm，下切口 35 mm（页码在页面下方居中），页码高 3 mm，距离版心最下面 12 mm，距下成品线 20 mm；诗歌标题上空 5 行，下空 2 行。标题与正文左齐（齐版心左边）。而后，笔者拿起尺子开始"丈量"手边几本诗集的内文版式，仅内文版心距订口的距离，就让笔者有了新的认识。一本相同成品尺寸的《当诗歌忘记我们》，版心距订口 50 mm；同样的位置，其他尺寸如《我知道怎样去爱》（成品尺寸 130 mm×198 mm）距订口 45 mm，《顾城的诗顾城的画》（成品尺寸 105 mm×175 mm）距订口 30 mm，《恶之花》（成品尺寸 140 mm×205 mm）距订口 50 mm。拿到美编设计的版式，我特意量了一下订口，发现也是 30 mm。这让笔者开始起了疑问：目前的 30 mm 也许不合适。综合考虑之下，最后将原来的数值进行相应调整，改为版心 75 mm×150 mm，订口 40 mm，右切口 30 mm，上切口 25 mm，下切口 35 mm，页码位置不动，标题上空 3 行下空 2 行。版心变小，边距加大，做出这样的决定，一方面是考虑到诗歌的特殊性，另一方面是因为每首诗作的行数。笔者大致抽取了诗集三分之一的诗作，发现行数（含空行）大多是 16 行至 25 行，两页差不多恰好能排完，用目前的版心，也正合适。

曾有资深编辑告诉我，他责编的书很多都是自己画版式。最初笔者一脸诧异，经过此次亲历，笔者对这位编辑的敬意油然而生。通过这几个简单的数字改动，笔者不由自主地开动"脑力"进行思索。虽然成品尺寸各有不同，但是内文版心距订口都是宽之又宽，比笔者自己预想的要宽得多。思索之后，突然领悟到，留白应该就是诗歌版式的最大特点。适当的留白可以展现诗歌的形式之美，也可以使读者感到轻松。在有些图书内文里，一个标题就占了大半页，看似浪费，实际上反而会给读者带来较深的印象。这样的设计正是充分利用了留白的魅力，或者说威力。一个小小的内文版式，且不说美术编辑要耗费多少心血，作为图书编辑，也应该有自己的取舍。责编和美编合力做出来的设计，才让这本书有了温度与质感。同时，这也是图书编辑对作者负责，对读者负责，对自己的岗位职责负责的具体体现。

（三）在与作者相处上开动"脑力"

图书出版者的根本任务是创造出更多社会效益与经济效益俱佳的图书产品，以满足人民群众的精神文化需求，这就要求出版者既要发现和培养不同领域的优秀作者，又要开拓和服务于不同层面的读者，把这三者有机地结合起来。①

其中，作者处于主导地位。作者是出版社非常宝贵的资源，需要用心维护与经营。一个优秀的图书编辑，通过开动"脑力"，要懂得如何与作者建立深入的合作关系，用一颗真诚的心和判断力、鉴赏力打造出一部佳作、畅销作品。一部好的作品，不仅汇聚着作者的才华，更是处处闪烁着编辑的辛勤"脑力"与智慧，是二者的共同成果。比如人民文学出版社编辑龙世辉，20世纪50年代，他在来稿中发现了《林海雪原》，当即敏锐地感觉到作品很好。可是，稿子存在的问题远远大于稿子的优点，譬如语言粗糙、架构混乱，等等，严格来说，根本算不上一部完整的书稿。经过认真考虑，龙世辉决定邀请作者曲波到出版社，二人要共同开动"脑力"，一起商量如何修改书稿。② 事实证明，编辑的"脑力"用对了地方，并且起到了关键性作用。这类例子不胜枚举，图书出版史上更是出现了不少编辑与作者之间发生的动人故事或文学佳话，这些都是藏在图书背后、为图书出版作嫁衣的编辑开动"脑力"的体现。

另一方面，一个合适的作者不仅仅只是"作者"，也有可能为相应的出版活动所用。这就要求编辑充分开动"脑力"，于作者的众多特质中挖掘其不同于他人的特色。著名出版家聂震宁先生曾在文中回忆说，记得工作时编撰出版过一套"中华名医谈百病"，洪昭光是作者之一，与丛书其他作者相比，他有一个过人之处，即很高的演讲才能，但是聂震宁先生认为自己作为

---

① 于友先. 出版强国与人才培养 [J]. 中国出版，2010（19）：6-9.
② 杨牧之. 编辑要有高尚的文化品格：兼谈编辑的鉴赏能力和审美情趣 [J]. 中国编辑，2008（5）：72-75，78.

编辑，只要把洪昭光的书编好就行，不曾想过让洪昭光做更多的事情。后来，洪昭光又在他社出书，同时进行了多场健康咨询演讲活动，帮助图书实现畅销。这让聂震宁先生感慨不已，由于个人的局限以及思虑不周，导致当年"中华名医谈百病"的市场反应相当平淡。①

在对待作者方面，图书编辑能做的，不仅仅是帮助作者打造出高质量的书稿，同时也要去思考这位作者还有哪方面的能力，能够助推图书宣传。充分挖掘作者的潜力，很多时候会带来意想不到的效果。

（四）在图书宣传推广上开动"脑力"

中华书局创始人陆费逵先生曾说："我们希望国家进步，不能不希望教育进步。我们希望教育进步，不能不希望书业进步。我们书业虽然是较小的行业，但是与国家社会的关系，却比任何行业都大。"此番感悟道出了出版业与社会、教育、文化的密切关系，以及出版从业者的重要责任与担当。聂震宁先生在《我的出版思维》一书中谈到，既出书便要广而告之是出版人的职责，既出书便要引导读者解囊购买是出版人的职责，既出书便要帮助读者读后有所得仍然是出版人的职责。创造绵延不绝的出版氛围更是出版人分内的事情。②

做好图书出版是一名编辑的应有职责；而推动图书的传播与介绍，编辑的积极参与更是不可或缺。在融媒体时代，图书的宣传推广方式越来越多样，举办各种图书签售会、读者见面会、新书发布会等市场活动，用"百花齐放""百家争鸣"来形容也不为过，这既是一种潮流，也是图书出版者开动"脑力"，创新传播方式的大好机会，是编辑大展身手、各显其能的时刻。但是，出版社的具体宣传推广一般由相应的市场部或营销发行中心负责，也会有相应的营销编辑参加，图书编辑一般发挥辅助作用。然而，从一本书的选题背景、审稿意见到作者简介、内容简介、图书亮点等信息，编辑有着第一手资料；以何种方式能最有效地宣传与推广图书，编辑有着极大的话语权。图书宣传少了编辑的参与，则是不完整的。为了更好地辅助宣传，编辑

---

① 聂震宁. 创新时代出版创新面面观［J］. 编辑之友，2003（2）：12-15.
② 聂震宁. 创新才会赢：新世纪出版断想［M］//张芬之，周杨. 图书出版必备. 北京：中国书籍出版社，2018：156.

就得开动"脑力"，重点挖掘图书的特色与卖点，与营销人员充分沟通，实现较理想的宣传效果。

四、结语

"不积跬步，无以至千里；不积小流，无以成江海。"作为图书编辑，不仅要有"坐得住冷板凳"的基础功，更得有能够大胆、积极开动"脑力"的硬功夫。无论是对方针政策的把控，还是细化到实际编辑工作中的内文版式设计，或者是与作者的沟通交流，以及图书宣传营销等，都离不开图书编辑的"脑力"。在实际工作中，图书编辑要自觉加强政治、理论学习，牢记文化的传承与积累，刻苦锻炼自己，提升专业技能和职业操守，为开动"脑力"进行储备。在出版的大海里，一个个图书编辑犹如一颗颗独立的水滴，无数颗水滴汇聚到一起，其力量可想而知。一个个图书编辑"脑力"意识的提高与加强，也正是一家出版社实力提升与增强的重要因素，构成迈向出版强国的一块块基石。

有人说，编辑"从提高素质开始，又以展示素质告终"。笔者认为，图书编辑应该是"从提高'脑力'开始，又以展示'脑力'告终"。图书编辑对图书开动了一番"脑力"，结出的"硕果"品起来也势必最为香甜，回味也更为长久。靠着如此积攒的"脑力"，编辑也才能走得更远、走得更稳。

锤炼工匠精神，提高图书编校质量

樊建伟

摘要： 近年来，"工匠精神"受到社会各界的广泛关注，引起全社会高度重视，"工匠精神"已上升为国家意志和全民共识。本文旨在强调通过在图书出版工作特别是图书编校工作中借鉴并弘扬工匠精神，培育和锤炼图书编辑的工匠精神，提升图书编辑的政治素质、价值取向、职业道德与业务能力，从而提高图书质量，达到社会效益和经济效益双丰收。

关键词： 工匠精神；图书出版；图书质量；编辑能力

2016 年 4 月 26 日，习近平总书记在知识分子、劳动模范、青年代表座谈会上强调，"无论从事什么劳动，都要干一行、爱一行、钻一行。在工厂车间，就要弘扬'工匠精神'，精心打磨每一个零部件，生产优质的产品"。① 李克强总理在 2016 年《政府工作报告》中提出，要"鼓励企业开展个性化定制、柔性化生产，培育精益求精的工匠精神，增品种、提品质、创品牌"。② 由此，"工匠精神"迅速成为各行各业从业者竞相谈论的热词，"工匠精神"这一概念上升为国家意志和全民共识，引起全社会高度重视。一时间，相关文章纷起，从多个角度进行研究。笔者亦不揣冒昧，立足当前岗位，着眼现实小环境，以"锤炼工匠精神，提高图书编校质量"的问题发

---

① 习近平. 在知识分子、劳动模范、青年代表座谈会上的讲话 [R/OL]. （2016-04-30）[2021-01-12]. http：//www. gov. cn/xinwen/2016-04/30/content_ 5069413. htm

② 耿银平. 建设制造强国需要"工匠精神" [N/OL]. 光明日报，2016-03-10 (6) [2021-01-12]. http：//opinion. people. cn/n1/2016/0310/c1003-28187447. html.

一番浅议，抛砖玉前。

一、图书出版质量现状与要求

改革开放以来特别是近年来，随着国民经济的高速增长，在供给侧结构性改革推动下，我国出版行业的规模不断扩大，书刊出版数量持续增长，图书码洋迅速提升。但是，出版社生产能力的扩大和读者有效阅读需求得不到满足之间的矛盾仍然突出，激烈的市场竞争和市场高度垄断之间的矛盾仍然突出，图书出版的社会效益和经济效益之间的矛盾仍然突出。

就出版社内部来看，除了上述矛盾之外，选题粗放平庸、管理简单功利、工作求名逐利等问题也不同程度地存在。另外还有来稿量大，出版社编辑力量不足，大家疲于应付，甚至出现"萝卜快了不洗泥"的现象。选稿把关不严，原稿质量较差，文字编辑就是使出浑身解数，奈何稿件"先天不足"，图书质量根本无法得到保证。出书周期短，往往限日出版，编辑就是想在书稿上多花些功夫，时间也不允许；编辑疏于学习与提高，天天只顾低头看稿，理论水平和业务水平跟不上，不利于人才队伍建设。类似这样的问题还有很多，这不是哪几家出版社的问题，而是行业共同存在的现象。长此以往恶性循环下去，积重难返，严重影响出版社的发展。要解决这些矛盾和问题，需要系统的、持续的变革，而"工匠精神"的淬炼和践行则有助于解决这些矛盾。

二、"工匠精神"的本质和内涵

在新时代大力弘扬"工匠精神"，对于推动出版社的高质量发展具有重要意义，而首先我们应该弄明白"工匠精神"的本质和内涵。

（一）"工匠精神"的本质

从长城到刺绣，从高铁到天宫，"工匠精神"贯穿于中华历史长河，在不同时代和各个领域都留下了印记。千年易逝，而"郑国渠"却穿越历史，使郑国成为家喻户晓的"工匠精神"的代言人；贾岛凭借苦吟磨炼，锤词熬句，自成一体，赢得"诗奴"的美誉，成为"工匠精神"应用于文化产业的极佳范例；干将莫邪铸剑，三年乃成，终成剑仙，为成就"工匠精神"奉献生命。

如今，工匠精神已具有了新的时代内涵，而转变为一种"价值传承"。我们强调工匠精神，也更多是指价值内核的传承弘扬。"工匠精神"并非工匠专属，作为一种工作价值观，它是超越行业的。美国学者亚力克·福奇指出："工匠精神并不单指手艺人，还有使用现成的技术工具利用创新精神解决各种问题的发现者和发明家。"① 简单来说，"工匠精神"就是为自觉的信念而必然的认真。"世界上怕就怕'认真'二字"（毛泽东），以认真到较真的态度来对待我们的事业，这不是出于强制，也非出于自我暗示，而是出于对我们伟大事业的信念。劳动没有高低贵贱之分，只有分工不同，都是为了满足"人民日益增长的美好生活需要"（党的十九大报告）。作为共和国的劳动者，自信自强，自然就会树立追求"工匠精神"的价值观。

（二）"工匠精神"的内涵

从总体上来说，"工匠精神"具有五个方面的内涵要义。

一是求精。精益求精，不是为吹毛求疵，而是为人民提供优质的物质和精神产品。服务人民，不可不求精。考察我们的编辑出版历史和编辑出版实践不难发现，人类自从有了编辑出版活动，编辑出版人就成了不折不扣的技艺型工匠，也始终践行着精益求精的工匠精神。② 对于新时代的图书编辑来说，弘扬工匠精神就是要在日常工作中，时刻树立精品意识，遵守职业规范，坚守职业道德，为人民群众多出好书，实现社会效益与经济效益双丰收。出版社要注重提升自己的品牌形象，多出精品书。品牌是出版社的形象，是出版社品质保证的外在体现，也是出版社一张靓丽的名片。提升品牌形象就要求把工匠精神融入设计、生产、经营的每一个环节，做到精雕细琢、追求完美，实现产品从"重量"到"重质"的提升。③

---

① 福奇. 工匠精神：缔造伟大传奇的重要力量［M］. 陈劲，译. 杭州：浙江人民出版社，2014.

② 王彦祥. 论编辑出版教育与工匠精神培育［J］. 中国出版，2017（14）：25-29.

③ 陈昊武. 在新时代大力弘扬工匠精神［N］. 人民日报，2020-04-20（9）.

二是严谨。一丝不苟不妥协，遵守规则不取巧。严谨并非不自信，反而是自信的体现。有对信念的自信，自然有对工作和工作规章的自信。邹韬奋先生是我国著名新闻出版家，更是我国出版工作者的楷模。他做事亲力亲为，严肃认真，要求自己做一件事就必须认真负责，否则宁愿不做这件事。"编排每一篇文章，他都要尽善尽美，竭尽全力，在邹韬奋对文章进行文字加工过程中，他逐字逐句反复推敲，不轻易放过一字一句，对刊物上的错字零容忍。"① 这种严谨的做事风格，成为他取得成功的重要基础。所以编辑要抱有一颗诚惶诚恐的心，秉持不放过任何一个细微差错的精神来对待书稿。

三是专注。断舍离，重自律。忽视外界干扰，通过自我控制，集中注意力，为了长远利益，延迟短期利益，不急功近利，有"谋万世"的情怀。编辑的专注既体现在书稿上，又体现在周围环境中。对待书稿，编辑应集中精神，专心致志；对待外界的纷扰以及物质的诱惑，编辑要排除杂念，心无旁骛，不为所动，坐得住冷板凳。

四是传承。"工匠精神"要求传承，传承成为一种延绵不绝的企业文化。传承不否认个性，而是打造与众不同的匠人，使之成为被尊重的成功者。传承向来是出版社的传统，笔者依稀记得二十多年前刚入职出版社时，戴着眼镜、套着袖套的老编辑手把手教笔者看稿子的情景，至今想起心中还很温暖。今天想来，老编辑不就是一位传承技艺的令人尊重的老匠人吗？另外，笔者现在所在的郑州大学出版社新推出的"导师制"，也是实现这种传承的积极举措。"师傅"要技艺精，有本事，才能带出好"徒弟"。我社精心挑选了一批政治素质高、学术能力强的导师，在导师的传帮带作用下，编辑们的学术能力、出版技能等得到了迅速提升，提高了人才队伍的梯队建设水平，取得了很好的效果。

五是创新。愚者千虑，必有一得。"工匠精神"非但不阻碍创新，反而为创新提供了基础，使创新成为自然而然的结果。编辑的创新能力，不是一朝一夕能够实现的，但开放的心态、对信息的足够敏感、求新求异的追求等是基本要求。② 这方面的优秀代表，有中国近代杰出的出版家、教育家、爱

---

① 王穆超. 邹韬奋期刊编辑思想对当代期刊编辑的教益［J］. 中国报业，2013（24）：102-103.

② 魏春玲，雷鸿昌. 论新时代图书编辑工匠精神［J］. 中国出版，2019（20）：59-61.

国实业家张元济先生。张元济一生为中国文化出版事业的发展做出了卓越贡献，他作为一个编辑家，积极传播新思想，推出严复翻译的《天演论》等大批外国学术名著，产生了广泛深远的影响。张元济还主持编辑了《东方杂志》等顺应时代潮流的刊物，充分体现了他与时代结合的创新编辑思想。张元济以编辑家敏锐的眼光，组织编写了新式教科书，风靡全国，开启了近代中国出版新式教科书之先河。

三、"工匠精神"的培育与增强

工匠精神的培育是一项系统工程，需要社会、出版社和学术出版人共同努力，营造培育工匠精神的舆论氛围，建设培育工匠精神的企业文化，提升培育工匠精神的内生动力。① 同各行各业一样，图书编校领域并不缺少"工匠"，缺少的是对"工匠"的尊重和对"工匠精神"的鼓励与培育。社会所需要的"匠人精神"绝非在狂热浪潮下的速成品，而是需要褪去浮躁，不墨守成规，有创造性思维，以制度为措施，以执行为铺垫，领导倡导，政策引导，才能使"工匠精神"富有时代感。

（一）"工匠精神"的培育

首先，培育"工匠精神"，要破除急功近利的思想，有开"百年老店"的格局。如今学术研究已日趋急功近利，或以学术为做官之敲门砖，或以文章为谋利之本钱，使得今日相当多的学术著作成为应急的"急就章"，败坏了学术风气。② 从事图书编校工作多年，笔者见过不少"敲门砖"著作，作者为了职称评审，出版社为了经济效益，大家"相逢一笑"，却苦了埋头纸堆的匠人，眼见满纸荒唐言，只好尽力消灭各类低级错误，苦思冥想地力求对得起工资，不负所学。既然自己只是匠人，没有招财进宝的策划营销本领，唯有自我安慰，甘做匠人。笔耕（笔耕指写作，本是作者的事，现实中却是编校工作者的事，故用该词）之余，不免惶愧，拿人钱财与人出书，实

---

① 孙保营. 新时代学术出版人工匠精神的内涵意蕴与培育路径 [J]. 科技与出版，2021
（1）：110-114.

② 汤一介. 我们三代人 [M]. 北京：中国大百科全书出版社，2016.

在有辱斯文。然而或许不少书除了编辑看过再也没什么读者，去书店观察，果然不出所料，心中稍安。于是指望再编一本真正的好书，抹平内疚，这像极了金庸小说中"医一人，杀一人；杀一人，医一人"的平一指。去除急功近利的思想，虽不应矫枉过正，使职场成为一潭死水，但将逐利思想贯穿到文字编校工作的层面，实在过于铜臭，毕竟出版社应该把社会效益放在首位（《图书出版单位社会效益评价考核试行办法》），毕竟出版事业是百年大计，许多人怀揣梦想，从事这项枯燥固穷的工作，为的是立言情怀，为的是文化大计。出版社为谋长远，也应大力培育鼓励发扬"工匠精神"的社内环境。

其次，培育"工匠精神"，要有良好的管理体系和配套的评价、分配体系做保障。世界上有多少种职业，就有多少种出版物。出版很复杂，出版物有专业性，出版人就不得不具有专业知识，至少是专业常识。出版又可以说简单，无非是一系列模块化流程的组合。而出版社就是完成出版各个流程的机构。自然地，编辑就是出版社里最重要的角色，却像是保姆，照料着别人的孩子当然少不了受使唤，从拿到作者的初稿到成书出版之间漫长而艰苦的工作正是如同保姆工作的写照。书稿质量差的作者往往催逼甚急，自己的孩子长残了却要求保姆带成仙童。这时候出版社如果再不体谅，像个血汗家政公司，那编辑就太寒心了。照理说，春江水暖鸭先知，一本书好不好，不会只有编辑知道，只是编辑是匠人，从选题到出版，只有担责的份儿，完全处于被动。编辑工作的评价标准，不应该仅基于成书，也应看顾书稿。劳动创造价值，不论这个劳动是被看见还是被无视。编辑需要"工匠精神"，管理也需要"工匠精神"。好在匠人不忌讳言利，对匠人劳动的公正评价、分配也是培育"工匠精神"的必要条件。

（二）"工匠精神"的增强

培育"工匠精神"不可能一蹴而就，增强"工匠精神"同样需要长期的、多方面的不懈努力，同样是一项系统工程。

首先，增强"工匠精神"，需要法治精神。劳动是有法可依的，图书出版工作是有法可依的，图书编校工作也是有法可依的。对法规的敬畏和遵守是"工匠精神"的应有之义，以"伪奋斗"（《半月谈》语）的要求在法规面前左拐右绕，"工匠精神"只能冰消。

其次，增强"工匠精神"，需要信任机制。信任是极具考验的维度（需要时间的积淀和同事之间足够的了解），却是衡量"工匠精神"的明显指标。如果以领导的判定为是非标准，以领导的可视度为工作目标，以领导的感觉为评价标准，"工匠精神"就无法立足。编校工作并非想当然地百分百客观，主观判断对于其质量评价往往起到润物细无声的效果。

最后，增强"工匠精神"，需要公平对待。过程与结果都具有不以人的好恶为转移的客观性，但在主观认识里，过程却经常像是结果的衍生品。照理，书稿的质量和需要付出的编校工作量往往成反比，不过现实中，好的结果却常常会让评价者自觉脑补匠人的艰难历程。虽然工作过程皆有案可查，奈何人是最能动的。如同一些网购者评价商品尺寸"比想象"的大或小，完全无视尺寸的明确数值。如果这些受想象支配的评价者再去支配匠人的劳动付出，"工匠精神"则徒呼奈何。

其实，"工匠精神"所需的环境往往就在企业的标语训词中，只要真正落实即可。比如，郑州大学出版社秉承郑州大学"笃信仁厚，慎思勤勉"的校风，按照"举旗帜、聚民心、育新人、兴文化、展形象"的总体要求，依托郑州大学雄厚的人才资源、学科优势和浑厚的中原文化积淀，以"服务大学、服务社会"为办社宗旨，坚持"质量立社、品牌兴社、项目强社"的发展理念和"敬业、严谨、求实、创新"的治社精神，以学术出版为主体，以教育出版和大众出版为两翼，正在形成新的出版特色，特别是在医学、土木工程、食品科学、旅游学、法学、经济学、新闻传播学等领域出版特色明显，形成了多学科、多领域、多品种图书比翼齐飞的发展新格局。

四、"工匠精神"的锤炼和内化

笔者从事图书编校这样的微利工作，自诩还是有些情怀的。"文章千古事，得失寸心知"（杜甫）。虽说经手的"文章"未必都能流传千古，更何况世上只有出名的作者，没有出名的编辑，但责任感总能够唤起疲惫的身心，以匠心面对平凡事业。平凡的工作需要不平凡的工作者。不能改变环境，则唯有反求诸己。提高技艺，锤炼"工匠精神"，小则可以保身，大则可以成就大社工匠的个人梦想。

图书编校工作，最重要的是不忘初心。笔者所从事的工作虽烦琐，却是关系到民族复兴和国运兴衰（党的十九大报告）的伟大事业的一个具体节点，这样的荣誉感时刻督促笔者以技不厌精、艺不厌细的思想，朝乾夕惕，不舍昼夜地打磨文字、打磨技艺。"心心在一艺，其艺必工；心心在一职，其职必举。"（纪昀）医者讲医德，武者讲武德，图书编校工作者也必须讲职业道德。德行第一，技能其次。而最大的职业道德是初心，图书编辑的初心就是把优秀的图书、优秀的文化、优秀的精神产品介绍给读者。为了初心，忘我工作，坚持不懈，不断锤炼技艺。

（一）对于指导思想必须融会贯通

每项工作的目的决定了每项工作的纪律，而每项工作的纪律又决定了每项工作的方法。图书出版，费时费力，目的是教育和服务人民，要以习近平新时代中国特色社会主义思想为指导，坚持社会主义核心价值观，编辑的政治素质和价值取向对于图书编校工作有至关重要的作用。仅从两方面言之。

一是正确对待文化和历史问题。比如时下抹黑甚至否定农民革命（领袖）的文字颇不罕见，我社就能守住底线，不给一些人提供"戏说"的平台。笔者曾在所编教材书稿中见到所谓李自成决黄河堤坝，水淹开封城的不实"史事"，与作者商讨，得到同意后，将这些内容删去。另有书稿对李鸿章有所回护，并对某位文化名人的错误言行加以歪曲性粉饰，在多番商讨后，该书稿作者同意修改。从如此小事中，也可见历史虚无主义之一斑，更不消说更大的事例了，比如个别自媒体和学者当下对郭沫若先生的抹黑，可见文化虚无主义者的"功力"。与此相映成趣的是对蒋介石的美化，一个学者，仅仅看过蒋介石日记，就打算"改写中国近代史"，就觉得主流史观站不住脚了。编辑如果不具备唯物史观，难免遗憾于社会。需要说明的是，如何对待诸如此类历史现象和人物，实质却并不是历史问题或学术问题，而是态度问题，是价值取向问题，是"三观"问题。"有多少风流人物？盗跖庄蹻流誉后，更陈王奋起挥黄钺。歌未竟，东方白。"（毛泽东《贺新郎·读史》）

二是正确对待民族与宗教问题。涉及此类问题的书稿往往是编辑人员比较难以把握的。除了具体的技术把握，对马克思主义宗教观和我党的宗教政策把握不足可能是主要原因。民族与宗教是两个不同的概念，那些写有"某民族信仰某宗教"的书稿需要编辑有一双慧眼，认真对待，科学处理。

（二）对于文字专业知识必须勤拂拭

图书编校，对文字功底要求很高。无论什么专业的书籍，都要用文字表达出来，因此语法、修辞、逻辑等文字功夫对于编辑犹如三餐般寻常而又重要。通常在文字表达上的错讹主要有如下几类。

一是文字风格的问题。一些作者喜欢半文半白的文字，可惜功力不足，讹误难免。比如乱用"其"字，在笔者看过的书稿中十分常见，知"其"意还好改，不知"其"意就难改了。还有一些作者，明明写的是汉字，用的也是现代汉语，却好像遵循了外语语法，笔者疑心是机器翻译，要么就是存心不使人看明白，免得暴露内容的浅陋。这样的书稿，以己之昏昏，妄图使人昭昭，应该退回或退修，免得贻笑读者。

二是语法修辞的问题。作者要不要深究语法修辞，笔者不敢强求，但笔者作为编辑不敢不深究语法修辞。书稿的内容反映作者的思想，编辑基本无能为力；但对于书稿的语法修辞，编辑虽希望不必越俎代庖，却经常不得不像语文老师那样阅判修改。对于一些超长的句子，笔者最希望起码能找到主语。至于不分"气味"和"味道"的人，建议深究修辞，因为实在无法直视用"味道"来形容厕所气味的句子。

三是逻辑结构的问题。文字要讲逻辑。内在逻辑有错，应该不难判明，不过对于某些作者来说或许很难。如果不足一百，自然不会超过一百，那么能写下"不足一百以上"或"将近一百以上"等文字的作者，他的逻辑何在?! 内在逻辑顺理成章地要求外在逻辑，也就是文字结构。笔者每当看到文字中的"首先"，就强迫症般要找"其次"之类的词，否则为何要有"首先"。毛泽东批评党八股像开中药铺，"第一是大壹贰叁肆，第二是小一二三四，第三是甲乙丙丁，第四是子丑寅卯，还有大 ABCD，小 abcd，还有阿拉伯数字"①，如今有些作者连这些符号都摆不整齐，令人莫名其中的逻辑结构之妙。至于因打字、粘贴或其他莫名的原因造成的错字，每本书稿都有，包

---

① 毛泽东. 毛泽东选集：第三卷［M］. 北京：人民出版社，1991.

括那些为评职称而出书的作者，恕不赘述。若无识文之明，则难以做好编校工作。

（三）对于相关杂识应当广泛关注

爱阅读是从事编辑工作者的不错品质，只要有时间，就要手不释卷。唯有在百科全书般知识的灌溉下，"工匠精神"才会闪闪发光。

总之，在日常工作中边干边学习，把"工匠精神"内化为自身素质，一个以出版社为家，对出版社不离不弃的优秀编辑就呼之而出了。

五、结语

"工匠精神"是一种做事态度，图书编校工作自带"工匠精神"的属性。图书编校工作没有加班，因为没有下班。从拿到书稿的时候起，编辑人员不知道会遭遇到什么，工匠的一颗处变不惊的心是有助于工作的。"工匠精神"意味着不把工作当成谋生的工具，因为它真的不是。从拿到书稿的那一刻起，编辑人员就只要认真投入地琢磨它，不去斤斤计较，屏蔽外界干扰，秉承匠心，全神贯注，欲成其功，需下苦功，不计报酬，报酬自在其中。

"工匠精神"也要与时俱进，因为在时代的潮流中，不进则退。编校人员在用责任和勤奋打磨产品（书稿）的劳作中，成为被需要的工匠。每当接手没人愿意接手的书稿，笔者就能够感受到其中厚重的信任，大爱无言，大情无言，大道无言。诚然，"工匠精神"不是灵丹妙药，但是，"工匠精神"的灵魂在"工匠"，只要我们尊重劳动，尊重人才，坚持正确的方向，心中怀抱着希望，往我们的目标前进一步，就有一步的胜利。心中有梦，眼里有光！

深挖图书质检服务功能，助力编校人才精准培养

刘　开

摘要： 图书编校工作是知识密集型的具有较强个体性的创造性劳动，其人才培养要突出"精准性"。图书质检在出版工作中的定位及其与编校的深入联系，是质检部门参与编校人才培养的天然条件。应转变观念，深入挖掘图书质检服务功能，通过大数据技术、建立长效机制等，助力编校人才精准培养。

关键词： 图书质检；服务；编校人才；精准培养

2018 年，我国新闻出版业正式划归中宣部统一管理，这是加强党对新闻舆论工作的集中统一领导，加强对出版活动的管理，发展和繁荣中国特色社会主义出版事业的目的使然①，体现了新闻出版对构建主流意识形态的重要性。自此，年度图书质量专项检查、"买卖书号"专项检查、首次核发书号申请专项检查、图书出版单位社会效益评价考核等陆续开展，政策引导和业绩考核多措并举，出版工作社会效益的受重视程度一再提升。"质量就是生命"的意识得以强化，价值回归、减量提质成为出版业界的广泛共识。

致治之要，以育才为先。图书质量和出版社社会效益的实现，关键在于人才的培养。图书编校工作是知识密集型的具有较强个体性的创造性劳动②，

---

① 中共中央. 中共中央印发《深化党和国家机构改革方案》［A/OL］. （2018-03-21）［2021-01-08］. http：//www. gov. cn/zhengce/2018-03/21/content_ 5276191. htm#1.

② 石文慧. 浅析图书出版单位针对编校人员人力资源的差异化管理［J］. 内蒙古科技与经济，2019（07）：23-24.

编校人才的有效精准培养应因层次、个性、内容等而异。出版社质检部门因其工作的特殊性，可以通过书稿质检对每个编校人员的业务水平、工作态度等有较为深入的了解，在编校人才精准培养过程中的作用不容忽视。

一、编校人才培养应突出"精准"

首先，人才的个性化发展需求是编校人才精准培养的客观需要。一般情况下，每个出版单位都会定期或不定期地对编校人员进行业务培训，每年的继续教育更是必不可少，但培训的效果未必明显。其中一个重要原因就是培训内容针对性不强，不够精准。编校人才的有效、精准培养，要先弄清楚其需要的是什么。因为个体的差异，编校人员的需求大相径庭，这就要注意人才培养的个性化需求。有人文字语言基础扎实，但在量和单位使用方面知识欠缺；有人自然科学知识纯熟，但对法律、政治等常识非常迟钝；还有人深耕出版行业多年，经验丰富，但却也将"激情"耗尽，产生职业倦怠。这些缺失最终都将在图书质量方面有所体现。因此，编校人才的有效、精准培养，需要结合其诉求点和发展需求开展，因人而异，这样才能事半功倍。

其次，大数据等信息技术为编校人才精准培养提供了技术支撑。大数据技术能够对海量的数据进行科学的、有条理的梳理筛选，从中挖掘出数据背后的特征，帮助实现高效决策与管理，其核心要义是精准和效率。在信息化时代，各行各业都在积极运用大数据，以更加精确、具体地认识和描述需求，在人才培养方面也是如此。出版单位应开阔思路，积极拥抱新技术，以大数据为基础，以员工为"用户"，做好数据挖掘，进行编校人才的精准培养。

最后，海量的知识积累为编校人才精准培养提供了内容保障。中国是世界上出版事业发展最早的国家之一，出版实践源远流长，如孔子"删《诗》、定《礼》、赞《易》、修《春秋》"，清代编校《四库全书》等。中华人民共和国成立以来，出版工作作为国家文化软实力的重要组成部分，更是深受党和国家的高度重视，得到充分发展。学科教育方面，1993 年原国家教委把"编辑学"列入《普通高等学校本科专业目录》，1998 年教育部颁布的《普通高等教育本科专业目录》中把"编辑""出版发行"等出版类专业合并为统一的"编辑出版学",再次入选《普通高等学校本科专业目录》,《普通高等学校本科专业目录(2020 年版)》中依然如此。理论研究方面,《书籍编辑学概论》(阙道隆等,1995)、《编辑学理论研究》(刘光裕等,1995)、《编辑学原理论》(王振铎等,1997,2004 修订)、《编辑学导论》(周国清,2008)、《编辑五体研究》(靳青万,2010)等盈千累万[①];出版产业方面,国家新闻出版署发布的《2019 年新闻出版产业分析报告(摘要)》显示,2019 年全国共出版新版图书 22.5 万种、25.0 亿册(张),重印图书 28.1 万种、62.0 亿册(张)[②]。这些产、学、研方面的成果积累为编校人才精准培养提供了充分的内容保障。

二、图书质检部门应在编校人才培养中发挥重要作用

从质量管理的角度看,提高质量需要遵循领导重视、全员参与、基于事实决策、持续改进等原则。在图书出版领域,质检环节具有响应质量管理原则的天然条件:①领导重视。图书出版是社会意识形态构建的重要组成部分,图书质量就是出版社的生命,各出版单位的负责人无不重视图书质量。在出版单位内部,质检部门独立于各分社、事业部之外,代表整个出版单位行使质检职能,是出版单位领导质量意识的直接体现。②全员参与。出版单位的质检工作通常分为印前质检和成书质检,二者作用有别,但都在选题论证、三审三校之后,是在撰稿、编校、排版工作的基础上进行质检,对前期各参与人员的工作状况最有发言权。同时,质检结果的反馈,也需要与编校人员甚至作者充分沟通,具有协调全员的功能。③基于事实决策。图书质检是依据相关法律法规、标准规范、知识逻辑等而开展的,绝不可凭个人习惯、人员关系而评断,否则有失客观、公允,只会误人误己,不能让人信服。④持续改进。编校人员根据与作者、质检人员沟通后认定的质检结果完善书稿,之后再开始下一本书的"编校—质检—改进"循环,这本身就是持

---

① 姬建敏. 开拓、创新、发展:新中国编辑学研究 70 年 [J]. 出版发行研究,2020 (1):16-21.

② 国家新闻出版署. 2019 年新闻出版产业分析报告(摘要) [R/OL]. (2020-11-03) [2021-01-13]. http://www.nppa.gov.cn/nppa/upload/files/2020/11/c46bb2bcafec205c.pdf.

续改进的一种体现。况且，除了直接的质检结果外，质检人员质检的判据、原则、态度等也会在潜移默化中不断影响着编校人员，持续改进其后续的编校工作。因此，质检部门在提高图书质量过程中应积极发挥以下功能。

一是把关功能。把关功能是质检部门的直接功能之一。这在印前质检工作中体现得最为明显。也有些出版单位鉴于终审和质检均有监督检查前期工作、判定可否出版的"质检员"职能，以及把关专业知识的需要，将三审和质检"结合"起来，①② 以充分发挥各环节把关功能。

二是引导功能。图书质检除了对当前图书质量进行判定外，还对编校人员工作具有潜在引导作用。编校人员常常通过分析质检结果，总结学习编校知识，了解质检的"尺度"，并在以后的编校实践中体现出来。

三是反馈功能。质检部门是整个出版单位质量控制的主要实施方，而影响图书质量的人、制度、工作量等，与图书质量本身构成一个有机的系统，各因素互相影响和制约，不可孤立。因此，质检的对象应不仅局限于书稿和质检单，还要"超脱"书稿之外，即除检书稿外，还要检人，检制度，检工作负荷，并通过分析总结向出版单位进行反馈，以供决策。

四是改进功能。改进功能是把关功能、引导功能、反馈功能的必然要求，包括编校人员业务能力的改进、制度的改进、工作调配的改进等。质检部门通过质检工作发现影响质量的因素，提出建议方案供领导层决策，随后再贯彻执行方案，不断实现 PDCA 循环。因此，质检部门应重视发挥改进功能，做质量改进的发起者和执行者。

三、图书质检助力编校人才精准培养的对策建议

一是转变观念。人的行动受思想观念的指导。出版单位领导层、质检部门、编校部门都应转变观念，跳出"就书论书"的圈子，站在行业和出版单位发展的高度，重新审视出版各环节，挖掘图书质检的服务功能，为出版单

---

① 孙晔. 从图书三审制的实施现状反思各环节的功能定位 [J]. 编辑之友，2017（3）：74-76，80.

② 陈莉. 出版社设立终审部门的可行性分析：以北京大学出版社为例 [J]. 出版广角，2020（22）：30-32.

位编校人才培养提供助力。

二是善用资源和技术。图书的质检结果是对编校人员业务水平、工作态度的直接反映，具有一定的客观性，相较于职称、学历等更能体现编校人员的工作实效，也更有说服力。每位编校人员的强项和弱项、敏感点和盲点、工作量适合程度，都可以通过质检工作反映出来，可以作为人才评价的重要依据，进而可以帮助制订较有针对性的个性化人才培养方案。长期积累下来，通过碎片化、标引、数据挖掘等信息技术，就能形成编校业务知识资源库和人才动态评价体系，使人才培养和评价工作更加客观、科学、高效。需要注意的是，质检结果的内容数据更多的是非结构化或半结构化的，整理起来具有一定的难度。同时，数据整理时一定要注意与相关标准衔接，如使用国际标准关联标识符（ISLI）进行资源整合和有效管理，将更有利于资源的汇聚和应用，提高资源使用效益。在这一点上，出版单位质检部门、数字部门、人力资源部门应进行细致和深入的沟通。

三是建立长效机制。任何变革如果没有行之有效的长效机制做保障，终将流于形式，或无疾而终。即使在出版单位内部，编校人才的精准培养和质检部门服务功能的深入挖掘，也涉及内部多个部门的功能细化与再造，其顺利实施离不开顶层设计、统筹谋划、制度配套、全员重视，如此才能做好、做久、做透。

四、结语

质检是手段，提高质量是目标，而人才培养既是实现提升质量的基础，也是质检的最终目的，这是质检和人才培养融合的前提。质检在出版工作中的定位以及其与编校的深入联系，是质检参与人才培养的天然条件。质检的功能需要深入挖掘，质检的结果需要充分使用，这是出版管理科学化的理性诉求。在中宣部印发的《图书出版单位社会效益评价考核试行办法》中，出版质量占50分，其中内容质量42分，编校印装质量8分；内部制度和队伍建设占12分，其中内部制度建设和执行7分，队伍建设5分。① 由此可见，

---

① 中共中央宣传部. 中宣部印发《图书出版单位社会效益评价考核试行办法》［EB/OL］.（2019-03-11）［2021-01-13］. http：//www. sohu. com/a/300543010_ 210950.

出版单位应积极推进图书质检与质量提升和编校人才培养并轨①，以提高图书出版单位社会效益，促进出版单位人才成长和长远发展，最终实现社会效益和经济效益双丰收。

---

　　① 徐菲. 浅谈科技出版社图书质量管理体系的完善 [J]. 科技传播，2018，10（24）：180-182.

学术图书编辑中的常见问题及对策探析

张锦森

摘要：学术出版具有理论性、思想性、创新性、专门性、系统性、价值性、规范性和科学性等特征。学术出版专业性强，编校难度大，对其编校要求是专业内容的科学性、精准性，学术格式的准确性，一般性文字的严谨性。学术图书编辑中的常见问题包括：原稿供给质量差，专业性内容的精准性低，学术格式的准确性不足，一般性文字的严谨性不高。在出版管理中，要建立选题论证制度，优化选题，组建专家团队严把学术图书供给质量，专业编审专家严把内容的精准性，编校队伍严把学术出版的编校质量，加大印前质检和成书质检力度，以实现学术图书的精品出版。

关键词：学术出版；学术编辑；科技名词；编校质量

学术出版（academic publishing）是学术作品经过评审、编辑加工和复制等环节，向受众传播的专业出版活动。学术出版是人类学术成果记录、传播与共享的重要渠道，是认可学术成果、展开学术争鸣、推动学术创新的重要平台，是学术与出版的有机结合、互补与共赢的纽带。① 学术出版具有理论性、思想性、创新性、专门性、系统性、价值性、规范性和科学性等特征，应该是相关学科和专业领域的最新的、尖端的研究性学术成果，如对某种理论或学说的独特见解、科学研究方法的革新或科技研究的重大发明等。随着经济和文化的繁荣发展，中国图书出版的数量迅速增加，其中学术出版占了

---

① 吴平. 学术出版的价值与意义［J］. 出版科学，2019，27（6）：5-8.

相当大的比重。但是，当前学术出版的学术价值、内容质量、编辑质量、装帧设计和印制质量等都令人担忧，存在粗制滥造、语句不通、内容雷同，甚至抄袭等现象。

因学术出版的专业性特点，学术出版编辑也相应地需要具有精准性、专业性、科学性、严谨性等特点，所以对出版社和编辑校对等相关人员提出了更高的要求。首先，专业出版社和大学出版社在选择学术出版的时候，不管是自由来稿还是编辑选题策划，书稿应符合自身的出版专业发展方向，是出版社已经出版或有意出版的学科领域，这对于打造自身出版品牌，提升自身影响力，力争在出版领域独树一帜有帮助作用。其次，出版社要有相关专业的人员，如初审、复审、校对、制图、印制等人员，能胜任本职工作，有较多的相关专业图书的出版经验，能对专业内容、编辑质量、印制质量等进行把关，保障学术图书的整体出版质量。最后，出版社应有强大的营销发行团队，能把学术图书及时地推向社会，提高出版社的经济效益和社会影响力。

但是，在实际操作过程中，有些出版社没有严格把握自己的出版方向，不管是否有相应的编校、制图人员，能否出版合格的学术图书，只追求经济效益，甚至对作者的稿件未进行编辑加工整理就直接出版，造成不好的社会影响。笔者从事学术图书编辑工作多年，在实际工作中有一些心得体会，仅就学术图书编辑中常见的问题及对策进行探析。

一、学术图书编辑中的常见问题

（一）原稿供给质量差

原稿质量对成书质量起决定性作用。原稿质量差，即使编校人员费九牛二虎之力，也很难保证成书质量合格。当前人们的生活节奏加快，工作、科研和生活的压力增加，真正能平心静气、心平气和地坐下来创作的人比较少，导致书稿的原创性少，老生常谈的内容多。有的作者甚至照搬其他作品，或者直接从网上复制粘贴，东拼西凑，最后提交给出版社的原稿是一堆乱麻，没有结构和逻辑关系，甚至不知所云。

有时因为作者较多，第一主编的责任心不强，没有认真统稿、整理稿件，导致有些内容与书名不对应；前后内容重复或相似；全书体例版式不一致，每个章节的板块不统一，如有的章节有概论、小结、参考文献和作者署名等，有的章节却没有。有的作者本身学术水平不高、文字功底不扎实、语言能力差，再加上出版有时间要求，出版社赶时间进度，导致作者存在偷懒现象，仅草草处理或不处理稿件就交给出版社出版。原稿存在的常见问题主要包括：少内容（包括图表、前后辅文）、逻辑关系错误、语句不通顺、引文错误、图表与正文及注释不一致、参考文献错误（如格式错误，缺少作者、出版地，大小写错误，页码错误）等，甚至出现比较隐蔽的政治性失误，如一本谈传染病的书稿前言中这样说："2019 年 12 月以来，湖北省武汉市陆续出现了一系列新型冠状病毒感染的肺炎患者。随着疫情的蔓延，我国其他地区及境外多个国家也相继发现了此类病理。"这样的说法肯定不合适，因为直到目前为止新冠肺炎疫情的源头并没有确定。这种错误应该坚决杜绝。

（二）专业性内容精准性低

学术出版是专业性出版，针对专业人员阅读和使用。学术出版内容的精准性，主要指所用专业名词（即科学技术名词，简称科技名词，也称术语）的精准性，运用应规范、准确。但现实是学术图书的编校难度比一般图书大，或者编辑校对人员没有相关的专业背景，不能发现和修改内容错误，致使书稿中科学技术名词错误、前后不统一、不规范的现象比较常见。比如英文注释单词错，多字、少字，全称、简称、又称、俗称、曾称、字母词等混用，上下文用法不一致，等等。科学技术名词可以用全称、简称，但简称首次出现时要在全称后加括注，后文中才可以使用。尽量不用又称，不宜使用俗称、曾称，在特殊情况下出现时要加上注释。尽量少用字母词，字母词首次出现时要有中文注释。不同机构审定公布的规范名词不一致时，可选择使用，但全书要统一。同一机构对同一概念的定名在不同的学科或专业领域不一致时，宜依据出版物所属学科或专业领域选择规范名词，如淤血，是医学名词、水产名词、病理学名词；瘀血，是中医药学名词。出现专业性内容差错的主要原因有编校人员没有相关专业知识背景，或有相关专业背景但没有尽职尽责，没能对稿件进行认真整理和修改。科学技术名词差错举例见表 1。

表 1　科学技术名词差错举例

差错示例	正确内容	差错说明
韧后皮	刃厚皮	读音相似
闭目鱼肌腱弓	比目鱼肌腱弓	
子宫前臂	子宫前壁	
铜绿假单孢菌	铜绿假单胞菌	
吗丁啉	吗丁林	
大环酯类	大环内酯类	少字
左炔诺酮	左炔诺孕酮	
氯巴定	氯已定	字形相似
厅毒	疔毒	
失砂	朱砂	
HbAIC	HbA1C	HbA1C 是糖化血红蛋白，中间应为数字 1
Cox-2	COX-2	COX-2 是环氧合酶，大写

（三）学术格式准确性不足

学术出版应遵循学术出版规范，如学术出版的一般要求，图书版式、注释、引文等，包括出版要求和编辑要求。根据图书版式规定要求，主书名页是载有本册图书书名、作者、出版者、版权说明、图书在版编目数据、版本记录等内容的书页，包括扉页和版本记录页。辅文差错比较常见，主要有内容差错、缺项、编排顺序差错等，应引起注意。一般辅文顺序为题词页、书名页、出版说明、序、前言、目次页、凡例页、参考文献、附录、索引、后记、勘误表等。还有引文差错、索引差错、注释差错等。引文差错主要有引文内容差错、位置差错等。索引差错主要有索引提取不全、多字、少字、排序错误、页码错误等。注释差错主要有夹注、旁注、脚注、尾注用法不当，或位置错误。学术格式准确性不足的主要原因有编校人员接触类似的图书少，没有编校经验；或者粗心大意，没有认真查找工具书等。

（四）一般性文字严谨性不高

学术出版除专业性内容外，还有大量的一般性文字叙述，这些内容与一般性图书一样，存在差错的概率也比较高，即使没有相关专业背景的编校人员也应该注意消灭这类差错。一般性文字的严谨性不高主要指一般性文字叙述的差错，如上下标、大小写、单位的错误，汉字与字母、符号的混用，错别字等。编校时间紧、赶进度，或是编校人员不认真、没有严格执行"三审三校一通读"以及印前质检制度等，是造成一般性差错的主要原因。有些书稿省略一些编校环节，或有一些环节走形式，没有起到应有的把关作用，遗留了大量的一般性差错。一般性差错举例见表2。

表 2　一般性差错举例

差错示例	正确内容	差错说明
红斑面积 0.5～2.0 cm	红斑面积 0.5～2.0 cm^2	单位错误
mmhg	mmHg	H 大写
一经	一经	一字线当作汉字一
l/3	1/3	字母汉字混用
烧伤分度 I 度	烧伤分度 Ⅰ 度	是罗马数字非英文字母
成长椭圆形	呈长椭圆形	错字
完普	完善	字形相似
恶行肿瘤	恶性肿瘤	读音相似

二、提升学术图书编辑质量的对策

（一）优化选题，严把供给质量

选题是出版社创造社会效益和经济效益的基础。选题质量的高低，决定着出版社出版产品的优劣。① 图书最终质量的高低，源头是关键。把好源头质量关，能起到事半功倍的效果。从选题策划开始就要严抓书稿质量。遴选作者，要选择写作能力强、文字功底扎实、有写作经验并愿意撰稿的专家。要召开选题论证会、编写会、通稿会，多与作者沟通，确定编写说明，列出编写大纲，设计相应的板块，说明编写过程中应注意的问题，比如：编写分工、体例格式，再具体到图表、引文、注释、索引、参考文献等的用法和注意事项。引文的出处（期刊、图书等）要告诉作者需要随原稿一并提交出版社，以便编校过程中编校人员进行核对，避免增加编校人员的工作量。只有组建优秀的编写专家团队，分工明确，各司其职，紧密配合，尽量减少差错，使格式规范，才能提升原稿质量。事前多下功夫，才能减少编校人员的压力，提升效率和质量。

（二）邀请编审专家，严把内容质量

出版社收到原稿后，邀请相关专业专家对原稿质量进行评价，提出具体的修改意见。需要退修的稿件及时与作者进行沟通交流，提出原稿存在的问题、不足以及修改意见。原稿质量太差，不能达到选题要求和出版要求，一定要退稿。原稿质量较好才可以交给有相关专业背景的责编进行编辑加工整理。这里尤其要说的是复审环节，复审人员要具有副编审以上职称，是书稿相关专业的专家和学者，复审人员应该认真通读全稿，多提宝贵意见，真正从专业方面把关，减少稿件的知识性及政治性差错。

（三）要求编校人员，严把编校质量

编辑最重要的职责是对学术书稿进行高质量的编辑加工，尽最大努力杜绝语言文字差错，确保学术图书符合学术规范。② 编校队伍是维护学术出版质量的重要保障，所以应努力提高编校队伍的整体业务能力，使编校人员从思想上、行动上都注重提高个人的工作能力，并且出版社要尽力留给编校人员充足的时间对学术图书进行编校和加工，以便于解决学术图书中存在的问

---

① 贺莎莎. 重视图书质量打造精品图书：图书质量现存问题及对策研究［J］. 中国编辑，2017（10）：50-53.

② 童子乐. 浅论学术图书编校工作中的困境及出路［J］. 传播与版权，2020（4）：58-59.

题。如果没有充足的时间保障，就没有办法保证学术图书的出版质量。出版社和编校人员可以从以下三个方面努力，以提高学术出版的编校质量。

一是注意思想教育。学术图书编辑要树立爱岗敬业的思想，明确自己的责任和必须具备的职业道德。[①] 出版社要教育编校人员干一行爱一行。编校人员要想做好本职工作，必须喜欢自己的本职工作。兴趣是最好的老师，只有喜欢，才能积极进取，激发激情，工作中不知疲倦。喜欢才能对自己的工作负责，才有成就感和荣誉感，把工作当作自己的事业，累并快乐着。编校人员只有从思想上认识到质量的重要性，才能始终把质量放在心上，质量这根弦就不会放松。

二是做到"三勤"。"三勤"指勤动脑、勤动手、勤动嘴。勤动脑指编校人员在实际工作和培训学习中要多动脑，多思考，多联想总结。回想以前看过的书稿或这本书稿看过的部分，使相同或相似的问题扎根脑海中，不会再次出错。勤动手是指工作中有疑问时多查工具书和在专业网站搜索、比对，去伪存真。把平时经常容易出错的问题写下来，整理加工成小册子，经常拿出来翻看，时间长了，把它们变成永久记忆，深深地印在脑海里。勤动嘴是指要多问，遇到不明白的问题，或比较专业又不容易查到的问题，要多向同事、相关专业的专家、学者等询问，一定把问题弄清楚、弄明白，不遗留任何疑问和含糊不清的内容。年轻的新编辑尤其要多问，可以少走弯路，加快成长进程。

三是要加大印前质检和成书质检力度。印前质检是图书印刷前的最后一道关，可以未雨绸缪，发现印前清样中存在的编校差错并及时纠正，做到防患于未然，无疑更加经济可行，应作为出版单位提高图书编校质量、有效防范质量风险的常态化措施予以推行。[②] 印前质检只是质量管理的一个环节，其最终目标并非只是向上下游单纯地反馈差错率，而是以提升出版物质量为依归。[③] 印前质检可以查漏补缺，消灭遗留的差错，提高成书质量，使原本可能不合格的书稿成为合格的图书，达到出版要求。通过印前质检，质检人

---

① 杨娜. 新时期提高图书出版质量的策略探讨 [J]. 国际公关，2020 (3)：13.

② 吴庆庆，席慧. 印前质检是保障图书编校质量的有效措施 [J]. 传播与版权，2019 (1)：78-80.

③ 牛志娟. 完善出版物印前质检工作应注意的几个问题：以高等教育出版社为例 [J]. 科技与出版，2020 (5)：74-78.

员可以和编校人员多沟通交流，共同解决遇到的疑难问题，共同学习提高，提升全社人员的编校水平。遇到存在争议和分歧的问题，大家共同探讨，各抒己见，充分表达自己的观点，达成共识后，大家按照统一标准执行。成书质检也非常重要，是印前质检的重要补充，也是对出版成果的检测。如果成书差错较多，还可以起到亡羊补牢的作用，目的是让大家引以为戒，以后减少类似差错。出版社可以根据成书质检结果，根据社内具体的规章制度，给相关人员以奖惩，以增强质量意识。

质检工作应是出版社的一项常态化工作，为学术图书的出版质量保驾护航，而不仅仅是为了应付成书质检，或只提供简单的数字，无法起到应有的作用和效果。

三、结语

学术图书的社会价值和学术价值较高，学术图书的编辑加工是一个系统工程，比一般图书的编校难度大，编辑中遇到的问题较多。出版社只有从源头做起，优化选题，以人为本，遴选合格的作者，培养合格的学术编辑，不放松学术图书出版的任何环节，印前和成书后进行质量评定，并进行相应的奖惩。通过作者、复终审、编校、质检等相关人员的共同努力，严格遵守社内的规章制度和流程，不减少任何工作环节，才能为读者提供优秀的、社会效益和经济效益双丰收的学术精品。

流程化管理在图书编校质量管理中的应用

苗瑞敏

摘要：近年来，出版管理部门通过出台一系列密集且严格的质量管理办法，有效提高了出版行业人员的质量意识，推动了行业质量管理的进程，但对于流程在图书编校质量中的影响还缺乏足够的重视，图书编校质量问题依然突出。为提高编校质量，本文提出了图书出版编校的流程化管理概念，旨在通过流程化管理，解决目前图书编校中的问题，进一步提高图书编校质量管理水平。

关键词：图书编校；流程化；质量管理

根据《图书质量管理规定》中的相关要求，在 2018—2019 年的出版物编校质量检查中，虽然严重不合格的图书数量减少了，涉及的出版单位减少了，但不合格图书数量依然居高不下，编校质量抽查结果还是不尽如人意。①2020 年 3 月，为强化出版管理，推动图书出版高质量发展，国家新闻出版署开展"质量管理2020"工作，并重点加大了编校质量检查力度，旨在以"三审三校"制度强化图书质量保障，构建全流程管理模式，严格把关，推动出版行业的高质量发展。

---

① 马嘉. 层层把关、标本兼治：构建图书编校质量控制流程［J］. 科技与出版，2018（6）：80-83.

一、流程化管理概述

流程化管理是指以流程为主线的管理方法，主要是指在管理方法的使用中把流程作为主线和目标，组织框架的设计同样把流程作为主要导向，推动创新业务流程，使企业能够展现出经营活力。美国著名管理学家哈默最早提出流程再造的概念，在流程再造中，顾客和整体是流程的两大重要因素。业务流程作为管理对象在流程管理模式中是被强调的重点，目标和组织框架的设计导向都是流程本身，在此基础上进行创新，使企业保持可持续发展。

过程效率一直在流程化管理的应用过程中被强调，其中反向逆推是明显的特点之一，强调对问题的解决要从结果入手，在分解过程的同时发现问题，采用有效措施予以解决。由于多种因素均对图书编校质量管理工作产生影响，因此图书编校质量管理的整个过程存在较大的不确定性，此时使用流程化管理是具有重要意义的，应当被广泛推行。①

二、图书出版的流程化管理

流程化管理在图书编校质量管理中的运用越来越重要。编校流程是一项系统化工程，涉及多环节、多角色，需要充分考虑各参与要素的配合，科学规范的流程是保障编校质量的一个重要因素。加强出版编校质量的管理，不仅要关注到意识、能力、制度等影响要素，还要认识到科学合理的出版生产流程对保障编校质量有着重要作用，以实现质量管理的目标。

在图书编校质量管理过程中，细化流程是流程化管理的重要依托，主要目的是对原有错误进行消除，对可能出现的编辑误改进行规避。随着实践应用范围的扩大，我国正在形成越来越完善的图书编校质量管理体系，三审制、三校一读制等政策纷纷推行。笔者认为，应当进一步细化图书编校质量管理流程，出版社从管理层到各环节的责任人，都要有明确的流程意识，辅以严格的制度，在流程分工的情况下展开合作，提高编校质量。

---

① 施胜娟. 流程化管理在图书编校质量管理中的运用 [J]. 采写编，2019 (3)：110-111.

三、图书编校质量管理流程中存在的问题

（一）编辑的核心作用在出版流程中未充分体现

图书的出版大体分为市场调研、选题策划、组稿、编校、印刷、发行等环节，每个环节都有其特定的分工和职责。部分出版社为了完成既定的经济目标，往往弱化甚至忽略了编辑在整个环节中的重要作用，简单地认为只要发行到位，图书的编校质量无关紧要，因而在图书出版过程中弱化了编辑的重要作用，这为图书质量埋下隐患。

（二）编校力量薄弱，人员结构不合理

在图书市场竞争日益激烈的今天，出版社为了维持市场地位，保证自身的生存空间，一味通过增加图书品种来提升市场份额，使得整体编校任务量剧增，主要表现在以下三个方面：一是编校力量的加强跟不上出版规模的扩大速度，这就造成了编辑超负荷运转，达不到应有的编校效果。二是部分出版单位人手不够，在分工方面存在不合理之处，编辑人员既负责选题策划、编辑加工，同时还要负责印制沟通、市场营销等环节，导致编辑人员的精力被分散，不能集中时间、精力校对稿件，很难确保图书的编校质量。三是人员结构不合理，新进编辑经验不丰富，职称比例不合理，导致编校环节效率不高、效果不佳。①

（三）"三审三校"制度执行不到位

第一，"三审三校"部分环节分工流于形式，片面追求审稿进度，制度执行不到位。它包括两个方面：一是未严格履行"三审"制度。三审包括初审、复审和终审三道程序。在初审环节，编辑本应在通读稿件的基础上，对稿件内容的社会效益、文化价值和出版价值进行审核，严格把好导向关、知识关、文字关等，但面对超额的编校任务，编辑在有限的时间内往往无法对

---

①　阐明旗. 论图书编校存在的问题及其对策建议［J］. 传媒论坛，2020，3（16）：91-92.

稿件提出具体的修改意见，没有形成完整、全面的初审报告。在复审环节，复审应在通读稿件的基础上对初审提出的问题进行解决，并对稿件做出总体评价，而在实际运行中，不少复审人员未能对初审提出的问题给予有效指导。在终审环节，终审人员对初审、复审意见进行裁决的环节多流于形式，未能对稿件的出版导向和学术价值等给出建设性意见。二是"三校"落实不到位。在三校中存在的问题主要有：不同校次由同一人承担；由不具备校对资格的人员担任校对；校次合并或减少；等等。[①]

第二，重审稿进度，轻稿件质量。一本图书要经过市场调研、选题策划、组稿、审稿、编校、印制等环节才能进入市场，但是部分图书具有较强的时效性，特别是考试类或政策宣传类图书对时限的要求更高。出版单位为了能尽早将产品投放市场，往往通过压缩图书的编校周期，甚至省略某些必要的编校环节来实现。编辑将工作重心放在了赶进度上，无形中把稿件质量放在次要的位置。

第三，环节之间沟通不到位。编校人员每天面对的稿件多、事务性工作多，三审三校的编校人员无法对稿件进行深入细致的研究和分析。上一环节的意见无法充分传达给下一环节，使得审读效果大打折扣。[②]

四、图书编校质量的流程化管理应用

（一）加强编辑环节的过程控制，提升稿件质量

第一，做好选题立项环节的事前控制。在图书出版的过程中，市场调研和选题策划是初始环节，发挥着不可替代的重要作用，清楚地划分读者类别，做好内容策划是开拓市场的主要手段。因此，在进行图书的选题立项前，编辑应当做好预防控制工作，保证较高的图书质量。选题立项控制主要包含三方面内容：一是优化选题结构。策划编辑对图书预期方向的确定是由选题结构决定的，主要包含对目标读者的明确和定位面向的市场。二是论证选题的可行性。严格执行选题三级论证制度，结合市场需求和出版计划，对

---

① 孙文科. 关于加强编辑队伍建设的几点思考［J］. 中国编辑，2018（6）：53-54，65.
② 李国昌，王凤林. 图书编校"六忌"［J］. 中国编辑，2019（10）：12-15.

选题进行深入论证。三是准确评估营销目标。由于图书类型的不同，所需要的营销策略和手段也就存在一定的区别，编辑需要站在图书市场的角度来考量，选择最佳方式和路径，从而使图书销量得到大幅度提升，增强市场影响力，达到出版前拟定的预期目标。

第二，做好组稿环节的事前控制。一是强化作者团队建设。编辑在日常工作中采用多样化方式建立作者团队，能够随时找到符合选题目标的作者，有利于工作开展，提高稿件的源头质量。二是充分讨论体例样稿。策划一本图书，前期和作者要充分讨论体例和内容，最终确定科学合理的样稿。三是密切关注写作过程。策划编辑要对稿件的进度进行跟踪，按照约定的时间节点把握写作进度，并定期沟通，也可将丰富的写作思路和调整之处反馈给作者。四是有效反馈审稿意见。作者交稿后，编辑要及时、高效审阅稿件，避免出现知识性、逻辑性等"硬伤"。此外，稿件内容是否符合策划要求也是编辑在审稿时需要注意的重要事项，在三审结束后，责任编辑需要将复审、终审意见加以总结，将修改意见客观全面地反馈给作者。

第三，做好编校环节的预防控制。编校环节需要明确分工，各司其职。初审、复审、终审、校对应分别由符合条件的人员担任，并承担相应职责，应体现专业，兼顾特殊。在三审流程中，一人不能同时兼任两个环节的审稿工作，同时要体现专业性。要注重导向，打造精品。在三审的每个环节都要严把政治关和政策关，确保书稿坚持正确的出版导向，努力打造精品力作。要加强培训，建设队伍，注重编校队伍的梯队建设，不断提升编校队伍整体质量。要完善制度，抓好落实，细化和完善稿件"三审三校"责任制度，促进相关制度落实到位。①

（二）加强编校队伍建设，提高编辑业务能力

业务人员的能力对编校质量的高低起着决定性作用。要保证图书的质量，编校是最为核心的因素。因此，出版单位必须做好编校队伍建设的顶层设计，完善编校人才培养路径，通过重点项目和重点图书带动编辑人员的成长，进而提高编辑的业务能力，为图书编校质量的提升提供人才保障。

---

① 卢秀娟. 重视流程管理　提升图书编校质量［N］. 中国新闻出版广电报，2019-06-19（4）.

第一，管理层要做好出版社编辑队伍建设的顶层设计。招聘编辑、出版专业资格考试、职称评审、继续教育学习等都离不开管理层的组织和监督。从管理层面提升编辑的政治把关能力、科研能力、创新能力、编辑加工能力、积极进取的学习能力、社会活动能力，可以为优秀编辑队伍的建设打下良好基础。一是要适量增加编校人员数量。出版单位为了降低成本，一般会减少人员的投入。但是，编校是保证图书质量的重要环节，可以适当增加编校人员的任务量，但要确保不能影响图书的质量，确保不超过编校人员的正常工作负荷。根据市场及出版单位的需要，招聘相应的编校人员。二是要严格入职人员的专业要求。为保障图书质量，出版单位需要确保招聘人员的专业能力，应根据出版图书的专业特性确定招聘编校人员的专业，做到专业书稿由专业人员来编辑加工，保证图书的内容质量，尽可能避免跨学科、跨专业审稿。①

第二，进一步完善编校人才培养路径。一是鼓励新编辑积极参加全国出版专业资格考试。职业资格考试不仅能促进编辑学习出版专业的法律法规，也能让编辑对出版专业的理论知识有一定掌握，有助于提高编辑的专业素养和稿件审读能力。二是积极鼓励编辑人员晋升职称。作为图书编辑，在完成编辑本职工作的同时，要善于思考，撰写编辑方面的文章，一方面可以增加自身专业知识的积累，另一方面也可以给刚参加工作的编辑在理论和实践方面提供有益的指导。同时，这也是职称晋升的必备条件和专业要求。三是重视继续教育学习和业务培训。编辑除了要参加上级部门要求完成的继续教育学习之外，还应多了解有关出版的业务知识，及时了解前沿信息和行业标准的变化，更好地服务于日常工作。作为出版单位，应创造条件为编辑提供培训和学习的机会，聘请专家来单位作专题讲座，让再学习成为编辑的必备能力和日常工作内容之一。

第三，通过重点项目和重点图书带动编辑人员快速成长。郑州大学出版社近年来承担了十余项国家出版基金项目，通过项目带动，和知名作者深入沟通，强化过程管理和质量管理，使年轻编辑迅速成长。

---

① 朱丹. 提升图书编校质量之我见 [J]. 中国出版，2019（21）：35-37.

（三）严格落实"三审三校"制度，确保流程规范

"三审三校"体现了编辑出版工作的规律性，每个环节的侧重点各不相同，一人不能同时担任两个环节的审稿和校对工作，以保证稿件的质量。每个环节的审稿人员都要严把政治关和政策关，确保书稿坚持正确的出版导向。图书出版过程中，要尊重客观规律，严格遵守"三审三校"制度要求，共同保证图书质量。

第一，明确职责。出版流程是基于原稿特点及出版技术条件设计的，与规范流程相对应的是流程中各环节的工作规范和质量要求，每个参与者按照既定要求完成本环节的岗位目标，达到规定的质量标准，层层递进、相互配合，逐步将编校质量提升到成书出版的要求。

第二，加强监督。一是强化宏观把控和监管。国家新闻出版署、各地出版行政管理部门作为学术出版规范和质量的"把关人"，不仅是"三审三校"制度的制定者、领导者，更是监管者，有责任指导各出版单位将编校制度落到实处。二是强化出版单位的规范管理。出版单位可通过完善细化制度、培训、交流等多种形式，推进"三审三校"制度的实施。根据"三审三校"制制定实施的行业规范，各出版单位要落实到审校工作中。出版单位要贯彻落实出版规范细则，增强书稿编审校的科学性、严谨性和权威性。出版单位要定期组织学术出版质量研讨和业内培训，加强行业内部的交流。同时，出版单位要成立专门的机构负责质量管理。三是强化人员管理和自我约束。加强编辑人员管理，一方面要引导编辑人员树立正确的职业观，坚守底线，将社会效益放在首位；另一方面出版单位要强化内部交流，更新知识，达成审校共识。①

第三，健全激励机制。要提高出版质量与社会效益及个人经济收入的关联度，将"三审三校"执行效果与收入分配挂钩。出版单位应当在结合实际情况的基础上及时完善考核机制，保证公平公正地对待不同流程环节的工作。要正确引导编辑，不能一味追求编校速度而忽视编校质量；要突出编辑在出版流程中的重要性，表彰表现突出的人员，使其工作热情得到有效

---

① 曹建，杨晓方."三审三校"提升学术出版质量策略研究［J］.中国出版，2018（10）：3-6.

提升。①

　　第四，加强有效沟通。审校人员之间的有效沟通可从一定程度上促进图书质量的提升，上一流程的审读意见充分反映在书稿中，为下一流程人员的编校打下良好的基础，这样可以形成环环相扣、层层递进的良性循环。这就要求各个编辑加强沟通，将审读意见客观、全面、真实地反映在编校过程中。

五、结论

　　综上所述，图书编校质量管理常见的也非常重要的方式就是流程化管理，让内部管理能够在流程再造优化的过程中呈现出逐步完善的状态。在实践过程中，出版单位应当充分考虑到实际情况，在发挥行业特点的基础上做到对流程的细化和对责任的明确，发挥有效的监督管理作用，推动整体流程的顺利推进。通过该研究，笔者希望出版人能够关注到这些问题，在与实际情况相结合的基础上对图书质量管理现状进行全面、深入的分析，结合现有经验和流程化管理理论，提出更加科学合理的意见和措施。

---

　　①　吴明华. 确保图书质量的管理思考与探索［J］. 科技与出版，2019（7）：23-26.

学术图书编辑中的问题分析与对策建议

杨飞飞

摘要： 学术图书出版是图书出版中的重要组成部分，编校质量对学术图书整体质量具有关键性的影响。但是，由于出版社对部分学术图书选题把控不严，学术图书来稿质量参差不齐，导致近年来学术图书编校质量逐步下滑。为了更好地体现学术图书知识的价值，本文结合学术图书编校实际工作，找出当前学术图书编校中的常见问题，并提出相应的对策建议。

关键词： 学术图书；编辑加工；图书质量

进入新时代，党和国家对学术出版提出了更高要求，在学术出版中，高校出版社是主力军。截至 2019 年年底，我国有出版社 585 家，其中高校出版社有 108 家。大学出版是大学教育、学术思想和学术成果交流、传播等大学功能和服务的延伸和拓展，是培养德智体美劳全面发展的社会主义建设者和接班人的重要力量，在繁荣学术和文化出版事业中发挥着重要作用。①

近年来，随着网络和电子科技的发展，学术图书作为传统学术信息获得途径的主导地位受到了冲击。为了保证学术知识传播的准确性和严谨性，责任编辑在学术图书审核中起着不可或缺的作用。制定规范的审核流程，通过与作者良好的沟通，可获得优质的学术图书稿件。在便捷、多渠道信息传播技术的压力下，及时发现学术图书编辑中存在的问题，找到合理有效的对策，总结经验并形成规范，是提高学术图书出版竞争力的重要措施。本文结

---

　　① 孙保营. 新时代大学出版社助推母体学校"双一流"建设的内在要求与实现路径 [J]. 科技与出版，2020（12）：81-87.

合学术图书编校实际工作，试图找出当前学术图书中的常见问题，并提出相应的对策建议。

一、学术图书的特殊性

学术图书是指在内容上涉及某一学科或者专业领域，具有一定创新性和学习、研究价值的图书，一般包括学术专著、学术论文集、研究报告等。[①] 作为学者研究成果的凝结，学术图书在保存和传承知识、促进学术交流和发展、推动文化繁荣和增强文化软实力等方面具有重要意义。

学术图书是针对某一研究领域或专项技术开展的具有较高深度专业研究的出版物，其最大的特征是专业性和学术性。[②] 另外，学术图书具有读者规模小、制作成本高和经济效益低等特点。因此，学术出版要求编辑不仅具有一定的学术素养和学术能力，还要具备专业全面的学科知识。

二、学术图书编辑中的问题分析

（一）书稿内容质量不高

目前，我国有一批出版社在学术出版领域取得了不俗的成绩，比如清华大学出版社、北京大学出版社、复旦大学出版社、中国人民大学出版社、华东师范大学出版社、广西师范大学出版社等，成为学术出版的重要阵地。与此同时，我们也必须清醒地看到，在学术出版领域，由于种种主观因素和客观因素的影响，还有不少地方不尽如人意，这首先表现在学术图书的稿源上。比如，每年出版社都会遇到不少为评职称而出版的"科研成果"，尤其是大学出版社，身处职称评审比较集中的环境，此类书稿较多。这类书稿一般由作者自费出版，而出版社考虑到生存环境，编辑顾及经济指标和出书任务，有时被迫降低把关标准，放任一些质量不高之作流向市场。这种印量只有几百册的学术图书出版后，大部分只能躺在出版社的库房里等待化浆处

---

① 侯春霞. 关于保障学术图书编校质量的思考 [J]. 市场观察，2020（8）：25-28.
② 张海丽. 数字时代学术图书出版的思考 [J]. 出版广角，2020（10）：57-59.

理。再比如，应付结项或评估的书稿，此类也有不少属于应景之作。内容与项目是否紧密契合、是否具有实际价值、学术规范是否严谨等都是次要的，只要与项目搭上关系，就可应付结项验收。这也使一些学术图书存在滥竽充数之嫌。①

（二）书稿文字和标点符号差错

目前，图书出版行业面临着信息技术快速传播的剧烈冲击，行业的相对低迷使得编辑的收入受到影响，工作积极性下降，在审核书稿时容易粗心，出现标点符号使用不规范、字词使用不当等低级错误，既拉低本单位图书编校水平，又影响读者的阅读感受。

文字差错包括错别字、多字、漏字、不规范字等。其中不规范字是指误用异体字、繁体字、俗字等。错别字是错字和别字的合称，是文字差错中最主要的问题，多数与字音、字形、字义有关。比如"硫黄"写成了"硫磺"，"阈值"写成了"阀值"，"黏度"写成了"粘度"，等等。

标点符号是辅助文字记录语言的符号，用来表示停顿、语气以及词语的性质和作用，是书面语言的有机组成部分，包括标号和点号。《标点符号用法》（GB/T 15834—2011）是标点符号使用的国家标准。例如，学术图书中图表编号的连接号应用短横线"-"，而不用一字线"—"。连接号有短横线"-"、一字线"—"和浪纹线"～"三种，短横线"-"多用于西文和阿拉伯数字之间，一字线"—"多用于汉字之间，浪纹线"～"多用于标示数值范围的起止。

（三）书稿量和单位差错

第一，量的使用错误。量的使用错误包括两个方面。

一是使用不规范的量名称和量符号。该类差错主要包括使用已经废弃的旧名称，使用以"单位+数"构成的名称；没有使用标准规定的符号，用多个字母构成一个量符号，把化学符号作为量符号使用等。要严格使用量和单位（GB 3100～3102—1993）已规定的符号。例如，表示质量的符号是 m，表

① 吴培华. 学术图书出版：现状、问题与保障 [J]. 现代出版，2020（6）：16-20.

示压强的符号是 p，表示速度的符号是 v，而一些学术图书经常会用 M 来表示质量，P 来表示压强，V 来表示速度等，这些都是不规范的。

二是量符号的正斜体使用错误。学术图书中表示量的符号如半径 r、压强 p、质量 m、体积 V、密度 ρ 等用斜体，但是也有例外，如 pH 是表示溶液中氢离子活度的量，用来判断溶液的酸碱度，是一个特殊的量，用正体表示，且 p 小写，H 大写，等等。

第二，单位的使用错误。单位使用错误包括三个方面。

一是使用非法定的计量单位或符号。学术图书中比较常见的有：电能的法定单位本应为"kW·h（千瓦·时）"，但稿件中经常会见到用"度"来表示；表示转速的法定单位应为 r/min，但在稿件中经常有人用 rpm 来表示；等等。另外还需注意，单位符号及单位词头符号如 kg、kPa、km 等，均应写成正体。一些常见废弃单位及换算关系如表 1 所示。

表 1　常见废弃单位及换算关系

废弃单位名称	符号	换算关系
千克力	kgf	1 kgf = 9.80665 N
标准大气压	atm	1 atm = 101.325 kPa
工程大气压	at	1 at = 9.80665×104 Pa
毫米汞柱	mmHg	1 mmHg = 133.322 Pa
毫米水柱	mmH_2O	1 mmH_2O = 9.80665 Pa
卡	cal	1 cal = 4.1868 J
吨力	tf	1 tf = 9.80665 kN
度	°	1° = 1 kW·h
方	—	1 方 = 1 立方米

二是单位名称、符号书写错误。学术图书中比较常见的有：表示温度的单位为℃，但在稿件中经常会看到 10 摄氏度用摄氏 10 度表示，将"摄氏度"拆开使用，或者有的稿件会写成 10 度，这些都是不规范的。再比如，50 km/时、100 吨/km^2 也是不规范的，《国际单位制及其应用》（GB 3100—1993）规定："不应在组合单位中同时使用单位符号和中文符号。"据此，

50 km/时应改为 50 km/h，100 吨/km^2 应改为 100 t/km^2。但非物理量单位（如次、人、元等）可以与单位符号构成组合单位，如次/min、元/kg 等。

三是重叠使用 SI 词头或以 SI 词头代替单位。《国际单位制及其应用》（GB 3100—1993）中规定："不得使用重叠词头。"在学术类稿件中经常会遇到重叠使用词头的情况，如表示紫外光区域的波长为 10~400 μm，但是在有的稿件中会写成紫外光区域的波长为 10~400 mμm。还有用词头代替单位的情况，如表示直径 6 μm，有的稿件中直接写成直径 6 μ。这些都是不规范的。

（四）书稿插图和表格差错

插图和表格是文字叙述的辅助和补充，不仅可以表达出文字难以表达清楚的内容，而且更加直观和形象，尤其在传达庞杂信息和数据时，能提高读者获取信息的效率，是学术图书不可缺少的表述手段。

学术类稿件中插图的常见问题主要有插图内容不正确、插图与正文内容不一致和插图形式不正确等三类。表格的常见问题主要有表格内容不正确、表格与正文内容不一致、表格编排不规范等。例如常见的坐标图，编辑的稿件中经常会遇到有的坐标图漏标坐标原点、坐标轴标注不完整、坐标轴标目缺少单位等情况；另外还要注意坐标图的坐标参数名称或单位数据是否有错误。插图、表格与正文内容不一致的情况比较常见，尤其是在一些科技类图书中，图中字母的大小、正斜体与正文中不一致的情况也会经常遇到，编辑在加工稿件时不能粗心大意。

（五）书稿名词术语不规范

科技名词的正确规范使用，除了遵照全国科学技术名词审定委员会公布的名词之外，还可参照国家标准化管理委员会和国务院有关行政主管部门制定的各类标准。名词术语的标准化、规范化是实现信息传播的基本要求，目前在学术图书中一些名词术语使用比较混乱，例如，医学书稿中常见的"证、征、症"用法错误。证，主要用于中医，是中医诊治的依据，如证候、主证等；征，基本上用于西医，指体征、指征，如综合征；症，中医和西医都用，指症状、症候，如并发症等。在有些学术图书中还有名词术语前后使用不统一的问题，如生物化学与分子生物学中，甘油三酯是三酰甘油的又称，使用时应前后一致，不能出现同时使用的情况。《学术出版规范科学技术名词》（CY/T 119—2015）中规定，全国科学技术名词审定委员会审定公布的科技名词中，"又称"是可以使用的，但要前后一致。有些名词术语暂时没有标准规定，但一本书、一个章节内应该统一，以免给读者带来疑惑和误解。

（六）书稿专业知识存在错误

不同于一般大众图书，学术图书具有很强的理论性、专业性和逻辑性，因而对编校工作和编校人员提出了更高的要求。责任编辑在初步了解来稿内容后，应阅读相关书籍，对学术方向有初步认识，对审稿过程中的疑问和困惑应及时与作者沟通，还可咨询同行业专家。

（七）书稿中引用废弃的法规和标准

学术图书特别是食品类图书中经常会出现一些食品法规或标准。近年来由于我国不断出现食品安全问题，国家有关部门也在不断修订食品安全法规以及相应标准。但在书稿中还经常会用到一些已废止的法规、标准。因此，在书稿编辑加工时，编辑要注意核对这些法规、标准是不是最新的，以免出现引用的法规、标准已作废的情况。

（八）图书封面设计缺乏亮点

与大众图书五颜六色、个性极强的封面不同，学术图书封面多给人以简单、朴素、暗淡、乏味的视觉感受，无法吸引更多读者驻足。传统观点认为，学术图书封面设计与销量无关，其购买者通常是根据主题、内容和作者影响力等因素进行筛选；因其专业性强、销售难度大，出版社投入成本预算有限，书店也不会因为封面设计与众不同而改变其陈列位置。[1]

---

[1]　林佳木."低颜值"的学术图书封面：问题、原因及对策分析［J］. 传播力研究，2019，3（24）：150，152.

三、提升学术图书编辑质量的对策建议

（一）从源头控制稿件质量

稿源决定着学术图书出版的价值与影响。作为出版方，探寻优秀的稿源是学术出版的第一步，而且是决定成败的一步。因此，出版社应从源头上寻找优秀的作者，发现有价值的选题。

第一，建立作者资源库，关注优秀作者。一个经常有好书问世的出版社，一定有一支优秀的作者队伍；一个好编辑，其身边也一定活跃着一个优质的作者群体。真正的学术图书，靠编辑临时策划是不行的，因为真正的学术图书一定是作者多年的专业积累。所以编辑不仅要关注学者的最新研究成果，也要关注他们学习研究的过程，在此基础上建立的作者队伍才可能是优秀的，而且是具有忠诚度的。近年来，郑州大学出版社积极联系多名知名院士，如中国工程院院士付小兵教授、张金哲教授，中国科学院院士赵玉芬教授、曾益新教授，超硬材料专家王光祖，著名秦汉史、人口史专家袁祖亮等，先后出版了一系列高水平学术著作。其中《超硬材料制造与应用技术》荣获第五届中华优秀出版物奖，《新校订六家注文选》荣获第四届中国出版政府奖图书提名奖，《肾脏病科普丛书》荣获国家科学进步二等奖。

第二，寻找好的学术图书选题。寻找好的学术图书选题，必须紧盯学者的学术研究领域。在提倡专业化的编辑与编辑的专业化的前提下，编辑应对自己所熟悉专业领域学者的学术研究、科研项目予以关注，去观察、去选择、去跟踪，把符合本出版社学术图书特色的选题组织起来，丰富自己的产品线。出版社的专业编辑应持续关注自己所熟悉的专业领域，尤其是该专业领域里的重要学术活动。在一些有重要专家学者参加的学术活动、有重要研究价值的课题的研讨会上，往往可以发现有价值的选题。另外国家各级各类重要科研项目，其经费一般比较充足，根据项目的规划，选准方向与对象，长期跟踪，也是出版社寻找优质学术出版选题的主要目标之一。近年来，郑州大学出版社成功申报并实施了六项医学学科国家出版基金项目，其中两项基金项目结项时被评为"特别优秀"，这些都是基于优秀选题而出版的学术精品。

（二）做好来稿的初审工作

不同于一般大众图书，学术图书的主要特点是理论性、专业性、逻辑性较强，难度较大，涉及的知识面较广，因此编辑要具备良好的编辑专业知识。编辑在拿到稿件之后，不要着急进行编辑加工，先通篇翻阅，可以选择其中一部分通读，判断来稿的质量，如果稿件本身存在的问题较多，实在无法对其进行编辑加工处理，要及时退稿或者退修。初审稿件时应注意五个方面的问题：一是判断书稿是否存在政治性问题，是否需要进行重大选题备案；二是书稿整体的体例格式是否统一，内容结构安排是否合理；三是书稿中的插图、表格是否清晰，公式是否有乱码现象；四是书稿中的语句是否通顺、准确；五是书稿的内容是否涉及版权问题。初审是编辑审稿的第一步，也是复审、终审的基础，收到稿件后编辑应先进行通篇阅读，在确定无多大问题之后再进行编辑加工。

（三）落实编辑制度，强化编辑培养

坚持"三审三校"制度是保障学术图书编校质量的关键。在学术图书编校过程中，三审（初审、复审、终审）、三校（一校、二校、三校），每个环节各有分工，相互配合，缺一不可。对于重点学术图书，还应根据实际需要相应增加审校次数，力求将差错率控制在万分之一以内。初审一般由出版社具有中级职称的人员担任（一般为注册责任编辑），复审应由出版社具有副编审以上职称的编辑室主任一级的人员担任，终审应由具有正、副编审职称的社长、总编辑（副社长、副总编辑）或由社长、总编辑指定的具有正、副编审职称的人员担任。编辑加工整理工作由责任编辑负责。校对应由专业校对人员担任，其中终校应由具有中级以上专业技术职称的专业人员担任。可以说，编校工作是学术图书出版的中心环节，优秀的编校人员是保障学术图书质量的关键。

基于学术图书的特殊性，要求学术图书编辑必须具有一定的理论素养和专业水准，凸显编辑在学术图书出版中的作用。因此，学术图书的编校人员必须不断加强自身业务学习和培训，掌握最新的出版规范和标准，并且在日常工作中通过各种渠道扩充和更新专业知识储备，为提升学术图书编校质量尽最大的努力。同时，在出版实践中，编辑要时刻不忘提升学术素养，提高对学术问题的思辨能力，才能对学术研究问题有自己的评判意见，对学术书稿进行精雕细刻。就出版社而言，应充分重视编校人员的业务培训工作，采取有力措施，如经费保障、时间保障等，支持其参加线上线下相关专业培训课程，从而形成浓厚的学习氛围，打造学习型组织，为提升学术出版品牌价值、实现经济效益和社会效益"双赢"奠定基础。

（四）做好印前质检工作

出版管理部门对图书质量一直采取严控措施，尤其是最近几年一直开展出版物专项质量检查，特别是教辅等必查项目，不合格的产品要在国家级新闻媒体曝光，对相关出版社也有相应的行政处罚措施。在国家专项质检的压力下，大多数出版社开始组建社内质检部，如郑州大学出版社组建了专门的质检部，质检部门负责人由资深编辑担任，为做好图书的印前、印后质检提供保障。出版社在质量检查环节，要建立机构，明确职责，执行印前、印后检查，实行程序化、规范化、常态化管理，才能保证学术图书的出版质量。

（五）重视图书封面设计

学术图书的出版主要以传播先进科技知识和前沿理论为主要任务，在内容至上的基础上增加图书封面的设计感可增加读者的兴趣，并与时俱进，了解读者喜好，获得更多的关注度，提高图书销量。因此，在封面设计上既要避免过于单调、不能表现学术图书特色的封面，又不能出现辞藻浮夸或有违学术图书严谨立场的封面。

四、结语

编辑加工过程是精益求精的过程，而学术图书相比较其他图书而言，更加具有专业特色，需要编辑在工作中有宏观意识和整体把握书稿的能力，具备较为缜密的逻辑思维，语言使用也需要十分规范。而要做到这一点，学术图书加工编辑不仅需要掌握一定的专业知识，还要经常学习相关的规章制度，在平时注重信息积累，夯实编辑专业基本功，掌握一定的方法，培养良好的职业能力与素养，这样才能真正有效地提高学术图书的编校质量。

建筑工程类图书典型问题的编辑加工浅析

刘永静

摘要：理工科图书尤其是建筑工程类图书的保有量大，市场前景广阔，但由于建筑类书稿符号多、图表多、公式多、例题多，具有较强的理论性和专业性，同时还有一些隐含的政治性问题、专业术语问题和标准引用问题，对编校技能有很高的要求。本文从一线编辑的角度，对建筑类书稿编辑加工中容易出现的典型问题进行解析，以期与同行探讨学习或供同行参考。

关键词：建筑图书；编辑加工；政治性问题；专业术语；标准引用

建筑工程类图书往往会结合具体工程实践开展理论研究，由于工程类型多样，并且一般会在一定的标准规范下实施，书稿中往往会涉及一定的政治性问题和标准规范的引用问题，这类问题相对于图、表、公式来说，所占篇幅不大，很容易被忽略，所以编辑加工时一定要注意这些典型问题。建筑工程类图书一般来自作者实践工作经验的成果总结，包含大量的专业术语及工程常用语，所以很多用语并不符合专业术语的要求。为了向公众传播先进的建筑文化，作为图书编辑，要严把图书质量关，为读者呈现准确、规范的建筑知识和建筑内容。笔者依据多年来对建筑工程类图书的编辑加工实践经验，将一些建筑工程类图书中易出现的典型问题做一总结。

一、政治性问题

建筑工程类书稿主要以科学理论、技术、案例等为主要内容，编辑在编校稿子时往往会更多注重图表、公式和计算等的准确性，再加上政治性问题一般具有隐蔽性等特点，容易被编辑忽视。但政治性问题一旦出现，会造成重大的社会影响，所以编辑一定要注意书稿中的政治性问题。

（一）涉密问题

国家新闻出版署早在 1994 年就发布了《关于防止在出版物中泄露国家秘密的通知》，要求各出版单位在新闻出版工作中要严守国家秘密，防止和杜绝出现泄密事件；出版物中凡涉及下列内容的，要严格执行送审报批制度：国家事务的重大决策，党的文献和档案，国防建设和武装力量情况，国家外交政策和对外宣传工作，国民经济和社会发展中的统计资料和数据，尖端科技、科技成果及资料，测绘和地图，国家安全活动和追查刑事犯罪活动，其他各部门、各行业中不宜公开的重大事项，以及出版单位把握不准是否属于秘密的问题。

建筑类的书稿有时会涉及涉密工程，例如军民合用机场建筑施工、水利或地质勘测测绘成果及地图等。一些作者在工作中会经常接触内部资料、内部用图、保密图等，在写作中，一不小心就可能会涉及涉密问题。如果编辑没有高度的责任感和职业敏感性，就会造成泄密，如公开了某重要地物的地理坐标，标识了军用设施的位置，公布了稀有矿产地等不应表示的内容，地图插图没有经过技术处理或没有送审等。出现此类问题时，编辑一定要及时与作者沟通修正，将可能涉密的内容进行修改或者做删除处理，消除涉密可能。

（二）政治性用语问题

政治性用语是党和国家方针政策的体现，因此，应根据党和国家的相关方针政策，基于其内在逻辑，掌握相关用语的政治原则。建筑类书稿中常有将台湾、香港和澳门与大陆（内地）并列的情况，还有的是在统计图表中不加注释，直接缺少有关香港、澳门和台湾的数据，还有的书稿中使用台湾所谓的称谓和用语等，这些都需要注意。政治性用语问题可归纳为以下四类：

第一类，涉台用语。一是政策性、法律性文件中的涉台用语。如"两岸处于暂时分裂、分治状态"应改为"两岸处于暂时分离状态"，分裂、分治一般指的是对等的主权国。二是规范性文件中的涉台用语。中国台湾的英译文为"TAIWAN，CHINA"或"CHINESE TAIWAN"，中国台北英译文为"TAIPEI，CHINA"或"CHINESE TAIPEI"。以上英文"TAIWAN"或"TAIPEI"和"CHINA"之间必须有标点，且只能用逗号"，"，不能用顿号"、"、破折号"——"或斜杠"／"。不得在国际场合使用中华民国或单独的台湾或台北字样，应称其为"中国台湾""中国台北"。遇到"两岸三地"的提法要修改为"海峡两岸暨香港、澳门"。"大陆"和"台湾"是对应概念。

第二类，涉港澳用语。对港澳用语必须坚持主权原则，必须坚持"一国两制"的基本国策。如不称"香港政府""澳门政府"，应称"香港特别行政区政府"（香港特区政府）、"澳门特别行政区政府"（澳门特区政府）；"香港问题""澳门问题"是指殖民主义对中国的侵略造成的，已经解决，所以关于香港、澳门的事务应称为"涉港问题""涉澳问题"。"香港、澳门"与"内地"是对应概念。

第三类，涉外问题。国家名字或者国旗，有争议岛屿或区段的称谓等，如不称"北朝鲜"或"北韩"，应称"朝鲜"，同理，"南朝鲜""南韩"应称"韩国"；"独岛"和"竹岛"，韩国称为"独岛"，日本称为"竹岛"，遇此问题，可采用两国名称加括注的方式加以表示。另外，表示界山、界河、界湖的，要用我国的名称，如中朝界山"长白山"，不适用朝鲜、韩国的名称"白头山"。

第四类，其他用语。涉及抗日战争的，"八年抗战"应改为"十四年抗战"，"伪满洲国时期"应改为"东北沦陷时期"。涉及民族问题的，不使用"满清"称谓，改为"清朝"；不能把"伊斯兰教"称为"回教"；等等。

其他用语涉及宗教、历史问题，民族问题，领土、外交等很多方面，在此不一一阐述。书稿中遇到此类问题，一定要多查、多问，慎重规范处理。

二、专业术语问题

建筑工程类图书使用的专业术语较多，但由于一些约定俗成的称呼或者行业内专用词语的广泛使用，一些专业术语的使用不够规范，需要进行规范的编辑加工。这些专业术语可分类如下。

（一）容易混淆的专业术语

一是抗震设防烈度和抗震等级。抗震设防烈度是按国家规定的权限批准作为一个地区抗震设防依据的地震烈度，一般情况下，取50年内超越概率10%的地震烈度。目前的抗震规范中只考虑了6~9度抗震设防烈度和不设防几种情况，一般用数字加"度"字表示烈度，如抗震设防烈度8度。抗震设防烈度与设计基本地震加速度有对应关系，如表1所示。

表1　抗震设防烈度和设计基本地震加速度值的对应关系

抗震设防烈度	6	7	8	9
设计基本地震加速度值	$0.05\,g$	$0.10(0.15)\,g$	$0.20(0.30)\,g$	$0.40\,g$

注：1. g为重力加速度。

2. 本表引自《建筑抗震设计规范》（GB 50011—2010）。

抗震等级是建筑结构的属性，分为一、二、三、四级，越重要、越容易受到地震影响和需要保护的建筑物，其抗震等级就越高。一般用汉字一至四加"级"表示，如一级抗震。

二是力学性能和承载能力。力学性能一般指材料在不同环境下，承受各种外加荷载（拉伸、弯曲、扭转、冲击、交变应力等）时所表现的力学特性，一般有脆性、强度、塑性、硬度、韧性、疲劳强度、弹性、延展性、刚性等。所以一般对材料而言，有抗压强度、抗拉强度等专业术语。承载能力一般针对构件而言，在材料力学里，对应于材料的强度、材料或构件刚度、构件稳定性的相应结构负荷统称为构件的承载能力，强调的是"承"和"受"，所以对构件多有受压承载力、受拉承载力等专业术语。所以遇见"构件抗压强度"或"材料受压承载力"等用语时，需改为"构件受压承载力"或"材料抗压强度"。

三是浇注与浇筑。[①]　浇注在工程中常用于主语是"混凝土"的情况，

---

① 李丽娟. 土木工程类书稿加工过程中的几个常见问题［J］. 科技与出版，2009（2）：33-35.

如把混凝土注入模型，人们正在浇注混凝土等；换言之，浇注后跟的是被浇注物或待建结构物的材料。浇筑在建筑中主要是指把混凝土等材料灌注到模子里制成预定形体，强调的是制成物，如"浇筑桥梁""浇筑梁板""浇筑钢筋混凝土基础"等，浇筑后跟的是待建混凝土结构物。

四是拌合物和拌和。拌合物是名词，一般指混凝土拌合物，不应写作"拌和物"，有相应的标准规范，如《普通混凝土拌合物性能试验方法标准》（GB/T 50080—2016）。拌和是动词，即搅拌，指把两种或多种物质均匀地混合在一起，如混凝土的"现场拌和试验""拌和深度测定"等，此处只能用"拌和"，不能用"拌合"。

五是隔汽层和透气层。[①]隔汽层指的是防止水蒸气渗入保温层，在屋面铺设一层气密性、水密性的防护材料。这里的"汽"专指"水蒸气"，所以必须写作"隔汽层"，不能写成"隔气层"。透气层指的是可以让空气通过的一层防护材料。这里的"气"专指"空气"，所以要写作"透气层"，不能写成"透汽层"。

（二）口语化的专业术语

一是砼和混凝土。[②]砼本来是为了速记而创造的一个字，意为"人工石"，指代混凝土。随着在工程中的广泛使用，在日常应用中逐渐有取代混凝土使用的趋势。但砼作为混凝土使用并不确切，因为随着工艺的发展，混凝土不再是"人工石"的简单混合，还有其他外加剂和掺和料，所以在正式出版物中，必须把"砼"改为"混凝土"。

二是重量和质量。重量是我们日常生活中使用的词语，在书稿中常会出现"×××重量为100 kg"等类似的叙述，但其实重量表示的是单位质量的物体受引力作用后向下的力的大小，单位为"N"，随高度和维度的变化，重量会有微小差别。质量的单位为"kg"或"g"，表示物体所含的物质的量，不受高度和维度变化的影响，是一个物体固有的量。所以在建筑工程中，将重量和质量混为一谈时，要注意改正。

---

① 万李. 发扬工匠精神提高工程技术类图书出版质量：工程技术类图书专业术语辨析 [J]. 传播与版权，2019（4）：51-53.

② 李颖. 建筑类书稿中几种常见错误的编辑加工 [J]. 科技信息，2018（4）：70.

三是塔吊和塔式起重机。塔吊是塔式起重机的简称，它是一种塔身直立、塔臂与塔身铰接、能做 360°回转的起重机械。在正式出版物中，一般需将"塔吊"或"塔机"改为"塔式起重机"。

四是螺丝和螺钉（螺栓）。螺丝在日常工程中使用较多，是一个俗称，但在标准的说法中是没有"螺丝"这个名词的，标准叫法为螺钉或者螺栓；同理，"螺帽"也是俗称，应改为"螺母"；但一些专有名词如"螺丝刀"可不改，可用括注"螺钉旋具"表示。

（三）已废弃的专业术语

一是钢牌号。根据《碳素结构钢》（GB/T 700—2006），钢牌号 A1、A2、A3、A4 要相应改为 Q195、Q215、Q235、Q255，A1、A2、A3、A4 为已废弃的钢符号。同理还有"20 号钢"和"20#钢"，应改为"20 钢"。

二是比重和相对密度。比重是不规范用语，为旧称，指的是物质单位体积的重量，是物体密度的特定体现，稿件中出现"比重"要改为"相对密度"。

三是标号与强度等级。[①] 标号涉及混凝土、水泥、砂浆等建筑材料的标准，以前，我国均以"标号"来表示材料的等级；但从最早的《混凝土强度检验评定标准》（GBJ 107—87）发布之日起，各种建筑材料逐渐使用"强度等级"来取代"标号"的用法，一来与国际接轨，二来采用了不同的取值方法，更具科学性。所以，稿件中一旦有"标号"的称谓，应改为"强度等级"。

其他已废弃专业术语与规范词见表 2。

表 2　已废弃专业术语与规范词

已废弃	规范词
噪音	噪声
胶粘剂	胶黏剂
亚砂土	砂质粉土

---

① 武晓涛. 建筑类图书书稿常见问题分析［J］. 出版参考，2020（2）：71-74.

续表2

已废弃	规范词
地震荷载	地震作用
暖气片	散热器
天棚	顶棚
马赛克	陶瓷锦砖
丝扣	螺纹
保险丝	熔丝

三、标准引用问题

建筑类书稿中常依据大量的国家标准、行业标准、地方标准。标准在一定程度上引领了全行业的发展，但在引用过程中会存在引用名称或标准号错误，或者引用标准版本陈旧的问题。这种错误属于知识性差错，会对读者产生很大的误导，因此编辑对书稿中出现的标准一定要认真编校，现行的标准要保证引用的准确无误，已废止或作废的标准要提出修改建议并及时与作者沟通，确定修改方案。

（一）现行标准的引用

一是标准名与标准号的正确对应。每个标准都有名称和唯一对应的标准号，书稿中出现引用标准时，要认真核对标准名称及标准号是否正确，优先推荐使用工标网查询，红字代表已作废或者废止，黑字代表现行。除此之外，还可以通过住房和城乡建设部官网、中国建筑工业出版社官网或者中国计划出版社官网查询，因为标准一般都是由以上部门发布或者出版的。

二是正文中引用的标准内容与原文一致。有时稿中内容会直接引用标准原文，此时需要找到标准原文逐字逐句核对。标准原文一定要保证出处的权威性，可以通过标准发布机构官网（如住房和城乡建设部官网）核对，或者查出原文的扫描件，如道客巴巴文档分享平台，以保证引用标准原文的准确性和权威性。

（二）已废止或作废标准的修改

书稿中常会出现引用标准已经废止或者作废的情况，尤其是书稿中的内容还依据此标准文件展开或者引用了标准的内容时，如果读者按照旧标准进行操作，会把错误带到实际的工作当中，造成一定的经济损失，有的还特别严重，所以对此类问题稿件的编辑加工显得尤为重要。[①]

一是只引用废止或作废标准名。对于稿中只引用了标准名不涉及稿中内容的，可以请作者核实后将相应的标准改为最新标准。一般来说，工程技术类标准的更新以部分修订为主，对于此种情况，可将标准改为现行标准，但要提请作者进行核实，以免造成内容偏差。

二是引用废止或作废标准的内容。对于此类问题，一定要向作者指出引用的废止或作废标准的章节及内容，提请作者进行修改，使内容符合现行的标准规范要求。修改后，编辑一定要再核实关联内容是否一并修改，尤其是前后文数据引用问题，以免出现前文数据按照新标准已经修改，后文仍用原数据的情况，造成另一种知识性差错。

四、结语

一本优质的图书诞生，不仅需要编辑具有较强的政治素质，而且还需要其具有较高的专业素质。[②] 建筑工程类书稿的编辑加工涉及问题众多，除了常见的图、表、公式、计算、符号、正斜体、上下标、黑白体等技术性问题，政治性问题、专业术语问题及标准引用问题也同样重要。这需要编辑在编校书稿时一定要有责任心和能动性，把图书做透、做完善。如此，才能做出专业性图书的长尾效应，取得良好的经济效益和社会效益，打造出版社的图书品牌，建立优质的作者群体，产生强大的读者黏性。

---

① 史菲菲. 教材书稿中引用的法律法规标准过时问题：以《建设法规》书稿为例分析 [J]. 传播与版权，2018（2）：24-25.

② 周方圆. 用编辑能动性增益图书价值：以建筑类图书编辑的营销实践为例 [J]. 中国出版，2019（8）：49-51.

第四篇

以人为本：编辑队伍建设

新时代高校出版社编辑人才培养刍议

李珊珊

摘要： 随着编辑的职业自豪感和社会影响力的下降，出版业对优秀人才的吸引力逐步降低，编辑人才断层严重。面对发展新格局，培养什么样的编辑，如何培养编辑已成为出版社亟须思考和解决的问题。新时代对编辑人才的政治能力、学术能力、创新能力、信息整合能力、工匠精神培养等提出了更高的要求。出版社可通过实施注重党建引领、加强业务培训、营造良好氛围、改革绩效管理、实行校企联合等战略举措，提升编辑人才的培养效能。

关键词： 人才培养；高校出版社；编辑能力；绩效管理

一、引言

习近平总书记指出："功以才成，业由才广。"世上一切事物中人才是最宝贵的，硬实力、软实力，归根到底要靠人才实力。要树立强烈的人才意识，加强人才队伍建设，建立完善人才培养体系，聚天下英才而用之。在高质量发展的时代背景下，人才是发展的第一资源，是企业发展强大的核心力量，人才的视野和能力决定着企业的核心竞争力。对于出版业而言，人才更是无形资产，人才队伍培养是出版业发展强大的基础，编辑的专业素质是出版业"内容为王"的保障。

深处百年未有之大变局的互联网时代，网络和数字技术裂变式发展，深刻而系统地改变着人们的生产生活方式和阅读学习方式，人们获取信息知识的渠道不再是系统的纸质书阅读，更多的是碎片化时间的电子阅读。编辑传统惯性的工作模式也被改变，出版产业的生态平衡被打破，信息采集、资源整合、传媒营销的每一个环节都发生了巨大变化，这也对编辑的业务能力和整体素质提出了更高要求。当前编辑人才成长的主要矛盾是对编辑人才整体素质的更高要求和编辑人才日益增长的知识更新学习需要与传统落后陈旧的知识内容及编辑人才传统的培养方式之间的矛盾。应对新时代的挑战，培养精通传统编辑业务、熟练掌握现代科学技术和数字化工具、具备国际视野的复合型人才是实现出版社高质量发展的关键。

二、出版社加强编辑人才培养的必要性

当前我国已进入高质量发展阶段，高质量发展需要高质量人才的支撑。根据国家新闻出版署发布的《2019 年新闻出版产业分析报告（摘要）》，2019 年，全国出版、印刷和发行服务实现营业收入 1.89 万亿元，同期增长 1.1%；资产总额达 2.41 万亿元，所有者权益（净资产）1.22 万亿元，同期增长均为 3%。① 其中，图书出版实现营业收入 989.7 亿元，增长 5.6%；利润总额 157.0 亿元，增长 11.2%，增速在产业类别中名列前茅。

与行业稳健发展相对应的是编辑高端人才和骨干人才的稀缺，编辑人才严重断层。《2019 年全国新闻出版业基本情况》显示，截至 2019 年年底，全国共有出版社 585 家，音像制品出版单位 386 家，电子出版物出版单位 317 家。各出版单位均需要大量掌握出版理论、熟悉出版业务、懂得出版法规及数字出版的人才。随着编辑的职业自豪感和社会影响力的下降，出版业对优秀人才的吸引力和影响力大幅度降低。根据《2019 年新闻出版产业分析报告（摘要）》，2019 年全国新闻出版业从业人数为 362.4 万人，较 2018 年降低 7.2%。老一辈编辑即将步入退休阶段，青年编辑总体数量偏少，整体能力亟待提高。面临激烈的市场竞争、工作生活等诸多方面的压力，青年编辑的职业自信与归属感逐步降低，人才队伍建设压力增大。如何使青年编辑尽快成长，远离浮躁，甘于寂寞，真正静下心来从事出版事业，出版高质量精品图书，为人们生产出优秀精神食粮；如何提升编辑职业自信，培养懂出版、懂

---

① 国家新闻出版署. 2019 年新闻出版产业分析报告（摘要）［R/OL］.（2020－11－03）［2021－01－10］. http：//www. nppa. gov. cn/nppa/upload/files/2020/11/c46bb2bcafec205c. pdf.

技术、懂经营管理的，掌握出版流程、行政管理、生产经营的复合型人才，这都成为亟须思考和解决的现实问题和时代话题。

三、高校出版社编辑人才培养的能力要求

步入新时代，高校出版社对编辑人才素养和能力均提出了更高的要求：既要坚定政治立场，又要与时俱进、守正创新；既要深谙出版规律，又要具备深厚的学术素养；既要学习传统编辑知识，又要驾驭新技术、关注新媒体；既要学会信息资源整合，又要远离浮躁、打造工匠精神，成长为具有完备知识体系、互联网思维和国际视野的复合型人才。

（一）政治能力

政治能力是编辑人员应具备的基础能力。编辑人员的编辑工作并不是中立的，而是有着鲜明的政治立场，这是由编辑出版的性质决定的。编辑出版作为社会主义文化事业，具有很强的意识形态属性，关乎国家的意识形态安全，关乎国家政治经济特别是文化的发展，关乎民族凝聚力和向心力，这都对编辑人员的政治素养和政治能力提出了更高要求，是新时代编辑人才培养的前提和基础。

面对国际形势深刻复杂的变化和社会思潮的纷纭激荡，人们的世界观、人生观、价值观面临着多方面的考验，编辑人员只有提高政治站位，坚定正确的政治方向，有较强的政治敏锐性和政治鉴别力，在政治上与党和国家保持高度一致，自觉承担起举旗帜、聚民心、育新人、兴文化、展形象的职责使命，才能始终坚守底线，牢牢掌握意识形态领域的话语权。编辑通过出版物影响人们的精神世界，满足人们的精神需求，而高质量的文化内容可以丰富人们的精神生活，低质量的文化内容却会荼毒大众的思想。编辑人员只有坚持为人民服务，为社会主义服务的理念，不断学习马克思主义新闻观、习近平新时代中国特色社会主义思想，严把出版物的政治关、导向关，树立精品意识，才能出版高质量且富有正能量的文化作品；只有始终坚持正确政治方向、舆论导向、价值取向，才能更好地弘扬主旋律，传播正能量，丰富人们的精神世界、提高人们的综合素质。因此，编辑人员具备较高的政治素

养，是出版高质量、高品位、高格调内容作品的基本前提。

（二）学术能力

学术能力要求是由高校出版社的特点决定的。高校出版社一般依托母体高校的资源，以学术出版和教材教辅出版为主，其高校教材、教学参考书和学术著作的出版品种一般占新书品种的 60%~70%。这就要求编辑在系统掌握编辑学的知识、规律、原理的基础上，还要具备深厚的学术素养，加强对专业理论知识的学习，在某个学科领域成为一名"专家"。编辑人员应当在全面掌握学科理论脉络的基础上，高度关注学科前沿与热点，建立跨学科交叉融合的思维，综合边缘学科相关方面的知识，了解相关学科和研究领域的变化，不断提升自身知识储备，才能科学地筛选、迅速地捕获、敏锐地洞察学科发展趋势。深耕学术出版，不断了解学术研究团队方向，深度挖掘优秀研究成果，才能与优秀作者进行深度的专业交流，挖掘书稿价值，并找到书稿的问题症结所在①，更好地服务作者和读者。

然而，处于快餐式知识经济发展的浪潮中，由于受各种复杂因素的影响，很多高校出版社的编辑人员放松了对专业领域知识探索的追求，守着自身固有的知识体系，缺乏对专业前沿知识的关注和新技术、新方法的运用。② 编辑自身如果不具备过硬的专业水准与鉴别能力，将很难从参差不齐的海量信息中挑选出真正的优秀作品和高水平作者，也就很难推出一流的学术成果去引领专业领域的发展，为母体大学高质量发展实现有效服务也会大打折扣。

（三）创新能力

创新能力是编辑人员的核心能力。习近平总书记指出，中华民族如果想要实现伟大复兴，就必须坚持创新，只有通过源源不断的创新，才能推动国家发展。对于内容为王的出版业，更需要有守正创新的精神。从一定意义上来说，有创意的内容作品也是生产力。

在"互联网+出版"的新时代，出版行业秩序正在重构。受出版业供给

① 恽薇. 培养学者型编辑人才，提升学术原创图书品质 [J]. 出版广角，2019（17）：48-50.

② 矫正. 大学出版社编辑人才培养路径探析 [J]. 传播力研究，2020，4（4）：129-130.

侧改革的影响，新书出版品种数连续多年下降。尤其是疫情爆发以来很多实体书店歇业倒闭，多数书店 2020 年上半年都处于半歇业状态。面对激烈的市场竞争环境，唯一不变的就是变化的新时代，编辑人员应当密切关注时代话题，与时俱进，学习了解新事物，不断解放思想，增强创新意识，提升创新能力，丰富自身技能，保持旺盛的求知欲，以应对新时代的瞬息万变，才能不断增强对时代的感知力，对话题舆论的引领力，使自己立于不败之地，为图书行业的进步与发展注入丰富的动力与生机。

（四）信息整合能力

信息整合能力是由新时代发展的特点决定的。在"互联网+"时代，数字技术有着非凡的魔力，改变了出版，改变了阅读，改变了业态，为我们提供海量信息资源的同时，对编辑的信息检索和资源整合能力提出了更高的要求。

面对海量信息，我们需要花费大量的时间去鉴别与提炼。而作为信息知识的传播者和把关人，编辑应对知识信息有较高的敏感度，对知识的发展态势和成长空间有清醒的认识，有清晰的鉴别力和客观准确的判断力。在通过知识表达、知识利用、知识获取新技术的同时，要重视新技术的应用，熟练掌握计算机应用技能，娴熟利用新技术开展工作，充分利用人工智能整合挖掘内容信息，加强对信息资源的深度开发和利用，走出平庸出版、重复出版的误区，打破出版"有盆地、多平原、少高原、缺高峰"的现状[1]，高效、科学地利用互联网这个传递快速、信息量大、知识面广的传播媒介，在传统与现代、人文与技术、知识生产与创新中搭建桥梁，疏通路径，有效利用资源，实现资源和信息的共享，将资源利用最大化，让价值最优化、传播效果最优化。大力发展先进文化，支持健康有益文化，改造落后文化，坚决抵制腐朽文化，加强优质阅读内容供给，满足读者不断增长的阅读需求，扩展出版空间，推进出版现代化转型。

（五）工匠精神素养

工匠精神素养是编辑人员职业发展的长期追求。对工作的付出不能仅仅

---

① 马伊顺．"出版+"理念下编辑人才培养模式探索［J］．中国出版，2019（12）：55-58.

为了生存和名利，而是要保持高度的专注，追求内心的责任和热爱。一本图书的出版需要编辑人员耗费大量的时间和精力倾情投入，需要编辑人员对逻辑结构、用词规范、语法标点、文献引用等细节一丝不苟、反复推敲、不断精进。精品图书的出版更需要编辑人员的工匠精神，这是一种精神，也是一种境界、品质和追求。鸿篇巨制《辞海》的出版，就是工匠精神在编辑工作中的体现。

编辑工作的成果是图书，它为人们提供精神食粮，引导人们知识的形成和价值观的塑造，其影响是长远的、深层次的，尤其是以出版教材教辅为主的高校出版社，对图书质量应当有更高的要求。因为知识内容差错不是误导一个人，而是误导一群人；不是误导一代人，而是误导几代甚至几十代人。因此，精品图书的出版不是一朝一夕的，需要经得起时间的检验。这就要求编辑人员树立工匠精神的职业责任感与使命感，具备较高的工匠精神素养，保持严谨求实的工作态度，耐得住寂寞，苦练内功，心无旁骛，甘于奉献，努力钻研，精雕细琢。然而在当前追求功利的社会大背景下，编辑人员的文化情怀不断磨灭，失去了追求编校零差错的工匠精神和力求精益求精的工作态度。编辑人员只有坚守工匠精神，坚守图书质量，保持敬畏之心，保持文化的理想和工作的激情与热爱，才能更好地实现精准出版，实现优质内容供给，满足人民高质量阅读的需求和期待。

四、高校出版社人才培养方法与路径

（一）注重党建引领

注重发挥党建引领作用，深入贯彻学习党的理论、路线、方针、政策，巩固主流思想舆论，厚植家国情怀，坚定文化自信，强化使命担当。要制订系统的政治理论学习计划，将党建学习与工作实际密切结合，真正做到进头脑、进规划，深刻把握时代发展的特点和趋势，坚持以人民为中心，深入了解新时代新阶段人民群众对文化的需求，面向国家发展需求、面向科技发展前沿、面向人民生命健康，围绕国家发展战略，提升主题出版和重大选题的策划和管理能力，提升服务国家发展大局能力，不断为人民群众出版高质量产品，满足人民群众日益增长的文化需求。

（二）加强业务培训

搭建学习平台，优化培训计划，灵活培训方式，提供培训资源，丰富培训内容。根据发展性评价理论，着眼于未来，关注编辑人员需求，关注发展潜力，制订长远的编辑人员成长培训计划。[①] 积极推行传统导师制的"传帮带"培养模式[②]，通过老编辑的言传身教，将其优秀的工作经验和技能进行加工整理汇总，使隐性知识变成显性知识[③]，使优秀传统和品质薪火相传。抓好专家学者论坛讲座等短期培训，提高知识流动的有效性，丰富培训内容，开阔编辑视野，增强专业能力。编辑人员也应自觉加强信息资源整合能力和互联网发展新知识的学习，加强相关专业领域知识的学习，提升自身职业素养。

（三）营造良好氛围

营造有利于编辑人员专业化成长和发展的良好环境及氛围，鼓励编辑人员树立文化理想，坚守图书质量，提升精品意识，打造精品图书，摒弃贪多求快、质量低劣的现象。定期组织编辑人员知识交流及编辑业务研讨会，营造知识共享的氛围，加强编辑知识交流，拓宽编辑人员思路，实现经验技能等隐性知识的流动，在思维共享碰撞中实现创新，促进编辑个人发展。建立公正合理的人才选拔机制，在人才队伍中遴选学术造诣高、专业技能强、勇于创新、作风优良的领军人才，营造向标杆学习、向榜样学习的良好氛围。在潜移默化中传递企业文化，使编辑人员远离浮躁，沉下心来进行专业知识的磨炼与学习。

（四）改革绩效管理

编辑人员需要有深厚的专业基础和文化情怀，但如果长期停留在生存和生活层面，就会影响图书编校质量。出版社应当实行人性化的管理制度，扁

---

① 胡莉. 对出版社编辑人才培养现状的几点思考 [J]. 新闻研究导刊, 2020, 11 (10): 196-197.

② 苏雨恒. 实行导师制培养模式加强青年编辑队伍建设 [J]. 中国编辑, 2019 (1): 4-7.

③ 曹明倩. 知识流动视域下的编辑人才培养 [J]. 出版发行研究, 2019 (10): 44-47.

平化的组织结构，畅通沟通渠道。应当采取激励机制，建立积极向上的企业文化，打造干事创业的发展平台，鼓励编辑人员的学历职称晋升①，在促进员工个人发展的同时，实现出版社人才结构的优化，进而实现出版社高质量发展；应当改变传统重数量轻质量、立足当前忽略长远的绩效考核方式，建立符合现代企业人力资源管理特点的薪酬激励考评机制，健全人才评价和考核制度，实行多元化的考核方式，提高编辑人员的薪酬福利，增强编辑人员的归属感，激发他们的积极性与创造性；创新体制机制，营造创新条件，设置创新引导专项奖励，激发编辑人员的创新能力。

（五）实行校企联合

母体大学丰富的专家资源、学术资源和出版资源，是出版社的最大优势。在人才培养过程中可以增设重点岗位科研经费，实行校企联合的人才培养模式，为编辑人才提供学习钻研学术领域知识内容的条件。聘请母体大学相关专业教师走进出版社，加强对编辑人员理论知识的培训，加强编辑人员的理论修养，完善编辑人员知识体系。鼓励编辑人员参加前沿知识理论学习，参加学术论坛，了解最新研究领域的热点和方向，提升编辑人员技能。在加大复合型人才培养力度的同时，充分挖掘潜在的人才资源，形成与母体学校资源信息共享机制，促进产学研深度融合发展。

五、结语

人才队伍是出版社应对新时代、新格局挑战的重要资源，应把编辑人才培养上升到发展战略的重要层面，提升编辑能力，提高专业素养，培养学者型、创新型的复合型人才队伍，充分发挥编辑人员的引导功能、把关功能，为出版社高质量发展提供持久动力和人才支撑。

---

① 孙保营. 融合出版背景下高校出版社人才队伍建设困局及破解 [J]. 中国出版，2020 (16)：46-50.

高校出版社编辑职业倦怠及纾解策略

和晓晓

摘要：对于高校出版社而言，编辑队伍建设是一项长期且艰巨的任务。编辑工作的特点决定了编辑时常会出现职业倦怠现象，如果始终得不到有效纾解，必然会导致工作质量和工作效率的下降。本文系统分析了高校出版社编辑职业倦怠的成因，并就其纾解方式和编辑队伍建设提出对策建议，以供参考借鉴。

关键词：高校出版社；图书编辑；职业倦怠；纾解

在新时代背景下，高校出版社需要肩负起更多的责任与使命，而图书编辑是提高出版社影响力的重要力量。编辑工作主要是脑力劳动，而且日常工作量和工作压力都比较大，使得编辑时常受到职业倦怠的困扰，进而对编校质量和最终的工作成效造成不利影响。基于此，有必要结合当前图书编辑工作现状，对高校出版社编辑的职业倦怠及其纾解策略进行深入研究。

一、高校出版社编辑的职业倦怠及表现

由于高校出版社隶属于母体大学，很多编辑都认为自己端着"铁饭碗"，这种传统思想导致他们缺少创新精神和提升自我的动力。当前，网络技术和各种智能移动终端在大学校园和大学生群体中逐渐普及，无论是大学教师还是大学生都可以随时随地通过手机、电脑等工具获取新鲜资讯。在这种情况下，大学出版物面临着巨大的销售压力，出版社需要针对编辑的工作职责、

工作方式和工作目标重新进行定位。同时，由于高校出版社编辑需要具备较高的文化水平和综合素养，所以编辑需要不断学习与提升，方可成为一名优秀的编辑。基于各种压力和职业要求，职业倦怠在高校出版社编辑群体中成为一个比较突出而且常见的问题。①

高校出版社很多编辑都深受职业倦怠感的困扰，具体表现为：不思进取、不接受新鲜事物、行动力较差、缺少创新精神和团队意识、不了解也不关注读者需求、对工作质量要求较低等。这些问题的存在，不仅对编辑工作水平的提升形成了严重阻碍，对于出版社而言也造成了极其不利的影响。因此，为了实现高校出版社的健康发展，充分发挥其宣传和舆论导向作用，有必要结合编辑产生职业倦怠的主要原因，对其纾解方式进行全面深入的探究。

二、高校出版社编辑职业倦怠的纾解策略

（一）明确编辑队伍建设目标

要想使高校出版社编辑职业倦怠问题得到根本解决，必须从加强编辑队伍建设入手，打造一支高素质、高水平的编辑队伍，制订与工作目标相匹配的岗位职责，对总目标进行层层分解，确保目标顺利完成。所制订的岗位职责，要包括各岗位工作职责、权限范围、审批规定、工作质量标准、流程对接以及相关奖惩措施等内容。在这种机制下，全体编辑将带着较强的方向感和积极性投入本职工作，还可以及时发现自身工作能力上的问题与不足，从而有针对性地进行自我能力提升，以纾解职业倦怠感。

（二）创新人力资源管理机制

传统的编辑管理模式下缺少科学有效的人力资源管理机制，更谈不上激励政策的实施。这就意味着编辑工作做好做坏都一样。尤其是由于这份工作相对稳定，很多编辑在日常工作中不思进取、安于现状，自主学习意识和学

---

① 王明琳. 出版社编辑职业倦怠的成因及干预措施探析［J］. 传播与版权，2020（1）：45-46，49.

习热情逐渐消退。如果编辑长期处于这种状态，自然会出现职业倦怠。因此，高校出版社人力资源管理部门要创新管理激励机制，并结合本社的实际情况推出切实可行的激励措施，充分激发全体编辑的工作积极性与主观能动性。

比如在实施岗位责任制的基础上，推行绩效考核制度。不仅要将每一名编辑的个人工资、岗位晋升或者职称评定与绩效考核结果挂钩，还要以年度或者季度为周期，对工作表现突出的编辑给予相应的奖励，而对于没有通过考核的编辑，则要采取通报批评、调整工资、调离岗位等相应处理措施。[①]在这种优胜劣汰的环境下，编辑人员自然会从职业倦怠中脱离出来，意识到努力提升自我的重要性、必要性与紧迫性，从而投身到自主学习中，主动接受继续教育。在考核内容上，不能只考核编校稿件数量或者编校字数，还要结合稿件的社会效益或经济效益进行综合考量。只有确保考核结果的客观与公正，才能充分发挥激励作用。

此外，高校出版社应本着公开、平等、择优、自愿的原则，在内部实行竞聘上岗。通过这种方式，优秀人才脱颖而出，并受到重用，使存在职业倦怠感的编辑尽快从消极状态中解脱出来，激发其工作积极性。高校出版社还可以选派一些优秀编辑参与编校知识和能力大赛或者其他竞赛活动，通过这种激励措施引导编辑持续进行学习深造，促进其工作能力不断提升。

为了全面激发编辑的工作积极性，避免出现职业倦怠感，笔者建议在高校出版社内部实行岗位轮换制。虽然这一举措在具体实施过程中存在一定的难度，但是出版社可以将其视为一项长期工作。在日常工作中，有意识地让全体编辑在做好本职工作的同时，承担起更多的工作职责，将其打造成工作中的多面手。这样一来，不仅可以促进编辑工作效率的提升，还可以考察编辑的适应能力、学习能力和综合实践能力，帮助编辑树立换位思考意识。一旦发现某个编辑的个人能力比较突出，就可以让其尝试更多的岗位，甚至承担起一定的管理职责。这种人才流动机制，不但可以使出版社编辑团队能力结构更加合理，还可以有效减少职业倦怠现象的发生。

---

① 刘书焕. 出版社编辑职业倦怠的成因与应对 [J]. 采写编，2019（6）：140-141.

（三）提高编辑职业素养

新时代，高校出版社的优秀编辑必须具备较高的思想道德修养和职业素养，树立崇高的职业理想，秉持爱岗敬业的工作作风。首先，高校出版社编辑要树立崇高的职业理想，结合自身的实际情况、社会发展现状、大学生成长成才需求以及编辑工作的未来发展趋势，做好职业发展规划，明确职业目标。只有这样，编辑才能从客观实际的角度出发审视自己，完成自我评价，并且朝既定目标努力，实现自我完善与能力提升。比如，随着网络技术的普及应用，高校出版社编辑不能故步自封，要主动学习网络知识和网络技术，时常浏览一些与大学教育相关的网站或者论坛，并以敏锐的触觉发掘自身工作的创新点，使大学生群体通过阅读高校出版物学会更加客观实际地思考问题，形成健全的思维方式和人格品质，发挥高校出版社相关图书的思想引领作用。其次，高校出版社编辑要做到"敬业奉献、诚实公正、清正廉洁、团结协作、严守法纪"。在职业活动中用正确的新闻舆论观引导大学生，帮助大学生树立正确的人生观、价值观和世界观，彰显新闻出版工作的严肃性，促进高校教育和新闻出版事业的健康发展。[①]

（四）面向编辑开展业务培训

高校出版社作为大学的主要宣传部门，必须确保所出版的图书具有较强的先进性、客观性和专业性。因此，高校出版社有必要面向全体编辑开展业务培训。

首先，要将最新的高校教育信息，新型编辑工作理念、工作方法和先进经验有计划性、有针对性、有目的性地传递给编辑，使编辑以一种全新的思维和视角看待本职工作，并且将各种先进工作方法应用于编辑过程，促进工作质量和工作效率的整体提升。其次，高校出版社既要服务科研、教学工作，又要服务社会大众群体，所出版图书要服务专家学者、高校教师、大学生、科研人员等各类人群，这就需要编辑具备丰富的专业知识和较高的文化素养。因此，在编辑业务培训中，除了学习《关于在出版行业开展岗位培训

---

① 郑月林. 图书编辑职业倦怠成因分析及解决对策［J］. 传播与版权，2019（9）：55–56，59.

实施持证上岗制度的规定》等有关政策、法规，还需要全面普及编辑学、出版学以及相关学科领域专业知识，确保编辑在面对不同层次、不同内容、不同学科的稿件编辑任务时，都可以游刃有余地进行文字处理，最终将一部极具专业水平的图书呈现在广大读者面前，以此来保证和提升出版图书的专业性和权威性。

此外，高校出版社可以有计划地安排骨干编辑到高校、企业或者社会团体进行交流学习，使其拥有更加开阔的视野，形成更加灵活的编辑思维；还可以选派一些优秀编辑到相关高校进行出版、编辑专业的学习，考取第二学位或硕士学位，甚至派遣骨干编辑到国外学习深造。总之，在面向高校出版社编辑开展培训时，不仅要以提高编辑人员的职业素养、综合能力为目的，还要发挥出正面激励作用。要让编辑意识到只有不断提升自我，才能在工作中站稳脚跟，否则就会被本单位甚至社会淘汰。编辑在有了这种认知之后，不但可以从根本上避免出现职业倦怠，还可以培养拼搏进取精神，积极主动地学习深造，实现编辑水平和职业素养的显著提升。

三、结语

新时代，高校出版社在服务大学、服务社会等方面发挥着更大的作用与价值，尤其在引领大学生思维方式、思想观念形成的过程中发挥着重要作用。但是，这一作用能否得到有效发挥，在很大程度上取决于编辑的业务能力。高校出版社编辑由于受很多客观因素影响，时常受到职业倦怠的困扰，非常不利于编辑工作的有效开展。为此，高校出版社有必要结合编辑职业倦怠的诱因，对纾解措施进行全面细致的研究，采取切实有效的激励措施，使编辑受到鞭策与鼓励，以较高的热情投入本职工作。

青年编辑职业倦怠的影响因素及纾解路径

刘永静

摘要：新时代的青年编辑大多拥有较高的学历和较强的知识储备，自我成就动机性强。同时，他们作为出版单位的新生力量，对单位的发展至关重要。青年编辑的职业倦怠是一个普遍存在的问题。本文从青年编辑产生职业倦怠的个人因素、职业因素和社会因素进行分析，并在此基础上提出相应的纾解措施，以期为青年编辑职业定位和出版单位人才培养提供参考。

关键词：青年编辑；职业倦怠；职业发展；纾解路径

青年编辑是出版单位的新生力量，但也是职业倦怠的高发群体之一。目前，在出版单位人群中，比较普遍地存在着青年编辑工作热情不断消减、有不同程度的职业倦怠现象。所谓"十年磨一剑"，成熟的图书编辑培养周期至少为两到三年，而有不少青年编辑编校技能刚得到提高，正要向成熟编辑过渡时产生了职业倦怠，有的编辑甚至离职改行，除了让出版单位扼腕叹息，青年编辑自身也因其职业规划不当而不得不从头开始。

探讨青年编辑产生职业倦怠的原因，并有针对性地进行纾解，是出版单位实现良性、可持续发展的重要保障。本文从青年编辑产生职业倦怠的影响因素入手，分析主要原因并采取干预措施，以期纾解青年编辑的职业倦怠。

一、青年编辑职业倦怠的现状

职业倦怠主要是指个体在工作状态中呈现的身心疲惫与耗竭的状态，具体来说就是：第一，对工作缺乏热情，注意力不集中，工作效率低下；第二，对工作敷衍了事，缺乏进取心，个人发展停滞；第三，创造力缺失，消极评价自己，对未来发展感到悲观。① 目前，随着出版行业的改革，尤其是转企改制以后，出版行业从以前的慢节奏模式转变为竞争残酷的市场生存模式②，市场对出版速度、图书品种和编校质量等方面都提出了较高要求，这给编辑尤其是青年编辑造成了很大压力，在青年编辑队伍中出现了不同程度的职业倦怠现象。以笔者曾在的一家出版单位下属某部门为例，部门共有 38人，其中 35 岁以上编辑 9 人，其他 29 人全为 35 岁及以下的青年编辑。对青年编辑进行的问卷调查显示：4 人感觉良好（工龄 1~2 年）；10 人感觉还可以，了解工作，准备坚持干下去（工龄 5 年及以上）；4 人严重不适，正在考虑是否坚持下去（工龄 2~4 年）；11 人感觉工作枯燥，压力大，迷茫，是否愿意继续从事编辑工作的意愿不确定（工龄 2~4 年）。

从笔者的调查可知，青年编辑大致在工作第 2~4 年就会出现职业倦怠现象，普遍感到工作压力大、枯燥，对职业方向感到迷茫的，占总人数的31%；还有 14% 的人感到严重不适，准备转行；只有 41% 的工龄较长的人员已制定明确的职业规划，准备长久地在出版行业做下去。从统计结果可以看出，45% 的受试者职业倦怠现象显著，令人担忧。

2004 年，中国首份"工作倦怠指数"调查报告显示，从行业角度看，媒体、新闻出版业职业倦怠率为 37.84%，居第 9 位；从职业角度看，编辑、记者职业倦怠率为 38.30%，居第 11 位。③

从以上调查和资料数据可以看出，无论是整体行业环境，还是青年编辑个体，职业倦怠现象都很突出。一般青年编辑入职 2~4 年，就进入职业倦怠

---

①　李翠薇. 编辑职业倦怠的成因及其干预措施［J］. 重庆工商大学学报（自然科学版），2014，31（10）：86-89.

②　郑月林. 图书编辑职业倦怠成因分析及解决对策［J］. 编辑出版，2019（2）：55-57.

③　殷茵，王红帆. 青年审读编辑职业倦怠与心理建设［J］. 江汉大学学报（自然科学版），2012，40（4）：74-75.

期，这是需要给予重点关注的一个问题。青年编辑属于知识型人才，多具有较高的学历，自我成就动机强烈，但也正因为如此，他们在工作中极易产生职业倦怠现象，其中既有青年编辑个人素质方面的原因，也有编辑职业特点等其他方面的原因。职业倦怠不仅不利于编辑群体整体的心理健康，而且对出版单位的事业发展也不利。如何从影响青年编辑产生职业倦怠的因素入手，找到合适的纾解路径，显得至关重要。

二、青年编辑职业倦怠的影响因素

（一）个人因素

第一，对编辑职业认知偏差引发的期望失落。对于编辑工作，很多人的认识并不深入，大部分刚入职的青年编辑也认为编辑工作只是修改错别字、规范格式等，是一项很"容易"且"轻松"的工作；但当他们进入行业后才发现，编辑工作是一项相当复杂且烦琐的系统工程，从选题策划到稿件内容的结构、编写体例、撰写风格等，都提出了较高的工作要求。他们需要花费大量时间去学习和实践，从选题策划到后期编校加工，从微观到宏观，从内容到技巧，涉及稿件的方方面面；他们每天还要应付大量的书稿，集编辑、校对、排版和与作者联络沟通等工作于一身，需要付出很多精力和时间，与预期差别较大。①

在工作中，编辑常常要创造性地去审阅和思考，需要做大量的工作，付出很多心血。但一部优秀作品问世时，人们的关注点永远是作者，没有人会想到编辑在这部作品中的存在，掌声和喝彩声永远不属于他们。"苦恨年年压金线，为他人作嫁衣裳"，青年编辑如不能正确认识编辑工作的创造性和工作价值，就会觉得从工作中获得尊重和认同感的愿望未实现，从而对自己的职业价值认同感降低，造成迷失，产生职业倦怠。②

---

① 曾志红. 试谈高校学报青年编辑的职业倦怠问题 [J]. 华南师范大学学报（社会科学版），2008（4）：154-156.

② 郑持军，任志林. 出版社编辑职业倦怠的成因及干预措施探析 [J]. 出版发行研究，2010（1）：34-37.

第二，青年编辑人际关系难以协调。编辑是一项需要具备良好沟通能力的职业，在平时的工作中不仅要处理与领导、同事、专家、学者、读者和同行的关系，还要与发行部、总编室、财务部、排版室等部门发生联系。这个过程往往会消耗编辑很多的精力和时间，极易造成职业倦怠。以与作者的沟通为例，对于大部分青年编辑来说，由于作者学术的权威性，在向作者组稿使其符合出版要求时，只能比较谨小慎微。尤其是个别恃才傲物的作者，会坚决不同意按修改要求和规范来做，这样青年编辑处理起来比较困难。如果不能很好地处理和协调这些关系，稍有不慎就会造成人际关系的紧张，甚至恶化，久而久之就会令青年编辑感到心理上的疲惫，从而产生职业倦怠。

（二）职业因素

第一，编辑工作的高要求。出版行业的竞争越来越激烈，对编辑人员的素质和学历要求也越来越高。现在的青年编辑普遍都具有较高学历，具有良好的知识储备。但在科学技术发展过程中，编辑人员仍需要对自身知识储备进行不断更新；由于日常工作繁重，大多数编辑常会感到力不从心。虽然国家相关法律规定从事编辑工作的相关人员每年需要完成 72 学时的继续教育，但是培训内容具有一定程度的局限性，无法使青年编辑专业知识得到真正提升。在繁重的工作之余还要抽时间给自己"充电"，这让青年编辑苦不堪言。[①]

另外，中宣部对新闻出版工作管理的加强，对编校质量要求得也越来越严格。以图书编校为例，《图书质量管理规定》指出，图书差错率不超过万分之一的为编校质量合格。现在的编辑编发书稿，每年动辄完成数百万字，甚至上千万字，这样要保证每本书差错率都在万分之一以下，简直难如登天；而质量问题又像一把达摩利斯之剑，悬于编辑头顶，不知道什么时候会落下。在这样的压力下，青年编辑会背上很重的思想包袱，标准要求愈加严格，又加上现有的加工技术和手段还没有取得突破性进展，编辑心里常有焦虑、无奈，只能凭经验审稿，以速度取胜。经手的书稿既没了特色，质量还得不到保证，久而久之就会产生挫败感，对职业丧失热情，产生倦怠心理。[②]

---

① 李禧娜. 我国编辑人员职业倦怠研究概况 [J]. 传播与版权，2017（2）：52-54.
② 黄林. 编辑职业倦怠的成因及对策 [J]. 出版科学，2011，19（2）：31-33.

第二，编辑工作的低收益。通常情况下，编辑工作具有工作强度高、工作量大、工作时间长等特点，还具有明显的枯燥性、单调性、重复性和周期性。重复进行单调乏味的工作也易导致出现职业倦怠。编辑人员在日常工作过程中，工作强度和工作量普遍较高，长期处于疲惫状态。相对于其他部门而言，职称评审、个人进修、工资待遇等方面都处于劣势。与此同时，编辑工作的成果在一定程度上具有"隐蔽性"，职业成就感较低，很难得到外界的认可和理解。以大学出版社为例，青年编辑大多拥有较高的学历，但和在教育岗位的同事们相比，无论职称评比还是经济待遇都处于明显劣势，一旦再遇到意料之外的挫折和困难，很容易萌生放弃的念头。编辑工作的高投入和低收益的特点，是造成青年编辑职业倦怠的一个重要原因。

（三）社会因素

根据国家对新闻出版体制改革的要求，按照"做强做优一批、整合重组一批、退出停办一批"的总体原则，完成或基本完成转企改制任务的目标。出版单位转企后，使得图书更加突出其商品属性，更加注重学术价值和社会价值，这种价值观念的冲突让青年编辑无所适从，出现职业倦怠的概率大幅增加。同时，除了少数出版单位，大部分出版单位需要自负盈亏。为此，必将提高对编辑个体的考核要求，考核既有社会效益和编校质量的要求，更有利润指标的要求。在目前的市场情况下，一个能完成任务的合格编辑通常需要策划出版 10 多种图书，这对青年编辑是不小的压力。

随着科技的发展，"互联网+"无所不包，自媒体不断涌现，后者"名利双收"的快捷性对一些青年编辑产生很大的吸引力，再加上他们学习新事物的能力较强，也让他们在跳槽新兴媒体与坚守出版阵地间犹豫、徘徊，给职业的稳定性带来很大的不确定性。

三、青年编辑职业倦怠的纾解路径

（一）个体的纾解路径

第一，青年编辑要主动进行心理建设，树立正确的职业价值观。任何工作都有"台前"和"幕后"，一部优秀的作品问世，固然离不开作者的丹青妙笔，但也离不开编辑的润饰加工。"闪亮发光的不一定是真金，色彩斑斓的不一定是美玉"，编辑靠着敏锐的眼光和辛勤的劳作，去除文字中的糟粕，提取营养和精华，然后将优秀的作品呈现给广大读者，这其实是一项特别有意义和价值的工作。让青年编辑多参加优秀知名编辑的讲座，有助于他们树立正确的思想认知，通过老编辑在长期工作中的"功成名就"，激发青年编辑的工作兴趣，让他们建立目标，充实内心，准确定位编辑工作。

第二，青年编辑要正确认识工作压力，正确认识自我。马卡尼斯博士在其著作《别全放在心上》中谈道："压力，以科学性的语言来说，乃是有机体在具有伤害能力的媒介（动因）中，维持本身正常的状态，其中接二连三地挣扎就称为'压力'。"① 工作压力是一种客观存在，各行各业都有压力，在适度的压力下反而能激发潜能，进而创造更大的价值。但个体的抗压能力不同，要学会协调压力和工作之间的关系，当压力不仅没有促进工作的进展，反而成为负累时，要学会适当调节。如当内心堆积很多想法和苦闷时，找一个值得信赖的人倾吐一下，散步、听音乐、打球，让身体的活动代替大脑的运动，做一个会生活的人，从生活的点滴中产生新的创意和力量。

第三，青年编辑要培养自己的业余爱好，丰富自己的生活。编辑工作的沉闷需要其他活动的调节，工作之余，培养一些适合自己的兴趣爱好，如跑步、游泳、跳舞、绘画、旅游等。当工作中产生不良情绪时，通过兴趣爱好转移注意力，放松身心，达到缓解压力的目的。此外，兴趣爱好还可以扩大知识面，扩大社交范围，进而帮助个人更好地融入社会，对策划、组稿等工作产生积极影响。

（二）外部的纾解路径

第一，让青年编辑多参加学术会议和业务培训。首先，参加会议和培训，有助于青年编辑开阔眼界。目前很多青年编辑每天都埋首于编辑加工稿件，缺乏和外界面对面交流的机会，容易"闭门造车"，在思想上与行业发展脱节。多参加学术会议及业务培训，不仅可以向资深编辑请教工作中遇到

---

① 辛泉. 消除压力心理咨询手册［M］. 北京：华文出版社，2003：1.

的问题，提高自己的水平，还可以使他们在工作交流中了解资深编辑的自身发展和成长经历，吸取他们的经验，解决工作中的迷茫，了解以后的发展方向。其次，参加会议和培训有助于青年编辑业务能力的提高。青年编辑刚入职，对编辑这一行业的了解不深入，无论是从形式上还是从思想内容上来说，都不能很好地对稿件进行把握，通过参加专业学术会议，使他们更快地了解这一行业，通过认真听取专家和学者们的学术报告和专家之间的交流，进而深入了解学科发展动态，丰富、扩大选题思路。编辑通过参加学术会议可以快速地学习如何进行约稿、组稿、审稿和编辑加工。在和其他编辑的沟通交流中取他人之长，补己之短，达到对自己的优化。①

第二，给青年编辑匹配合适的工作岗位。青年编辑属于知识型员工，多具有较高的学历，自我成就动机强烈，非常注重二次创作过程。这就要求编辑的工作内容应与其专业知识、学科背景紧密相关，使其能够充分发挥特长做好二次创作。工作的匹配度越高，编辑越能充分发挥其真才实干，工作的积极性和职业奉献意愿也越强。若被分配到并不感兴趣或并不擅长的工作，如将希望做文学类畅销书的编辑分配至学术专著编辑岗位，极有可能导致编辑产生抵触情绪或逆反心理，奉献意愿降低，甚至消极怠工。个体素质和职业匹配，个人才能在工作中游刃有余，不断感受胜利的喜悦，才会用饱满的热情投入工作，产生较高的工作价值感与成就感。

第三，建立良好的考核体系，激发编辑成长动力。薪酬是编辑贡献价值及自我价值的直接体现。对薪酬感到满意，说明编辑对出版单位的贡献和自我价值得到认可，这可进一步激励其继续努力。当前我国多数图书出版单位实行严格的绩效考核制度，每年的利润考核结果与其年收入直接挂钩，倘若考核不佳，有可能面临经济惩罚的风险。这种利润考核制度能有效驱动青年编辑尽情地投入工作，更好地完成绩效考核任务，为出版单位发展做出贡献。考核结果越好，编辑收入越高，又会进一步激励其努力完成自身工作，为企业发展奉献力量。由此，薪酬满意度与职业奉献意愿形成良性循环。同时，晋升满意度与奉献意愿也有明显的正向关系，对晋升越满意，职业奉献意愿越强烈。一方面，职业晋升的本质是对编辑工作贡献、自身能力的认

---

① 刘志强. 学报编辑论丛（2015）[M]. 上海：上海大学出版社，2015.

可，是对编辑的一种兼具物质和精神的奖励。对职位或职称晋升感到满意的编辑，因其工作贡献或自身能力得到认可，会对出版单位产生强烈的归属感、使命感和责任感，将自己视为出版单位的一分子，努力为出版单位发展奉献自己的力量。另一方面，从晋升制度看，若青年编辑对职业晋升制度的公平性、条件的合理性、晋升通道宽度和长度等要素感到满意，也会在很大程度上激励其努力奉献。当其感知越努力，实现职业晋升和自我价值的机会也越大时，会进一步激励其全身心地投入工作，编辑职业奉献与实现职业晋升由此也能形成良性循环。①

第四，营造良好的工作氛围。良好的工作氛围有助于提高工作效率。从人文关怀的角度看，人性化制度能够显著增强编辑的职业安定感和单位归属感，激励其为单位发展奉献。如实施编辑学历深造激励制度，为就读硕士或博士研究生的编辑保留岗位，解除其就业的后顾之忧；主动为编辑设置晋升岗位或者对业务能力强但职称无法晋升的编辑，予以适当的物质奖励。这些人性化制度，能促使青年编辑认可和接纳本单位的企业文化，增强其归属感，愿意积极主动地为单位发展奉献力量。② 同时，良好的工作氛围能够确保编辑人员更为积极地参与日常工作。就出版单位而言，需要从专业培训、政策支持、改善环境等方面科学构建良好的工作环境。在开展具体工作过程中，首先，需要科学改进考核办法，如实行弹性考核制度，使得编辑不再被"朝九晚五"的考勤制度束缚；确保弹性工作制的有效落实，以人为本开展各项工作，保证编辑人员在日常工作过程中能够时刻保持轻松的状态。其次，定期组织开展集体活动，确保员工业余生活丰富多彩，对他们的职业倦怠和工作压力进行有效缓解。最后，出版单位还需要重视对员工的心理疏导，确保能够及时发现员工日常工作中存在的心理问题，并对问题产生的原因进行深入分析，寻求解决办法。

---

① 徐志武，王晓园，周畅. 我国传统出版单位青年编辑职业奉献意愿研究［J］. 现代出版，2019（6）：64-68.

② 许金，贾晶晶，王健. 高校学报青年编辑职业倦怠的成因及调适［J］. 滨州学院学报，2016，32（5）：84-86.

四、结语

总之，编辑出版行业作为一个内容产业、创意文化产业，人才是最大的资本和财富，也是一个出版单位做大做强的根本保证。青年编辑作为单位的新生力量和单位后续发展的储备力量，其职业倦怠问题需要出版单位高度重视，要时刻关心他们的身心健康与成长。青年编辑要树立自己的人生目标，寻找工作动力；出版单位要为青年编辑创造良好的考核和晋升机制，给他们营造良好的工作氛围。个体与单位只有共同努力，才能更好地应对青年编辑的职业倦怠问题，使青年编辑在工作中获得成就感与满足感，更好地发挥自身的聪明才智，进而增强企业的向心力与员工的归属感。如此，出版单位才能更好地实现传播中华优秀传统文化、讲好中国故事、传播好中国声音的使命任务，才能更好地为我国文化事业的发展做出贡献。

新时代高校出版社青年编辑成长的困局及破解

吴　静

摘要： 高校出版社作为出版行业的学术高地，背靠培养高等人才的各大院校，近年来在青年编辑引进和培养方面却面临着很多困局，比如青年编辑学历与专业素养高，但缺乏出版专业知识；对出版职业认知不足，职业稳定性较弱；对职业成就诉求高，职业上升通道窄；融合出版能力不足，缺乏立体化运营思维；等等。本研究立足问题导向，从高校、高校出版社、青年编辑三个层面展开分析，提出破解青年编辑成长困局的建议。高校应注意对学生培养方案做出合理调整，提升高校与企业合作质量；不断优化师资队伍，持续丰富教学方式。高校出版社应加大青年编辑培养力度，强化学术导师作用；不断完善人才晋升通道与薪酬绩效考核机制。青年编辑应强化专业能力培养，不断夯实编校功力；积极应对多元挑战，努力成为复合型人才。

关键词： 高校出版社；青年编辑；成长；困局；破解

随着互联网技术在出版行业的普遍应用，出版物形态、出版流程、出版产业均发生了深刻变化，高校出版社迎来新的发展机遇，但同时也面临着一个全新的挑战。① 青年编辑作为高校出版社可持续发展的重要力量，在高校出版社发展中起着举足轻重的作用。

---

① 张锋. 数字出版对传统出版的影响 [J]. 采写编，2016（3）：118.

一、相关概念界定及特征

（一）高校出版社的概念及特征

高校出版社是高等院校校办企业，大多成立于改革开放后，并在 21 世纪初文化体制改革中逐渐转企改制，成为独立经营的出版企业。截至 2018 年年底，全国共有出版社 585 家，其中高校出版社 108 家。① 高校出版社依托高等院校丰富的学术资源，在出版行业始终占领学术高地。同时在人才引进和培养方面，高等院校可以在高校出版社人才输送方面提供便利。②

目前，我国多数高校出版社在发展过程中存在的共性特征和问题大致有三个方面：一是重视并发展学术出版但编辑学术能力欠缺。高校出版的重要使命是学术出版，并将学术成果转化为出版成果。③ 但许多高校出版社的编辑学术能力欠缺。二是实施数字出版业务但数字化转型力度不足。经过多年努力，传统出版业数字化转型升级取得了初步成效，数字化业务的综合投入力度持续加大，多产品布局、多元化发展成为新常态，数字化转型升级已步入新阶段。但目前传统出版业的数字化转型升级工作仍存在许多问题，如地区间的发展不平衡、行业内分化明显等。因此，高校出版社应牢牢抓住出版业数字化转型升级的战略机遇，充分利用母体大学的技术与人才优势，加大出版行业数字化转型力度。三是积极推动出版国际化但国际化程度较低。国际化是高校及高校出版社发展的必由之路。当前，在"一带一路"倡议下，高校出版社发挥主动作用，积极促进出版国际化，但高校出版业仍存在国际化程度较低的问题。

---

① 柳斌杰，邬书林. 中国出版年鉴 2019 ［M］. 北京：中国出版年鉴杂志有限公司，2019：754.
② 陈媛媛. 论高校出版社职业人才培养机制创新 ［J］. 中国出版，2020（10）：58-61.
③ 段存广. 浅析世界一流大学出版社的特征及启示 ［J］. 中国高校科技，2019（6）：83-85.

（二）青年编辑的概念及特征

从事编辑工作未满 5 年或年龄在 35 岁以下的编辑称为青年编辑。① 新时代，青年编辑是高校出版社编辑队伍的中坚力量，加强青年编辑的培养，不仅是青年编辑自身的需求，也是高校出版社可持续发展的保证。

当前，青年编辑具有的特征和问题大致有三个方面：一是多数青年编辑具备一定的专业知识，但缺乏扎实的编辑能力；二是思维活跃，创新意识较强，易于接受新知识，但存在对自身职业生涯规划不清晰的问题；三是工作责任心较弱，缺乏耐心等。②

二、高校出版社青年编辑成长困局分析

由于学历与专业素养高，但缺乏出版专业知识；对出版职业认知与理想差距大，职业稳定性较弱；对职业成就诉求高，职业人才上升通道窄等现实困境，高校出版社青年编辑的成长面临诸多困境。研究高校出版社青年编辑的发展和成长困境，并提出发展建议，对于青年编辑做好自身的职业规划，尽快成长为成熟和优秀的编辑，提升高质量编校能力，具有很强的现实意义。

（一）学历与专业素养高，但编辑能力缺乏

高校出版社是以学术出版作为竞争优势的企业，人才队伍建设是关键。作为高校校办企业，出版社不仅拥有丰富的学术出版资源，而且在吸引高学历、高素养的人才方面具有天然优势。据调研统计，由于对专业知识要求较高，高校出版社校园招聘要求硕士以上的比例在出版行业中排名靠前③，但应聘入职的青年编辑在成长中面临着一些困难。一方面，应聘入职的青年编辑专业知识扎实、学术素养较高，但多数青年编辑职业规划不清晰，职业认

---

① 韩啸，赵莹莹，张祥合，等. 科技期刊青年编辑成长的有效途径 [J]. 编辑学报，2017，29（S1）：141-143.
② 缪宏建. 科技期刊青年编辑的主要特点、成才标准及培养措施探讨 [J]. 泰州职业技术学院学报，2006，6（5）：54-56.
③ 陈媛媛. 论高校出版社职业人才培养机制创新 [J]. 中国出版，2020（10）：58-61.

知能力与适应能力不足，对出版内容和出版流程了解较少，出版专业知识缺乏，在工作中容易产生畏难情绪和抵触心理，不利于自身的职业成长。另一方面，编辑出版专业高等教育对出版行业发展的大趋势缺乏全面的认识，存在学科归属不明、定位不清等问题。鉴于此，高校出版社青年编辑的培养存在困难。

（二）对出版职业认知不足，职业稳定性差

一是职业生涯规划不清晰。从内因角度分析，这一阶段的青年编辑刚刚从高校毕业，对编辑职业缺乏一个全面而又准确的职业认知，认为编辑工作"学术、稳定、体面"，但工作后发现，编辑工作远比想象中的"严肃、严谨、严格"，青年编辑自身对出版行业认知差距大。从外因角度分析，在互联网环境中，工作与生活快节奏的特征与编辑工作的严要求存在矛盾，还有来自社会、家庭等各方面的压力，是造成其职业稳定性相对较弱的原因，这导致多数青年编辑职业生涯规划不清晰。二是薪酬待遇达不到预期。刚刚进入出版行业的应届毕业生，专业素养较强，专业知识扎实，对薪资待遇期望较高。但由于高校出版社转企改制后，出版社的发展速度低于整体经济发展①，在员工薪资待遇等方面优势不明显，这种不利因素为出版社吸引和留住人才带来困境。

（三）对职业成就诉求高，职业上升通道窄

高校出版社作为以知识为核心竞争力的企业，对学术性和应用性要求高，高校出版人不仅需要懂政治、讲政治，具备与职责使命相匹配的政治素养，还需要具备广博的知识、专业的技术能力、较高的职业追求、良好的职业作风以及新媒体运用的能力等。② 因此，对青年编辑在内的员工学历和职称要求较高，很多出版社招聘员工最低要求为硕士研究生。

但是，由于高校出版社转企改制时间不长，少量的事业编制与大量的聘

---

① 张文静. 高校出版社：从"使用人才"到"经营人才"［J］. 出版参考，2016（7）：43-44.

② 国家新闻出版署出版专业资格考试办公室. 出版专业基础：初级［M］. 武汉：崇文书局，2020.

用制并存，并且与高校各部门（院系）之间存在壁垒，在学术能力方面需要与高校学报编辑等竞争，学术竞争力弱，有事业编制的员工在职务、职称晋升上存在困难；对于出版社社聘员工而言，他们承担了大量繁重的工作，但在职务上成长为中层后就遇到发展瓶颈，并且在职称晋升上需要经过高校和上级出版主管部门的双重审批，职业成长较为困难①；对于刚入职的青年编辑而言，多数人对自己的职业发展期望较高但职业发展规划不清晰，因此，他们往往会参照出版社社聘员工的职业成长路径，以思考自身的职业发展规划。但是，目前多数出版社社聘员工存在职称、职务晋升困难，职业上升通道窄等现实问题，这种情况在一定程度上造成部分青年编辑职业生涯前途焦虑等问题，对高校出版社人才培养造成不利影响。

（四）融合出版能力不足，缺乏立体化运营思维

随着传统出版向数字出版转型升级的深入推进，高校出版社正由单一的内容提供商逐步向复合型内容运营商的角色转变②，图书不只需要纸质图书的出版，也需要将视频、图片等立体化的内容以二维码的形式呈现在图书中，作为图书的衍生品为读者阅读提供更多选择和参考。这就使得高校出版社对复合型人才的需求更为强烈。而大多数青年编辑对数字出版技术、平台和管理流程不太熟悉，缺乏向融合出版转型的主动性和积极性，融合出版能力较差。

此外，随着互联网技术的快速发展，图书销售手段与方式发生了深刻变化，图书市场上形成了线上线下融合的销售模式。面对图书销售的新形势，高校出版社青年编辑应具备立体化运营思维以及较强的学习能力，了解图书内容特点，准确把握读者对象，做好精准化营销。

三、破解青年编辑成长困局的对策建议

破解高校出版社职业人才发展困境，需要高校、出版社、青年编辑三方

---

① 孙保营. 融合出版背景下高校出版社人才队伍建设困局及破解 [J]. 中国出版，2020（16）：46-50.

② 高振宇. 新时代大学出版社队伍建设的困境与机遇 [J]. 科技与出版，2020（5）：103-107.

的共同努力。对于高校而言，应合理调整培养方案，加深校企合作力度；不断优化师资队伍，持续丰富教学方式。对于高校出版社而言，应加大青年编辑培养力度，强化学术导师作用；不断完善人才晋升通道和薪酬绩效考核机制。对于青年编辑而言，应学习基本编校知识，不断夯实编校功力；积极应对多元挑战，努力成为复合型人才。

（一）高校层面

第一，对培养方案做出合理调整，提升高校与企业合作质量。高校设置编辑出版专业的目的是培养出符合出版业所需的人才。高校应根据出版业数字化转型升级的发展要求，结合出版专业背景和学科特色，不断调整优化人才培养方案。出版专业是一门实践性与实用性极强的学科，人才培养的有效途径是全面提高高校与企业合作质量。目前，我国的高校出版社与高等院校尚未形成良性的资源共享机制，这不利于编辑出版专业人才的培养。因此，高校和高校出版社应共建实习实训基地，共享优质资源，对于学术、师资力量较为雄厚的高等院校来说，可以为企业提供内容服务和培训服务；对于一些实力较为雄厚的出版社来说，应为高校编辑出版专业人才培养在资金等方面提供支持。[①]

第二，不断优化师资队伍，持续丰富教学方式。当前，编辑出版专业的教师不仅需要具备扎实的理论基础，还必须有一定的从业经历。因此，高校应充分利用校企合作的平台，派相关教师定期到出版企业学习，增强教师授课内容的丰富性和实用性；定期邀请业内专家走入教学课堂，导入典型案例，传授业内最新实用知识，为学生进行专业实践活动和职业规划提供专业指导和意见。同时，要将课堂教学和课外学习结合起来，持续丰富教学方式。课内教学以案例导入为主，尽可能地使用多媒体教学，以学生为教学主体，让学生针对案例开展讨论，并进行模拟训练，形成良好的教学互动反馈模式。此外，应积极开展课外实践教学，为学生将所学的理论知识最大化地运用到实践操作中提供机会。

---

① 富雅青. 媒介融合背景下高校编辑出版专业人才培养研究 [D]. 武汉：武汉理工大学，2016.

（二）高校出版社层面

第一，加大青年编辑培养力度，强化学术导师作用。重视并加大对新进青年编辑的培养力度，促使他们快速成长。通过新员工培训，帮助新进青年编辑了解行业及所供职出版社的发展战略，同时掌握编校流程、夯实编校基本功，培养图书选题策划意识、图书营销意识，增强编辑职业归属感。[①] 同时，强化学术导师作用，帮助新进青年编辑快速提升实际工作能力，较快适应工作环境，做好职业生涯的规划，使每一位员工的发展与出版社的战略发展融为一体。

第二，不断完善人才晋升通道，加大薪酬绩效改革力度。要完善人才职称晋升通道，为各类人员职业发展提供平台。人才晋升渠道是否畅通在一定程度上影响着青年编辑的职业选择。一方面，高校出版社应积极鼓励并提供条件让校编人员按照学校要求晋升高一级技术职务，应协调好各种关系打造社聘员工技术职务晋升的畅通渠道，做到"省评社聘"，让他们享受到职称晋升的成果；另一方面，高校出版社应鼓励青年编辑认真学习编校知识，不断提升编校能力，积极参加技能竞赛、定期培训、国内进修、国际考察等，增强青年编辑的学术素养和学习能力[②]；同时，帮助青年编辑了解职称晋升通道，做好职业生涯规划，增加青年编辑对自身职业成长的期望。

科学合理的薪酬绩效考核体系能有效激励员工，提高工作效率，也是解决高校出版社员工高流动性问题的有效措施。出版社应在综合考虑市场发展和自身实际的基础上，制定出相对公平的薪酬体系。如郑州大学出版社在推动员工薪酬绩效改革上做出了积极探索。从出版社实际情况和青年编辑现实困境出发，在建立由基础薪酬和绩效薪酬组成的薪酬结构上，增加青年编辑学历学位补贴，有效激发了新进青年编辑的工作积极性以及对郑州大学出版社的认同感。

---

① 陈媛媛. 论高校出版社职业人才培养机制创新 [J]. 中国出版，2020（10）：58-61.
② 孙保营. 融合出版背景下高校出版社人才队伍建设困局及破解 [J]. 中国出版，2020（16）：46-50.

（三）青年编辑层面

第一，学习基本编校知识，不断夯实编校功力。青年编辑的成长是一个积累的过程，夯实编辑出版基础对于初入出版行业的青年编辑来说尤为重要。首先，青年编辑需要积极参加由单位组织的新编辑培训班，通过培训了解图书出版流程、图书的构成要件等出版基础知识。其次，青年编辑要经常翻阅出版专业书籍，对一些模棱两可的内容，不能凭感觉随意改动书稿，对书稿的修改要有理有据。再次，青年编辑应加强信息甄选和使用能力的提升。当今社会信息的爆炸式增长，造成了信息污染乃至信息犯罪等多种社会信息环境问题。从互联网获取的信息常常是分散、零乱，甚至是错误的，所以需要经过甄别和选择，才能有效利用。对于青年编辑而言，应根据自己的信息需求，学会对搜索到的出版资源和信息进行甄别、核查、确认，去伪存真，不断增强自身的信息甄选和使用能力，更好地服务于出版工作。最后，青年编辑应尽快熟悉出版流程，积极协调各部门的工作进度，保持与作者的密切联系，确保图书按期高质量出版。[①]

第二，积极应对多元挑战，努力成为复合型人才。在数字出版、跨学科出版等发展趋势下，高校出版社青年编辑面对着多元化综合能力的挑战。这要求青年编辑首先需要认真学习编校知识，提升编校能力，提高融媒体出版形势下的选题策划、质量把控、信息分析挖掘、精准营销等的知识与能力。其次，青年编辑应具备数字出版意识和能力，熟悉数字出版技术、平台和管理流程，从图书策划初期就做好图书资源建设规划，从市场需求出发将图书的内容资源价值发挥到极致。最后，青年编辑应具备立体化营销思维与跨媒体运维能力，了解图书内容特点和读者定位，熟练掌握各种营销手段和立体化渠道选择能力，既能做好终端营销，又能准确把握读者对象，做好精细化、精准化营销。[②]

---

① 左浚茹. 专业出版社青年编辑的职业发展 [J]. 科技资讯，2018，16（1）：234-235.

② 高振宇. 新时代大学出版社队伍建设的困境与机遇 [J]. 科技与出版，2020（5）：103-107.

四、结语

新时代，高校出版社青年编辑的成长是一个不断积累的过程，在这个过程中需要高校、高校出版社、青年编辑三者的共同努力。笔者多角度分析了高校出版社青年编辑的成长困境，在此基础上从三个层面提出了破解青年编辑成长困局的对策建议，希望能够起到抛砖引玉的作用。

培养出版人工匠精神的策略考辨

陈　思

摘要： 工匠精神对人类文明的发展发挥着巨大的推动作用，工匠精神始终服务于全人类，充分发挥其实用价值与审美意义。在当代社会，工匠精神已经成为各行各业的发展指导理念，出版行业也不例外。怀揣着一丝不苟、精益求精的工匠精神，出版人才能够最大限度地满足社会对出版行业不断变化的需求。基于此，本文简要论述了工匠精神的基本内涵，分析了出版人工匠精神缺失的后果以及新时代出版人应具备怎样的工匠精神，并结合实际情况给出了出版人传承与弘扬工匠精神的策略建议。

关键词： 工匠精神；图书出版；出版人

一、工匠精神的基本内涵

工匠精神是工匠文化的核心价值观，是展示工匠文化特点的基础根源。在我国传统文化的传承过程中，工匠精神将我国独有的文明魅力以及历史印记完美凝聚，成为中华民族宝贵的精神财富，推动了中华民族精神文明的良好发展。在古代，工匠精神就已经流传开来，如我国著名的建筑鼻祖、木匠鼻祖鲁班，他巧夺天工的技艺将工匠精神很好地发扬光大，让世人都认识到了工匠精神的独特内涵。随着时代的变迁，工匠精神已经成为我国历史的标签词之一，是我国古代经济与文化的象征。① 当前，工匠精神已经演变为一种职业精神，是职业道德素养的表现载体。工匠对技术近乎严苛的要求——精益求精、锱铢必较，与当前社会主义核心价值观相契合，是我国建立中国特色社会主义理论体系的完美呈现，是推进"中国制造"向"中国创造"转变的强有力推手，同时也能够弘扬中华民族的创造精神，具有较强的现实意义。

工匠精神所具有的内涵可以用四个字来概括，分别是"巧""美""法""和"。"巧"主要是指工匠精神所具备的技术原则，工匠对于自己所制造的每一件产品都有自己的底线，对品质的要求绝对不能逾越这条底线；"美"是说工匠精神倡导每一件产品都要具有不同程度的艺术与审美价值，不能单单只是一件产品，应当能够在某一个方面给大众呈现一种较为独特的美感；"法"是说对于工匠精神的传承与领悟不能囫囵吞枣、浅尝辄止，一定要深入研究，仔细思考，并能够结合现实，这样才能够将其功效最大化；"和"则是说工匠精神要求每一位工匠在产品制作时，要时刻铭记和谐这一基调，不能够为了创作自己的产品而造成社会不和谐，让经济与生态之间产生尖锐的矛盾。工匠精神已经成为一种信仰、一种生存方式、一种生活态度，是人类社会健康发展的巨大精神驱动力，在当今略显浮躁的社会，传承与培育工匠精神就显得尤为重要。

二、出版人工匠精神缺失的后果

（一）出版图书粗制滥造

部分出版社和出版人在工匠精神方面的缺失，导致出版市场中的图书鱼龙混杂，质量参差不齐。具体表现在两个方面：第一，选题策划比较敷衍。部分出版社的编辑并未深入读者群体进行全面调查与研究，全凭自身的主观臆断、盲目跟风进行选题策划，违背了图书市场的出版规律，不能够满足读者的多元化阅读需求，使出版市场显得混乱无序，进而导致数量众多的图书

---

① 杨迎春. 编辑出版的工匠精神是这样练就的 [J]. 出版发行研究，2017（12）：98-100.

被积压，造成资源浪费。第二，图书内容质量堪忧。部分出版社过于看重经济效益，追求以最少的投入实现收益最大化，且对图书的编辑与校对流于表面，甚至有部分图书内容低俗、印制粗糙，严重误导读者，更有甚者引发巨大的舆论争议。

（二）年轻编辑成长缓慢

在我国经济文化水平不断提升的背景下，出版业虽然有了突飞猛进的发展，但其竞争也日趋激烈。由于工匠精神的传承与弘扬不能一蹴而就，出版行业也无法在短时间内在这个层面完成质量升级。目前我国出版行业存在着较为严重的人才断层现象，老一辈出版人有着扎实的基本功以及丰富的出版经验，在时代发展的浪潮中，本应当充分发扬"传、帮、带"的优良作风，竭尽全力地为出版行业的更新换代做出自己的贡献，但因为新老出版人在年龄、学识以及认知等方面存在着较大差异，使得两代人之间无法进行深入交流与沟通；年轻出版人不能够在最短的时间内投入工作角色，自身的成长发展显得较为缓慢，在出版专业业务知识及技能等方面无法得到良好的提升及锻炼。他们只能够盲目摸索，这也降低了工作效率，所出版的图书在质量方面自然存在着较大差异。

（三）图书出版效益较低

步入新媒体时代，出版社有了全新的发展机遇，同时也面临着一系列严峻的挑战。[①] "苟日新，日日新，又日新"（《礼记·大学》），要想在竞争激烈的新时代脱颖而出，必须对工匠精神进行良好的传承，并结合时代发展需要对其进行改良与创新。当前出版社在工匠精神方面所做出的创新不足，导致在图书市场收获的经济、声望等效益显得中规中矩，具体体现在三个方面：第一，内容创新不足。对于出版行业而言，为读者提供富有创意的内容，是其良好发展的前提。但纵观当前的图书市场，同主题的图书数量众多，其内容千篇一律，缺乏能够让读者眼前一亮的选题，这无疑大幅降低了出版社在市场中的竞争力。第二，图书整体设计较为陈旧。读者在选择阅读

---

① 张宇霞. 工匠精神在融媒体时代编辑出版工作中的作用 [J]. 新闻研究导刊，2020，11（24）：183-184.

材料时，首先会关注图书的整体设计，从封面、扉页、目录等了解整本图书的价值取向及其所包含的精神底蕴。如若整体设计过于陈旧，那么读者就会出现审美疲劳，长此以往会降低这类图书在市场中的占有率。当前大部分出版人思想较为保守，依旧沿用之前的整体设计思路，导致所出版的图书在设计上缺乏创意，无法在竞争激烈的市场中占得先机。第三，图书营销模式较为单一。大部分出版社依旧沿用地面销售这一传统营销方式，耗费大量的人力、物力、财力对图书进行宣传推广，加之在经销商环节存在着严重的冗余现象，使得图书销售效率过低，不利于图书出版产业的良好发展。

三、新时代出版人应具备的工匠精神

（一）专业的业务素质

对于出版行业而言，编辑是一个重要的岗位，直接影响着所出版产品的质量。一般而言，编辑需要熟练掌握申报选题、组稿、编校、装帧设计以及发行等方面的技能，应当具备专业工匠精神，在进行编辑、加工以及校对的过程中秉承字斟句酌的原则，严把作品的质量关[1]，要重视细节方面的内容，力求将自己的工作做到完美。并且在工作过程中应尽可能避免出现急躁情绪，一丝不苟地推动各项工作顺利开展。随着时代的不断变迁，出版人应树立敏锐的市场意识。因为出版市场中有着丰富多彩的选题要素，出版人应能够对这些要素的变化了然于胸，以迅捷的姿态应对出版市场的瞬息万变。当前互联网发展迅猛，导致各类信息资源层出不穷[2]，出版人应当具备对信息的筛选能力、对图书市场发展趋势的预见能力以及对客户群体的精准定位能力，这些都是出版人专业业务素质水平的具体体现。

（二）深厚的文化素养

就本质而言，出版行业的职责是对各类文化知识进行广泛的传播，以此

---

① 换晓明，赖雄麟. 论编辑"工匠精神"与中国学派话语体系构建 [J]. 中国出版，2019（17）：42-46.

② 杜新杰. 图书出版编辑如何在全媒体时代实现自我能力提升 [J]. 科技传播，2020（4）：152-153.

来有效提升社会文化水平，在时代的发展中积淀深厚的文化意蕴。因此，出版人应当有丰富的知识储备以及深厚的文化素养，这是发挥工匠精神的基本内核所在。由于出版人在日常工作中会面临着种类繁多的出版内容，因此需要有较深厚的知识储备，出版人不但是"专家"，还应当是"杂家"①，符合"两专多能"这一标准，在熟练掌握编辑出版知识的基础上，对其他学科的相关知识应有所涉猎。

（三）较强的经营管理能力

在市场经济环境下，出版人仅仅掌握专业相关知识还远远不够，无法有效推动出版行业的纵深发展，对于工匠精神的传承与弘扬也无法产生深远影响。② 当前出版行业对于经营管理水平较为出众的人才十分渴求，这也就意味着在新时期出版人应当具有的工匠精神还包括较强的经营管理能力。出版人要能够明确出版工作的各个环节任务分工，能够合理分配工作，将责任落实到人，让每一个员工能够有清晰的工作安排，有效防止相互推诿这一现象的出现。这样的方式能够让出版人跳出图书出版某一环节的局限，能够在熟悉出版运作流程的过程中综合考虑问题。

四、出版人传承与弘扬工匠精神的策略建议

（一）厚植工匠精神文化

核心价值观是人民群众对事物进行认定、对是非进行辨别的一种思维或者价值取向，而工匠精神则是一种高层次的文化形态，这类文化的构建不是一朝一夕就能够完成的，需要来自国家和社会力量的推动，同时整合出版人的系统思维。结合出版行业的发展特征，使所有出版人都要意识到工匠精神的重要性，只有宣传与推广是远远不够的，还需要相关政府部门采取实质性的长期激励方式，通过政策上的支持使工匠精神得以建构。

---

① 高婷. 智能时代图书编辑能力提升路径思考［J］. 出版广角，2019（17）：56-58.
② 郭丽娟. 浅析出版行业工匠精神的坚守、传承和创新［J］. 名作欣赏，2019（26）：118-120.

（二）提升编校人员业务水平

相对而言，出版工作的规律特点较为鲜明，不单单要对排版错误进行消除，还要对原稿进行编辑与校对，保证图书质量。一般来说，这类错误的范围较广，主要有词语、量和单位、标点符号、版面设计、知识性、常识性、政治性等方面的错误。要顺利实现对这类错误的纠正，编校人员可以从四个方面提升自己的业务水平：一是夯实自身的语言文字功底，在日常生活中积累知识深度、扩展知识广度，时刻保持灵敏的政治嗅觉，且具备排疑解惑的能力。二是了解图书出版常见的错误，找出其中的内在规律，掌握并综合运用各类编校方法，能够在不同情形下选择正确的方式纠正谬误。[①] 三是培养良好的心理素质，在工作中能够集中注意力，静下心来坐得住，尽量避免编校过程中出现纰漏。四是出版社应定期对编校人员进行专业知识的培训，遵循"请进来""走出去"的原则，邀请出版行业的专家学者到社内进行专题讲座，向编校人员传授宝贵的理论知识及编校经验，并与国内外优秀出版社建立良好的合作关系，定期外派优秀员工去学习、借鉴优秀出版社的先进工作理念和工作方式。

（三）提升图书出版品质

出版行业要想在竞争激烈的市场中得到长足发展，应当坚守工匠精神，提升图书出版品质。图书品质不单单指图书内容质量，更包括图书编辑、校对、设计、印刷等各个环节的质量。图书出版的细节充分彰显了出版人工匠精神的强弱，因此出版社应当在出版工作的全流程中渗透品质意识，对各个环节的质量进行有效控制，本着精益求精、宁缺毋滥的原则，为读者打造优秀图书。出版人应当注重各个环节的细节工作，不惜代价追求极致，要坚信品质没有终点，唯有对出版物反复改进才能够满足读者的进一步需求。同时还要怀着一颗追求卓越的心，尽心尽力将自身工作做到趋于完美，争做行业的领军者；遇到挫折不抛弃、不放弃，铭记初心，砥砺前行。

---

① 陈明伟. 践行工匠精神 助力科技强国：科技强国背景下科技出版的时代使命 [J]. 科技传播，2020，12（12）：46-47，50.

（四）提升品牌意识

一般来说，具有工匠精神的工匠人拥有着较强的自尊心，所做工作的好与坏，直接关系到自己的人格荣辱，他们对于自己的工作保持着高度认真，在工作中不断打磨自己的手艺，希望能够让技能变得更为熟练精巧，仿佛在创作一件艺术品一样，对每一项产品都力求完美。当产品创作成功时，他们会为自己的优秀作品感到骄傲与自豪，因而工匠文化便在这样的环境下生根发芽，直至开放出璀璨的花朵。任何以工匠精神打造出的精品都是具有持久性、时间性的产品，任何经得起历史检验的产品都是有品位的产品，文化产品也不例外。① 出版人要想培养工匠精神，应当将自己的眼光放得更为长远，追求所出版图书的格调，重视所产生的社会效益，不能够单纯为了吸引读者的眼球、获取更多的经济效益而投机取巧。要淡泊名利，坚持作品的灵魂；要提高品位，坚守出版人的良心。要有不鸣则已、一鸣惊人的愿景，能沉下心来，用心、耐心、专心、细心地做好每一本书。同时还应当重视品牌意识的树立，致力于将所出版的图书打造成家喻户晓的图书品牌，受到更多人的接受与认可。具体而言，出版人首先要做好出版产品的精准定位，紧扣时代发展脉搏，结合社会热点以及民众喜闻乐见的内容来策划优秀选题；其次要采取多样化的营销手段，在市场中突出自身所出版产品的特色，例如利用微博、微信公众号等平台来展示自身的品牌，以此来提升品牌传播力度。

五、结语

综上所述，工匠精神对我国出版行业有着积极的影响，要想让出版人具备优秀的工匠精神，就必须从文化氛围的形成、专业业务水平的提升、图书品质的打造以及社会效益的加强等方面入手，以切实可行的措施来促进出版人对工匠精神的传承与弘扬。

---

① 孙亦君. 用工匠精神打磨原创科普图书：从《科学令人如此开怀》丛书编辑工作浅谈对我国少儿科普图书出版的思考［J］. 传媒论坛，2019，2（13）：140，142.

新时代学术图书编辑能力提升研究

刘 莉

摘要：新时代出版业亟须改变传统的生态环境，出版的各个步骤包括选题策划、编辑加工、排版印刷、传播销售等，都要强化数字思维和互联网思维，以提高出版效率。出版的数字化发展给图书编辑提出了挑战，编辑要应对新挑战、适应出版新常态，就必须提升编辑能力。可通过提高政治和科学素养、熟练掌握学术图书出版的行业标准、熟练应用各类软件等来提高编辑能力，提升图书编校效率。

关键词：新时代；编辑加工；精品出版；能力提升

近年来，我国的出版业发生了巨大变化，实现了由渐进式发展到井喷式发展。中国特色社会主义新时代，对于出版人来说，既是挑战也是机遇。新时代，信息技术迅速发展，人们不再以纸质图书为主要获取知识的途径。有人说，新时代是大数据时代，数字出版、移动阅读、个性化出版等名词成为出版行业的热门词汇。有人说，新时代是"互联网+"的时代，利用互联网技术，编辑可以对出版物进行学术筛选，熟练运用计算机技术对出版物进行编辑。还有人说，新时代是媒体融合发展的时代，人工智能、大数据等技术给出版业注入了新的发展活力，使图书产品更加多样化。在这样一个时代，出版社的出版品种、出版模式、营销方式等困境日益凸显。作为一位学术图书文字编辑，如何在新时代背景下紧跟行业发展，将传统出版编辑业务与各种数字化软件和工具结合，提高自身编辑能力，是我们需要认真思考的问题。

一、新时代对图书编辑的挑战

（一）网络信息良莠不齐，要求图书编辑的科学素养过硬

随着网络信息技术的发展，读者需要更加丰富多彩的信息内容。一些 App 如抖音、快手等，能为读者提供及时、有趣、海量的信息，这些优势是传统图书无法比拟的。但同时，这些应用程序为读者提供的信息有时是不科学甚至不真实的，其学术价值又无法与厚重的出版物相提并论。① 作为一名图书编辑，在编校图书，尤其是编校学术类图书时，要善于鉴别哪些观点是不科学的，哪些观点是作者一家之言，且并非经过科研论证的。例如下面这个案例，书中提到一个观点：

"睡前玩手机，困了便将其放在枕边，这是当下很多人的习惯。然而，这种习惯有可能增加患癌风险……近 30 年来，脑瘤的发病率持续升高，而这 30 年恰恰是手机普及率井喷的一段时间。"

话里话外，无不透露着手机与癌症的相关性。这个观点，关注的人群很多，也是大家一直在讨论的话题。编辑在审稿时，就要在心里打一个问号，这个观点是经过科学研究证实的吗？所以编辑就要与作者沟通，询问作者这些观点性语言是否经过科学研究证明。如果已经有研究证实，那么务必提供相应的参考文献。经过作者修改，以上观点改为：

"世界卫生组织下属的国际癌症研究机构（IARC）明确表示，使用手机可能增加某种脑瘤的风险，用手机超过 10 年，患脑瘤的风险增加 2 倍。并且，手机和铅一样，已经被列为 2B 类致癌物，即与手机使用相关的射频电磁辐射是'对人体可疑致癌的'。"

（二）公众获得信息的途径增加，要求图书出版形式新颖多样

在网络化时代，人们阅读的工具发生了改变，不再只是报纸、期刊、图书等纸质读物，而是通过手机及各种移动终端进行阅读。可见出版社的出版

---

① 詹斌. 新时代出版工作者的八项修炼［J］. 中国出版，2020（24）：39-42.

形式已经落后于社会的发展。这就要求出版单位在图书生产、制作、销售等环节都要进行数字化。① 作为编辑，在前期策划或初审的过程中，就要考虑将图书的内容、版式、成品尺寸、装订方式等进行创新。例如《人体解剖学》一书，在编辑加工过程中，编辑可以与作者联系，或者与动画制作公司联系，将书中心脏平面图制作成动画，以二维码的形式放到书中，读者扫描二维码后就能观看到心脏的结构和搏动。这样比纸质图书看起来更形象、生动。

（三）信息更新快，要求图书出版周期缩短

互联网的迅速发展，使得当下人们阅读的方式多种多样，手机阅读越来越广泛。各种信息更新速度加快，一些研究成果在网络上能提前发表。而图书从前期的选题策划到后期出版发行，需要一个很长的过程。② 对于学术类图书，可能图书出版后，其中的一些观点就已经落后了。这就迫使出版社改进出版流程，缩短图书出版周期。

二、编辑能力提升的途径

（一）多了解党史、革命史及政治术语

作为编辑，要有较强的政治素养，只有了解党的重大方针政策，才能在编辑书稿时牢牢把握书稿的政治导向。这时编辑就需要"火眼金睛"，要有政治敏感度，能识别书稿中错误的政治取向，以及与权威说法不一致的内容。③ 举例如下：

在党的十五大之前，"邓小平理论"被称为"邓小平建设有中国特色社会主义理论"。改革开放后，党的领导人和理论界经常提"建设有中国特色的社会主义"，如《邓小平文选》第 3 卷有《各项工作都要有助于建设有中

---

① 周俊. 数字时代出版编辑思维模式转型及实现策略 [J]. 采写编, 2020 (6)：84-86.

② 王一莉. 新媒体时代图书出版编辑工作的创新思考 [J]. 新闻研究导刊, 2020, 11 (19)：191-192.

③ 汪海运. 浅议学术期刊编辑在审稿过程中应具备的政治素养 [J]. 出版广角, 2015 (10)：78-79.

国特色的社会主义》《建设有中国特色的社会主义》等。但在党的十六大召开时，十六大报告不再提"有中国特色社会主义"，而是"中国特色社会主义"。所以十六大之后再称"有中国特色社会主义"就算错误。

在这类问题上要牢记：1921 年党的一大，将"马克思列宁主义"作为党的指导思想；1945 年党的七大将"毛泽东思想"确立为党的指导思想并写进党章；1997 年党的十五大将"邓小平理论"确立为党的指导思想并写进党章；2002 年党的十六大将"三个代表"重要思想确立为党的指导思想并写进党章；2007 年党的十七大将"科学发展观"写进党章；2012 年党的十八大将"科学发展观"确立为党的指导思想；2017 年 10 月党的十九大将"习近平新时代中国特色社会主义思想"确立为党的指导思想并写入党章。

（二）学习行业标准

一要了解学术术语。作为一名学术图书文字编辑，在编校书稿时，要牢记行业名词术语，可以查"术语在线"，也可以查权威类相关图书。只有经常查阅、总结，才能丰富自己的专业术语库，编校书稿时才能有的放矢、游刃有余，不至于遇到一个名词就要查一下，耽误书稿编校进程。下面举例说明医学类书稿中常遇到的一些错误术语（括号内为正确的说法）。

高血脂（高脂血症），脑肿瘤（脑瘤），酒精肝（酒精性肝炎），牙龈退缩（牙龈萎缩），医源感染（医源性感染），生殖道疣（生殖器疣），抗原递呈细胞（抗原呈递细胞），炎性细胞（炎症细胞），痄腮（病毒性腮腺炎），心血管病（心血管疾病），升糖指数（血糖指数），阿尔茨海默症（阿尔茨海默病），多动症（注意缺陷多动障碍），层黏蛋白（层粘连蛋白），粘膜（黏膜），等等。

二要熟知物理量和量的单位。在编辑加工学术类图书时，很多物理量及量的单位令编辑感到头疼，出版物中也常出现物理量及量的单位的错误。如何减少此类错误呢？

首先，要学习国家法定标准，但像 ppm、摩尔浓度、atm、当量等长期使用的一些单位，要做"过渡性"处理，可以在单位后面括号内进行说明。对于重量和质量等错用的问题，要进行"柔性"处理。例如，《力学的量和单位》（GB 3102.3—1993）规定，可以在人民生活和贸易中将质量称为重量，但是这种习惯不推荐，因为这种说法有悖于质量的科学定义。如非要将重量改为质量，也会给术语的使用带来混乱，如"称重"改为"称质量"，"载重"改为"载质量"，"毛重"改为"毛质量"……只要意义清楚且表达明确，数据上不会产生错误，编辑就无须过于敏感，不用一律套用"质量"。[①]

其次，要准确理解物理量和量的单位。书稿中经常会出现不同浓度的表达，如 0.9%氯化钠注射液、75%乙醇等。体积分数是指混合物的体积百分比，是混合物中某种物质的体积占总体积的百分比；质量分数是指混合物中某种物质的质量占总质量的百分比。体积分数一般用于混合气体，质量分数一般用于混合液体及固体混合物。书稿中，不要随意使用"浓度"这个名称，只有在 B 的分子浓度、B 的质量浓度、B 的物质的量浓度、溶质 B 的质量摩尔浓度四个名词中使用，其中只有 B 的物质的量浓度可以简称为 B 的浓度。

最后，物理量符号正斜体的处理比较繁杂，物理量符号脚标的正斜体错误也很多见。编辑很难准确、无遗漏地规范物理量符号及其脚标的正斜体。作为学术图书编辑，就要多看相关书籍，熟知该专业物理量符号的正斜体。

三要懂得如何修改图表。书稿中的表、图，都有相应的行业标准，如中华人民共和国新闻出版行业标准《学术出版规范　插图》（CY/T 171—2019）和《学术出版规范　表格》（CY/T 170—2019）。只要严格掌握这两个标准就可避免图表错误。很多书稿中图注在图题下面，但是从行业标准来看，图注应该分为图元注和整图注，前者放到图题上方，后者放到图题下方。这是编校书稿时需要特别注意的地方。

（三）使用应用软件提升编辑工作

一是使用校对软件。书稿的编辑加工过程是出版中很重要的环节，是保证出版物质量的关键环节。编辑要按照出版物的质量要求标准，对书稿进行修改、润色，目的是统一体例，消灭差错，规范文字，从而将书稿加工成可以出版的成品，保证书稿的质量。作者在撰写书稿过程中，由于输入法的原因，会出现错别字、漏字、多字等情况，而编辑在编辑加工过程中，只有逐

[①]　宋亚卿，姜山. 浅谈科技类图书编辑加工中的易错点［J］. 新闻研究导刊，2020，11（5）：188-189.

字审阅，才可能发现这些错误。但即使这样，还是难以避免上述差错。从 20 世纪 90 年代中期开始，我国逐渐出现了一批中文校对软件，这些软件以人工维护的词库为依托，通过将书稿与词库中的词和语法进行对比，来识别书稿中的错别字、语法错误等。下面重点介绍一下黑马校对软件。

黑马校对软件是北京黑马飞腾科技有限公司开发的校对软件，90%以上的出版社都在使用黑马校对软件。① 它每秒钟的校对字数大概是 1 200 字，既可以加载到 word 中校对 doc 或 docx 文档，也可以直接打开 nps 文件进行校对。编辑拿到稿件的电子版时，可以先在 word 中点击菜单栏中的"加载项"，然后点击黑马的图标"黑马校对：校对当前文件/块"开始校对。校对完成后，文档中的错误或可疑错误会用不同的颜色标记，编辑在加工书稿时就可针对黑马标示的错误进行更正。稿件排版后，经过校对人员的三个校次后，可以再用黑马过一遍 nps 文件，这时可能会发现多字或少字之处，进一步消灭书稿中的差错。需要注意的是，黑马软件对错别字、多字、少字检出率高，查出学术术语差错能力强，但是对于英文部分检出率不高，有时候会将正确的单词标成错误的。②③

二是使用文字编辑软件。书稿电子版在定稿之前，往往经过作者、编辑多次修改，word 就是常用的文字编辑软件。编辑在初审时，对书稿提出修改意见，可以用 word 的"批注"功能：首先把有疑问的或需要修改的部分选出来，然后点击菜单栏中的"审阅"，再点击"批注"，就可以在批注中将编辑的意见写进去。如果编辑需要修改书稿并要保留修改的痕迹，那么就需要"修订"功能，也是点击菜单栏中的"审阅"，然后点击"修订"，这样书稿中每一处修改都会显示出来。

另外，word 中还有一个"比较"功能，什么时候使用这个功能呢？当编辑将书稿修改一遍并返给作者修改时，作者修回稿有时候未标注修改了哪些内容，这时编辑就可以将作者二次修改稿与一次修改稿进行对比。首先点击菜单栏中"审阅"，然后点击"比较"，在下拉菜单中点击"比较（C）"打

① 易龙，周涛. 基于实测数据的中英文智能编校系统对比研究［J］. 出版科学，2020，28（4）：15-21.

② 王静. 浅谈编辑校对工作中黑马校对软件的应用［J］. 电脑知识与技术，2020，16（28）：239-240.

③ 隋云平. 医学学术专著中黑马校对系统的使用［J］. 采写编，2019（4）：128-130.

开"比较文档"的对话框。再选择原文档和修订的文档，点击"确认"即可对两个书稿进行比较。这样编辑就能看到作者修改的全部内容。

　　总之，新时代要求学术图书编辑主动学习数字出版的相关知识，利用新技术缩短图书出版流程，并把传统出版的图书影响力向网络发展，提升图书影响力。

新时代出版社医学编辑核心能力的四个维度

——以"'一带一路'背景下国际化临床医学丛书"出版为例

李龙传

摘要： 习近平总书记在第七十三届世界卫生大会视频会议开幕式上提出"共同构建人类卫生健康共同体"的倡议。"'一带一路'背景下国际化临床医学丛书"作为国家出版基金资助出版项目，较好地贯彻了习近平总书记的倡议精神，为"一带一路"沿线国家和地区医学水平的提升及医学人才的培养提供了出版和专业支撑。通过实施该出版项目，笔者认为医学编辑应具备政治把握能力、策划创新能力、医学编辑能力、学术服务能力等核心能力，并探讨了提升这些能力的措施和方法。

关键词： 医学编辑；核心能力；"一带一路"；医学丛书

2020 年 3 月 21 日，习近平总书记就法国发生新冠肺炎疫情向法国总统马克龙致慰问电时，首次提出"打造人类卫生健康共同体"，此后，他又分别在多种场合重申这一倡议。郑州大学出版社围绕"打造人类卫生健康共同体"策划出版了"'一带一路'背景下国际化临床医学丛书"，丛书由国内 160 多家著名医学科研院（所）、医学院校和临床医院 600 多位医学专家和临床医学科研工作者用英文撰写，内容包括临床医学的基本理论与临床实践，涉及医学基础学科、临床各专科和人文社会医学，反映了中国临床医学各科的诊断与治疗思路、临床技术、用药经验以及临床医学各学科最新理论成果和技术进展、国际医学前沿学术成果等。丛书分四大系列共 49 种（约 3 500 万字）。一是基础医学系列，包括《医学细胞生物学/*Medical Cell Biology*》《医学生理学/*Medical Physiology*》《病理解剖学/*Pathologic Anatomy*》等 18 种图书；二是临床医学系列，包括《外科学/*Surgery*》 《眼科学/*Ophthalmology*》 《口腔科学/*Stomatology*》等 20 种图书；三是医学实验技能系列，包括《人体解剖学学习指导/*Anatomy Experimental Techniques*》《妇产科学学习指导/*Learning Guidance of Obstetrics and Gynecology*》《生物化学实验指导/*Biochemical Experimental Techniques*》等 8 种图书；四是医学人文社科系列，包括《20 世纪的中国医学与社会/*Medicine and Society in the 20th Century China*》《医学汉语/*Medical Chinese*》《体育与健康 /*Sport and Health*》等 3 种图书。该系列丛书作者队伍强大，有广泛的代表性和很高的权威性。中国工程院钟世镇院士担任专家指导委员会主任委员，中国科学院曹雪涛院士担任编审委员会主任委员，每个分册由主编负责，多数分册邀请主审和名誉主编把关。丛书读者对象定位为"一带一路"沿线国家和地区临床医学工作者、医学研究者、临床医学专业来华留学生等。本丛书 2018 年 7 月入选"十三五"国家重点出版物出版规划项目，其中《系统解剖学/*Systemic Anatomy*》 《医学细胞生物学/*Medical Cell Biology*》等 17 种作为第一辑已入选 2020 年度国家出版基金资助项目。本丛书也是服务"一带一路"建设需要的医学工具书，对传播当代中国医药科技创新成果，展示当代中国经济社会发展、改革开放成就和中华文化独特魅力，推动中华文化走向世界具有重要的促进作用。

　　"'一带一路'背景下国际化临床医学丛书"自选题策划到出版发行，历时四年多，体现了医学出版人的使命担当、职业追求、专业功底等，极大地提升了医学编辑的政治把握能力、策划创新能力、编辑和营销能力、学术服务能力等核心能力。

一、政治把握能力

　　有人认为，自然科学图书尤其是医学科技图书的出版与政治无关，不能为政治做贡献，不存在政治导向偏差，不会出现政治问题，便会轻视隐藏在知识性内容里的政治立场和政治观点等。其实不然，任何图书都存在政治因素，我们要始终坚持以习近平新时代中国特色社会主义思想为指导，为改革开放和社会主义现代化建设提供强大的思想保证、精神动力和智力支持，推动中华优秀文化创造性转化、创新性发展，发展社会主义先进文化，提高国家文化软实力。本丛书的策划、出版体现了策划编辑贯彻执行党管出版的方针，坚持正确的政治方向、出版导向、价值取向，充分体现政治领悟力、政治贯彻力和政治执行力。

（一）政治领悟力

2013 年 9 月和 10 月，习近平总书记在出访中亚和东南亚国家期间分别提出建设"新丝绸之路经济带"和"21 世纪海上丝绸之路"（简称"一带一路"）的合作倡议。2015 年 10 月 29 日，党的十八届五中全会通过的《中共中央关于制定国民经济和社会发展第十三个五年规划的建议》提出，要推进"一带一路"建设，广泛开展教育、科技、文化、旅游、卫生、环保等领域合作，造福当地民众。2017 年 5 月，在北京举行了第一届"一带一路"国际合作高峰论坛，对推动国际和地区合作具有重要意义。"一带一路"是党中央、国务院积极应对全球经济社会深刻变化，统筹国内国际两个大局而做出的重大战略决策，既是利益共同体和责任共同体，也是命运共同体和健康共同体；既是促进沿线国家共同发展共同繁荣的互惠之路，也是加强全方位合作交流的友谊之路，更是提高沿线人民健康水平的天使之路。编辑开始策划选题时着眼于围绕党和政府中心工作，服务大局，主动配合，利用储备和积淀的出版理论知识，坚持正确的政治方向、出版导向、价值取向，思想上重视，深刻理解、领会，把握到位，在行动上主动作为，从提出选题到选题调研及付诸实践，全程体现出策划编辑对政治方向的敏锐性和领悟力。

（二）政治贯彻力

2017 年 8 月至 2018 年 5 月，策划编辑走访武汉大学、西安交通大学、南开大学、南方医科大学、中山大学等 20 余所高校及多家医院，召开座谈会，收集信息，广泛调研，深入分析，得出结论：在"一带一路"时代背景下，国家需要一套为"一带一路"建设服务的临床医学工具书。开展临床医学交流与合作，是"一带一路"建设中最具惠民性、最具公益性的项目之一，也肯定会是社会认同度较高的项目之一；临床医学服务更容易跨越民族障碍、超越文化差异、摒弃政治偏见，最容易开展合作并取得成效，最能彰显人文关怀，体现发展的包容性、公平性与可持续性。"一带一路"沿线国家和地区华人华侨众多，中医药文化浓厚，有深厚的群众基础，与我国地缘接近、人文互通，疾病谱和医药习惯相似，临床医学合作交流拥有广泛空间。因此，本丛书能较好地体现中国文化软实力，提升中国临床医学的国际影响力。

（三）政治执行力

本丛书从策划组稿到审稿、编辑加工、出版发行等各环节，策划编辑始终牢记自己的政治责任，一以贯之地执行。策划编辑选作者、审大纲、看样稿，召开编写会议、通稿定稿会议等，既是对书稿内容的初步研判，也是对书稿政治性差错的排除。策划编辑选责编，主要考虑其责任心、职业素质和职业能力。凡是有问题或不良思想倾向、不良情绪的作者一律不用。凡是涉及意识形态、民族、宗教、军事、历史疆域、法律等内容时，一律请权威专家或专业技术人员把关。从选人用人到过程管理，政治执行力贯穿始终，坚持四年，终出精品，成效卓然。

二、策划创新能力

策划过程是一个思维创新的过程，读者的需要就是策划编辑的追求。读者在哪里，选题的根就扎到哪里。能提出如此规模宏大的选题本身就是一种创新。本丛书读者定位在"一带一路"沿线国家和地区医务工作者、来华医学留学生，解决的是他们的阅读障碍，目的是提高他们的医学理论水平和医学技术实践能力。市场上有同类书，但不全面、不系统，知识陈旧，影印版居多，无法反映中国近年来的医学发展水平。中国人用英语撰写的医学图书很少，临床医学图书更是少见。如何做到人无我有、人有我新、人新我精，需要策划编辑具备一定的创新能力。在策划阶段，策划编辑即开始考虑该丛书从内容到形式、从作者到读者等的创新点与特色。

（一）临床医学知识前沿，充分体现内容的创新性

医学科技的发展必然要推陈出新、更新升级，从理论到实践，手术方式的改造升级，新药物的应用，新材料的使用，名词术语的应用变化，介入医

学和核医学的发展应用，等等，这些都是本丛书要表达和反映的近年来最前沿的科技成果。

（二）丛书结构体系完备，充分体现体系的完整性

与过去类似的图书相比，体系全面，更加实用。例如，基础医学、临床医学、医学实验技能、医学人文等四大系列全部呈现；重视医学人文在临床诊疗工作中的应用等，在本套书中都有很好的体现；引用的都是近五年的参考文献。

（三）丛书作者队伍权威，充分体现学术的严肃性

本丛书的作者都来自临床医疗、科研院所一线，多数是"双一流"建设高校、三甲医院学科带头人和权威学者，具有广泛的代表性和很高的权威性。他们在专业领域学术活跃，经常作为学术报告的主讲人或主持嘉宾，他们的研究成果经常被学术期刊引用。丛书成立了专家指导委员会和编审委员会，每本书都是主编负责制，另请该学科著名专家担任名誉主编或主审，多角度审视和把关。因此，各册图书内容质量有保证。

（四）丛书装帧设计完美，充分体现形式的审美性

本丛书的表现形式也是一种创新，全部 49 种图书都用纯英文表达，采用国际 16 开本，内文用 80g 双胶书写环保纸，双色或彩色排版印制，插图、表格用色系区分，标题层次用字体字号和色彩搭配多角度复合呈现。每一本书给人的感觉都是厚重大方、色彩别致，有声有色与无拘无束搭配得美轮美奂，俨然是一个个精美的艺术品。

三、编辑和营销能力

科学性、专业性和学术价值是医学图书灵魂和生命力所在。医学编辑必须具备一定的医学专业知识储备，具有较强的医学书稿处理能力、医学英语应用能力和学术著作营销能力。

（一）医学书稿处理能力

医学编辑利用所掌握的医学知识，对书稿内容进行准确鉴别和筛选，全面研判书稿的科学性、实用性、创新性，需要明确给作者答复是退稿、退修还是采用。对于退修的书稿，明确告诉作者如何修改，以便使修改后的书稿符合出版要求。对于拟采用的书稿，做到改必有据、润饰提高、规范统一等。通过编辑的处理，书稿格式合适，逻辑性强，术语规范，能在很大程度上提高该作品学术价值的表达效果，促进该作品学术成果的传播和交流。

（二）医学英语应用能力

医学英语编辑本身就是多层次的复合人才，既要有扎实的编辑出版专业知识、良好的英文水平和写作能力，还要有一定深度的医学专业知识、娴熟的计算机操作和网络应用技术等。[①] 目前，较为前沿的医学信息往往是国际期刊用英文发表的，查阅文献是不可或缺的基本功。医学分支学科众多，涉及领域广泛且发展迅速，英语语法、结构、用词等存在差异，因而，医学编辑英语编校能力是其基本能力。本丛书的初稿在英文表达方面存在医学名词术语不规范、词汇不恰当、语法杂糅、语病零散等多方面问题，经过多次修改完善，达到差错率万分之一以内实属不易。总之，医学英语编辑工作是一项知识密集型的复杂工作，对于绝大多数母语非英语的编辑而言绝非易事，对于年轻编辑来说难度更大。只有通过端正态度、不断学习、反复实践、总结经验，才能逐步提高，做到游刃有余。

（三）学术著作营销能力

相比作者而言，医学编辑更熟悉市场和渠道，而作者长于作品内容和学术思想。编辑往往以读者的需要为中心，学术作者以作品的完美呈现为目的，编辑和作者的共同心愿是尽快更大范围、更好效果地传承、传播优秀作品。对于确定的作者和某些具体的学术著作，医学编辑往往根据目标读者的阅读习惯、职业范围、学术层次、行动轨迹等开展有针对性的营销推广活

---

① 金蕾. 医学类译著中的现状及编辑加工技巧的探讨［J］. 传媒论坛，2019，2（2）：145，147.

动，如学术期刊宣传、学术会议、专家讲座、自媒体平台、微博微信、学术书评等。① 学术著作发行量有多少，受众有多少，有多大的影响力，等等，都与医学编辑的营销能力有很大关系，仅依靠传统的新华书店发行系统是远远不够的。本丛书自选题策划开始，每一次业务的开展都是利用各专业的学术活动，在学术会议上抽出时间让大家讨论、沟通、交流，既是组稿，也是宣传营销，大家取得共识，学术共享，业务共进，医学编辑的营销扎根于具体学术实践活动。建立在 5G 信息时代的高速率、低延时、低功耗、广覆盖传播方式，极大地提升了医学编辑的营销能力。

四、学术服务能力

出版业作为内容服务产业，承载的知识内容是出版的核心，做好服务是出版社编辑的本职工作，是可持续高质量发展的基础。学术服务就是知识服务，为作者和读者服务，图书编辑是作者和读者之间的桥梁。出版社出版融合发展的程度取决于其新技术的应用程度，决定了其为读者、作者服务的深度和广度，其终极目的是为读者提供多层次、多介质、立体化、全方位的知识服务。医学编辑一方面为医学科技知识资源的生产与供给给作者提供服务，另一方面为传播医学科技知识而选择恰当的方式与途径给读者提供服务，有效满足用户的需求应是医学编辑不变的追求。②

（一）学术编辑的赋值能力

医学编辑的审稿和编辑加工过程，是以严格的学术品质和内容水准来处理书稿，不仅是书稿内容的过滤器，也是书稿学术价值的发现者和推广者。医学编辑具备过硬的本领，通过认真细致的工作，降低差错，弥补纰漏，规范统一等，准确无误地呈现作者原创性、前沿性、科学性的作品；通过得体的版式设计、精美的装帧设计、错落有致的标题设计，反映出详略重点、难点疑点，适合读者阅读，引起读者和作者共鸣，激发读者学习的热情，激起

① 俞道凯. 大学出版社学术著作的营销之道 [J]. 新媒体研究，2019，5（5）：62-63.
② 魏国强，陈莹，吕鹏启. 教育出版的知识服务功能转型研究 [J]. 出版广角，2018（23）：44-46.

读者探索的欲望，有力地推动了学术思想的传播与交流。编辑过程完全是作品的完善过程、智力投入与赋值过程。比如本丛书医学编辑从最新文献资料中筛选了一些疾病的诊断标准、治疗标准等，供作者参考。

（二）科技知识的传承能力

医学图书的出版即意味着医学科技知识的传播和继承。随着新技术手段的增多，众多网络平台的运用，数字出版、媒介的变化等，使传承医学科技知识变得如此便捷和高效。① 彩色印制，配合视频、音频、图片，展现的效果是极佳的。本丛书着眼公益，注重交流和展示，把凸显社会效益放在首位，放眼世界，发行到"一带一路"沿线多个国家和地区，受众巨大。策划编辑通过每本书的作者团队，尤其是主编、副主编，同心圆似的向外扩散和传播，取得良好的社会效益。

（三）学术成果的转化能力

知识服务是当前出版领域融合发展的深入与扩展阶段，亦是实现出版企业数字化转型升级的重要路径。② 医学专著承载的研究成果与学术思想，对医学研究、医学事业的发展具有巨大的推动作用。出版专著，是推广新技术，将科研成果转化为知识服务、知识收费的便捷手段。医学科技图书具有专业内容"专、精、深"、知识资源系统、读者定位明确、品牌认可度高等特点。医学编辑通过图书的发行，扩大学术影响，能极大带动或促进学术成果转化为生产力。郑州大学出版社在本丛书的出版发行过程中，经常举办学术研讨会、专家论坛、学术论坛等，创建外文临床医学知识库，年轻学者或临床医生（挖掘潜在读者群）直接为受众。利用智能信息技术，如数字技术、互联网技术、数据处理技术、平台构建技术等，多手段、全方位提供医学科研成果的转化和医学科技知识的普及。③

---

① 王大可，李本乾. 数字时代救灾应急出版的传承与新变 [J]. 中国编辑，2020（7）：58-61.

② 黄先蓉，常嘉玲. 融合发展背景下出版领域知识服务研究新进展：现状、模式、技术与路径 [J]. 出版科学，2020，28（1）：11-21.

③ 刘春艳，廉强. 我国出版智库知识服务创新模式及其保障机制研究 [J]. 科技与出版，2020（11）：122-127.

五、结语

编辑具备的核心能力是其承担"举旗帜、聚民心、育新人、兴文化、展形象"使命任务的重要保障，也是新时代出版社高质量发展的基石。政治把握能力是执行党管出版、党领导出版的政治保障，为出版事业高质量发展保驾护航。编辑的策划创新能力对作者创作作品具有指导性和决定性作用，是整个编辑工作的先导、核心和灵魂。编辑和营销能力是专业出版的基本技能，术业有专攻是编辑赋值、特色出版、实现精品的前提。学术服务是出版社服务社会的价值体现，学术服务能力是编辑的"软实力"，也是出版社服务社会的"硬功夫"。

医学编辑能力提升方法研究

张彦勤

摘要： 图书作为知识的载体，在知识的传播过程中起着非常重要的作用。图书质量不仅与作者的学术水平、写作水平有关，还与编辑的编辑水平密切相关。编辑要有强大的责任心和创新精神，确保图书的内容准确无误。本文在分析医学编辑工作现状的基础上，结合工作中的体会，提出提升医学编辑能力的方法，为培养高素质的医学编辑人才提供参考。

关键词： 医学编辑；编辑能力；医学出版

图书的出版离不开编辑的辛苦付出，编辑能力的高低也直接决定着图书的市场竞争力。[1] 编辑需要具备较好的文字功底，掌握丰富的专业知识、编校规范和出版业务知识。[2] 对于医学编辑来说，出版社对其素质要求更高。医学图书具有很强的专业性，需要编辑具有扎实的医学知识、丰富的编校知识、较强的学习能力、较高的英文水平以及创新性。[3] 只有不断加强学习，加强能力建设，提高自己的业务能力，才能编辑出优质的医学图书。而当下存在医学编辑人员短缺，其学历构成不合理及缺乏创新精神，能力及待遇等都有待于进一步提升等问题。

---

[1] 杨博. 医学编辑能力素养提升策略探讨 [J]. 中国报业，2020（2）：96–97.
[2] 范雨昕. 科技图书编辑业务能力的提升 [J]. 采写编，2020（3）：135–136.
[3] 杜新杰. 图书出版编辑如何在全媒体时代实现自我能力提升 [J]. 科技传播，2020，12（4）：152–153.

一、当前制约医学编辑能力提升的主要因素

（一）编校工作压力大，对高层次人才缺乏吸引力

在目前有医学图书出版资质的出版社中，医学编辑普遍比较缺乏，工作负荷较大。每个编辑手里都有很多书稿在编校，远远超出编辑个人能承受的范围。所以有的编辑为了加快成书，就会降低质量；有的编辑不愿意降低质量，就会导致图书编校进程慢，影响出版进度。医学编辑从业人员学历构成目前主要为临床医学、护理学、预防医学等。而临床医学编辑本科学历较多，高学历临床医学编辑较少。其余专业如护理学、预防医学等，这些专业硕士研究生所占比例较高。

目前医学出版社很难吸引高层次人才，究其原因，主要是随着网络技术的发展，人们阅读纸质图书的需求降低，图书市场的利润减少，编辑的收入普遍较低。而出版社的工作内容较繁杂，强度较大，对编辑的知识水平、素养等要求较高，导致很多符合条件的人不愿意从事编辑工作。[①] 对于医学生而言，医学编辑从业人员的收入较低，而医院的收入普遍较高，所以医学专业人员更倾向于去医院工作，这在高学历的临床医学人员中表现得最为突出。

（二）医学图书要求高，跨专业编校书稿比较普遍

编辑是一门很深的学问，要做好编辑工作就要具备丰富的专业知识，还要学会策划、计算利润、图书装帧设计、营销发行等。一本书要策划得好，作者的水平要高、文字编辑的编辑能力要强。而医学编辑工作涉及内容广泛，在审读一本书时，文字编辑需要审核医学知识是否准确、有无政治问题、科技名称是否规范、有无医学伦理问题等，还要核对错别字、量的单位等一般错误。编辑本身成长周期较长，刚入行的医学毕业生要用很长时间学习编辑方面的知识及其他相关规范。医学专业的毕业生又因为专业知识所

---

① 秦楠. 医学图书编辑能力提升路径探析 [J]. 记者摇篮, 2020 (5): 43-44.

限，专业性比较强，对自己本专业的医学知识较熟悉，对其他医学相关专业的了解相对较少，而实际工作中因为来稿的数量多，不可能严格按照在学校时所学的专业来分。因为人员不足，也为了不耽误学生用书或者销售，有时需要跨专业编辑书稿，这就导致编辑审读的书稿可能不是本人特别熟悉的领域。所以医学文字编辑也要不断学习其他医学相关专业的知识，广泛涉猎所有医学知识，提高自己的素质，才能编辑好图书。① 策划编辑也要具备广泛的知识和较高的素养，才能策划出能经得起读者和市场考验的精品图书。

（三）品种多销量少的出版方式，抑制编辑的创新精神

编辑不仅要具备深厚的学科基础知识、业务知识，还要有较强的创新精神，医学编辑也是如此。但从目前来看，很多编辑缺乏创新精神，目前主要表现在选题策划和图书的装帧设计上。② 很多医学编辑策划出的选题缺乏创新，装帧设计也很平庸，不够新颖，这也造成了后续的发行困难。很多图书策划出来以后，经过辛苦的编校、印刷，最后发行的量很少，很快就被淘汰。这就导致单本图书的效益低，编辑们为了追求利润，会策划编辑大量的图书，从而陷入一个量多而质差的恶性循环。当前图书市场竞争激烈，如何在激烈的竞争环境中较好地发展，这就需要创新精神。③ 医学编辑需要对目前市场上的图书进行鉴别，策划出具有创新性的选题，才能做出质量上乘的图书。

二、医学编辑能力的提升方法

（一）扩大知识面，多学科发展

医学编辑的思想觉悟要高，医学涉猎要广，英语及计算机运用水平要提

---

① 孙保营. 新时代高校出版社编辑的学术能力：内涵、问题与提升路径 [J]. 出版广角，2020（18）：28-31.

② 赵金鑫，张筱，赵静姝，等. 医学期刊编辑初审能力的培养 [J]. 中华现代护理杂志，2016，22（20）：2959-2960.

③ 苏涛. 提升编辑学识能力的必要性及途径 [J]. 辽宁教育行政学院学报，2010，27（2）：118-119.

高，要多学科发展。① 因为图书要有正确的导向，所以编辑的思想觉悟要高，要有政治敏锐性。医学编辑需要具备一定的英语水平，因为他们会接触到很多英文图书。此外，很多中文医学图书中有很多名词的翻译，这都需要编辑利用广泛的知识去核对查实。高素质的编辑人员，要有能力、知识、精神境界和职业道德。医学编辑还要积极学习医学相关的其他专业知识，因为在工作中会遇到各种需要处理的书稿，如果只限于自己所学的专业，会限制自己策划的图书种类，也会限制编辑水平的提升。医学编辑应对各种类型、各种体系的知识有基本的了解，同时具备再学习的能力，建立明确的知识体系，提高审稿能力，科学加工书稿。②

在当今生物医学及生命科学不断发展的大背景下，相关的科学研究也在不断开展，而受试者的人身安全、健康权益受到损害的风险也在不断增加，这就涉及很多医学伦理的问题。当前我们只能站在一个宏观的角度去制订一些较大的伦理原则，却不能在微观上制订一些具体化的细则，其实这也是伦理学及科学在进行有机结合时很难摆脱的一个缺陷。③ 因此，对于医学编辑来说，还需要掌握一定的医学伦理知识，熟悉相关的伦理审查文件，了解新形势下医学发展对伦理审查的新要求。

（二）培养创新精神，提升创新力

医学编辑在工作中要有意识培养自己的创新能力，要有精品意识和质量意识。④ 创新包括对选题内容的创新、对装帧设计的创新及对营销方式的创新。策划图书时对图书选材进行甄别，策划有创新性的图书，不断提高自己的创新意识和创新能力。在把握正确的政治导向和焦点方向的前提下，判断信息的价值，策划优质的选题。充分抓住读者的需求，才能策划、出版出受欢迎的图书。树立个性化的出版理念，根据读者的兴趣制定个性化的服务，顺应时代潮流，应用现代设计元素，与时俱进，策划出符合读者需求的精品

① 蔡莹. 新时期图书编辑创新能力的培养策略和提升路径分析［J］. 新闻研究导刊，2019，10（8）：171-172.

② 姚大彬. 新媒体时代图书编辑创新能力的培养和提升［J］. 办公室业务，2019（16）：44.

③ 贾茜. 探析如何提升图书编辑的综合能力［J］. 传媒论坛，2019，2（11）：141.

④ 朱红梅，张大志，游苏宁，等. 医学期刊编辑的学科专业素质及其培养［J］. 编辑学报，2007（3）：228-230.

图书。

首先，好的选题一定要有好的作者，好的作者写出的书稿，经过高质量的编辑加工，才能成为精品图书。其次，在策划、写作、编辑加工这一系列流程后，要有好的装帧设计，以社会审美为取向，美得合理、恰当，让读者看到书有新颖的感觉、求知的渴望。最后，要扩大营销。在网络化时代，出版社要充分利用全媒体资源宣传推广图书，在必要时添加电子资源，以扩大市场的销售。编辑要及时了解专业发展趋势，对前沿知识有一定的认知，紧跟时代的脚步，终身学习。创新能力的培养还需要对事业的热爱，只有热爱图书出版事业，才能创造出高品质图书。

（三）积极参加教育和培训，提升业务能力

很多医学编辑刚入职时缺乏编辑知识和技能，需要积极参加单位或者社会上针对编辑能力而开展的培训，同时也要在工作中加强编辑知识的学习。多读有关编辑方面的书籍也是提升自己编辑水平的好方法。资深编辑工作时间长，编辑经验丰富，年轻编辑遇到不懂的地方也要向他们学习和求助。医学编辑还要积极参加单位或者高校开展的学术交流活动，以提升自己的专业水平。

（四）认真总结和反思，提高自身素质

在工作中，医学编辑还要认真总结遇到的问题，积累工作经验，提高自身素质。医学编辑需要提高的素质包括感知力、甄别力、策划力、组织力、加工力、推广力等。作为医学知识、医学文化的传播者，医学编辑需要不断学习，不断提升自己的编辑能力，以适应阅读方式及内容载体变化所带来的变革。[①]

医学编辑要提高自己的沟通交流能力，探索如何高效地与作者沟通交流，积累沟通经验。认真总结工作中遇到的编校问题，在编校中认真、细致，善于利用积累的知识修改稿件。善于质疑、敢于质疑，遇到不懂的问题要多查阅资料或者向作者核实。对于不确定的知识，不要擅自改动。要善于

---

① 李华. 医学科普图书编辑应提升的编辑力 [J]. 科技传播，2016，8（2）：36-37.

发现问题，总结问题，认真审稿，不懂就问，积累经验。把遇到的问题进行分块、分类总结，可以分为医学知识板块、编辑校对板块等。要做作者的引路人，在与作者的沟通中，表现出良好的专业素养，做好服务，取得作者的信赖。及时给作者提出出版方面的建议，对于作者提出的符合规范的要求，要尽力做好服务，对于作者提出的不合理的要求，要耐心、诚恳地与其沟通。

三、结束语

当前医学编辑的工作强度大，待遇却相对较低，获得感差，人才流失严重。但是，对于从业人员，既然选择了这个职业，就要树立一种奉献精神，不能只计较眼前的得失。医学编辑要静下心来学习，在工作中学习，在学习中工作，在学习中寻找乐趣。出版单位要进一步提升编辑的待遇及获得感，医学编辑自己也要不断提高自身的专业技能，完善知识结构，多策划好书，提高编校水平，提高工作效率，为出版优质图书贡献自己的力量。

新媒体时代出版社编辑"存在感"探析

王红燕

摘要：随着互联网的普及与发展，传统媒体不再是人们获取信息的唯一渠道，出版行业的优势逐渐下降，如石下之芽，成长艰难。而出版社编辑的"存在感"及职业认同感也随之减弱。"存在感"减弱的背后更意味着编辑的社会参与感、自我获得感和职业成就感的不足。身处新媒体时代，编辑应积极寻找提升自我、破解困局的新途径。

关键词：新媒体时代；出版社编辑；存在感；认同感

出版业是古老而悠久的行业，出版物积累了科学技术知识和先进的思想，并且将其传播给社会大众。随着新媒体时代的到来，多元化的阅读方式和载体纷纷出现在大众面前，也使得每个人都可以登上传播的舞台。纸质媒体则一落千丈，"纸媒已死"的声音不绝于耳，作为传统媒体典型代表的出版社，自然深受影响。而编辑作为出版社中的重要组成部分，在社会中也越来越缺乏"存在感"。作为新时代青年，我们不能被动地接受这一现状，应该主动地去探究背后的原因，找出解决问题的方法，最终提高出版社编辑的存在感、获得感和成就感。

一、数字阅读冲击传统出版业

随着互联网技术的普及和发展，国民的阅读习惯与知识获取方式都发生了巨大改变。2014 年，国民数字阅读率首次超过纸质图书阅读率，且传统纸质媒体阅读率呈现迅速下降趋势。第十七次全国国民阅读调查结果显示，中国36.7%的成年人倾向于阅读纸质图书，较 2018 年下降了 1.7%；43.5%的成年人倾向于"手机阅读"，较 2018 年上升了 3.3%。纸质阅读的下降导致传统出版行业受到了极大的冲击和影响。

二、编辑"存在感"不足的表现

（一）现实生活中编辑的"存在感"降低

20 世纪 90 年代至 21 世纪初是传统出版行业的黄金期，出版社编辑有着较好的薪资福利及社会地位，进入出版社工作是相当不错的选择，情景喜剧《编辑部的故事》曾风靡一时。时移世易，传统出版行业的优势正在逐渐消失，曾经备受尊重、一岗难求的出版社编辑如今受到了很大冲击，其现实存在感逐步降低。

（二）网络生活中编辑的"存在感"不足

第一，微博中体现的"存在感"相对较低。微博作为现阶段最流行的自媒体之一，其传播具有即时、有效、裂变等其他媒体无法企及的优点，用户规模和影响力也在迅速上升。至 2019 年 12 月，微博月活跃用户达 5.16 亿，日活跃用户达 2.22 亿，微博已成为网络时代不可忽视的信息平台。① 微博的影响力主要体现在两个方面。一是拥有的粉丝数量。在新浪微博中，粉丝过 10 万的出版社只有 10 家左右，其他出版社微博的粉丝数量多在 5 万以下，有一些出版社才拥有几百个粉丝。二是与粉丝的互动。微博的多种互动方式（包括评论、点赞、转发等）给出版社提供了很好的与读者沟通的机会，但大多数出版社忽视了互动的重要性，对读者的互动也很少给予反馈。

现列举几家知名出版社与报刊的官方微博做一比较，见表 1。

---

① 欧阳菲. 出版社如何借力微博营销？［J］. 出版广角，2014（15）：52-54.

表 1　知名出版社与报刊官方微博对比

机构		粉丝数	微博数	单条 评论数	单条转发数
出版社	译林出版社	118 万	4 万	<20	<20
	人民文学出版社	95 万	9 578	<20	<20
	北京大学出版社	44 万	9 332	<20	<20
报刊	博物杂志	1 269 万	1 万	>500	>300
	人民日报	1 亿	13 万	>1000	>500
	中国日报	1 449 万	3 万	>20	>20

注：表中所指单条评论数、转发数为一般情况，不包括置顶微博、热门微博等个别情况。

从表 1 中可以看出，出版社与同属于传统纸媒的报刊相比，粉丝数、发表微博数有较大差距，单条评论数和单条转发数更是差距巨大。从整体上看，出版社官方微博存在活跃度不够、缺乏与粉丝的互动、对读者需求挖掘不够等问题。通过搜索显示，在新浪微博注册的出版社编辑个人认证用户非常少，热度较高的个人微博用户主要有潘岳（中信出版社总编辑，粉丝数最多，约 124 万，共发布 623 条微博），yangbaiwei1967（上海人民出版社编辑，粉丝数约 13 万，共发布 52 046 条微博）等，而其他个人用户粉丝数多在 2 万以下，主要表现出活跃度低、评论及转发数少、缺乏互动等特征。

第二，微信平台中体现的"存在感"不明显。腾讯公司发布的数据显示，截至 2020 年第一季度，微信月活跃用户接近 12 亿，用户基数庞大的微信正成为企业与受众沟通的主要工具与平台。微信平台具有利于信息传播，便于与受众互动等特征，为了提供丰富和快捷的读者服务，出版机构在转型的压力下纷纷创建微信公众号，并利用这一平台直接面向潜在读者进行图书宣传。出版社的微信公众号除了定期发布文章外，还会开设热点资讯、官方书城等栏目。虽然微信公众号的作用十分巨大，而且出版机构极其重视，也投入了大量的人力和财力，但出版机构所拥有的"大号"十分稀少。据有关统计数据显示，出版社微信公众号整体排名落后，活跃度较低，整体影响力较弱。而由编辑个人创建的微信公众号更是少之又少，很难听到他们的声音。

第三，直播平台中体现的"存在感"不突出。网络直播作为一种新兴互联网传播工具，近 5 年来用户规模一直保持稳步增长。调查显示，2019 年中国直播用户规模已达 5.04 亿人，在各直播平台进行直播的商品涉及美妆、食品、服装等，社会逐渐进入"万物皆可直播"的时代。出版直播是网络直播与出版行业相互融合的产物，出版机构通过直播平台与用户进行全方位交流与互动，从而达到推广图书、传播知识、服务文化等目的。有着"淘宝第一主播"之称的薇娅，直播带货的《人生海海》一书 3 秒内售出 3 万册，《薛兆丰经济学讲义》一书在直播过程中更是售出 6.5 万册。[①] 出版机构和出版社编辑也纷纷加入了直播阵营。图书作为特殊的商品，对其内容、定位等最为了解的就属编辑了，因此，图书编辑亲自上场直播带货，也有着得天独厚的优势。其中机械工业出版社华章公司在不到 4 个月的时间就做了 300 多场直播。但大部分出版社开通直播存在着流量不足、观看人数偏少、缺乏直播经验、直播设备不专业等问题。

三、编辑"存在感"较低的原因

（一）行业优势下降

传统出版行业的优势逐渐下降，对优秀人才的吸引力也随之下降，主要体现在薪资待遇和身份认同两方面。[②] 因为出版行业优势相对下降，出版从业人员的收入也随之下降。考虑到出版行业对编辑素质的高要求，编辑工作的高强度，出版业的薪资待遇性价比明显偏低。从身份认同方面来说，长期以来编辑出版工作备受尊重，不少人以成为一名编辑为荣，但近年来随着社会地位的变化，作为编辑的职业认同感也随之弱化，编辑工作也不再是优秀人才的首选行业。

（二）人才建设滞后

近年来，出版社出现了人才断层现象。黄金时期进入出版业的优秀人才现在都成了出版社的中流砥柱，但由于缺乏对优秀人才的吸引力，优秀编辑流失，出版社没有建立起有效的人才培养机制，很多出版社出现了人才断层

---

① 刘亚平. 出版直播的兴起与发展 [J]. 中国传媒科技，2020（6）：42-44.
② 韩敏. 出版社人才建设问题及策略思考 [J]. 出版与印刷，2019（3）：3-67.

现象，这一现象严重制约了出版社的发展。① 出现人才断层的原因主要有三个方面：一是工作的性价比较低。编辑岗位专业性极强，不但要具备一定的编辑技能，还要掌握扎实的专业知识。想要做一名好编辑，需要相当大的付出，而同时工作上的高强度、精神上的高压力、长期较低的收入水平使得编辑工作性价比偏低。二是上升渠道窄。目前很多出版社存在晋升渠道不畅通、不合理的情况，年轻人进入出版社后缺乏良好的成长环境，对职业晋升持较为悲观的态度。三是缺乏成就感。特别是对于一些中小型出版社，好的书稿所占比例较低，一些粗制滥造的稿件给后期的编辑带来极大的困难。正所谓"麻布上绣花"，编辑付出再多的时间与精力也难出精品。长此以往，编辑渐渐失去了兴趣与热情，缺乏荣誉感和成就感。

（三）工作压力较大

第一，责任重大，工作繁重。《出版管理条例》第二十四条规定：出版单位实行编辑责任制度，保障出版物刊载的内容符合本条例的规定。编辑作为一本书的负责人，不但要把好政治关、内容关、质量关，还要负责对编辑、校对、排版、印刷等各个环节进行监督。而在现实中，出版社每年图书出版量与编辑人数比例失调，从而造成编辑工作量大，工作时间长，工作强度大，既要保质，又要保量，身心俱疲，无暇顾及其他。第二，程序复杂，分工不清。图书出版是一个复杂的系统，一本书的出版，在出版社走的流程包括而不限于：选题策划→书稿三审→发稿（申请书号、条码、CIP 数据）→三校→封面设计→开具印制单→下厂印刷→入库等。编辑每天工作很琐碎，需要花很多精力保证各个环节正常运转。

四、提升编辑"存在感"的对策建议

（一）打造编辑品牌

图书编辑之于图书，就好比导演之于电影。导演选剧本，挑演员，把控

---

① 钟菱. 编辑人才断层的原因分析以及培养对策 [J]. 新闻研究导刊，2016，7 (14)：277-278.

整个拍摄过程，后期进行剪辑，配乐，成片。策划编辑挑选图书选题，责任编辑挑选心仪的校对人员，把控整个图书出版流程，后期进行排版，配图，成书。过去出版社一般不宣传编辑，编辑不容易形成品牌。其实宣传编辑比宣传图书更有效，图书品种经常更换，而编辑一般很少变化，编辑品牌一旦形成，就会形成强劲的读者黏性。

（二）合理分工协作

编辑工作是一项系统工程，而不是单纯的个体作业，它是个体和集体创造性的结合，只有严密分工，规范各自的职责和关系，使整个编辑工作协调一致，才能高效率运转。美国著名编辑学家格罗斯在《编辑人的世界》一书中指出，在美国，编辑分工很细，具体分为：选书编辑、策划编辑、文稿编辑、文字编辑、编辑顾问、编辑助理等。这些分工的出发点是承认人的能力和精力是有限的，让每个人做他最擅长的事。① 而在图书出版的书稿创作和编辑加工阶段，编辑和作者的分工也是相当明确的。所以说，在出版流程中，合理的分工协作能够把编辑从繁重忙碌的工作中解放出来，去做更有创造性、更有存在感的事情。

（三）吸引优秀人才

人才是企业的第一资源，谁拥有了高素质人才，谁就拥有了企业核心竞争力，对于出版社来说也是如此。想要吸引并留住优秀人才，必须做到以下几点。一是建立人才激励机制，创建合理的薪酬及考核机制，调动编辑人员的工作积极性。二是打通员工上升渠道。员工通过自身的努力工作能够获得晋升并提高收入，是出版社留住人才的重要基础。三是营造员工的认同感。除了提高薪资待遇，还要营造出版社的文化氛围，让编辑有认同感和获得感。

（四）借力新媒体

出版社编辑经过合理的分工协作，可以大大提高工作效率，把自己从繁

---

① 周世慧. 图书责任编辑的工作现状浅析［J］. 出版参考，2017（8）：59-60.

忙的工作中解放出来。可以利用新媒体如微博、微信公众号、直播平台，充分利用自身优势，展示最新出版的图书，与读者互动交流，从而发现图书中的不足，深度挖掘市场及读者的真正需求，形成提升图书内容、用好书回馈读者的良性循环，会大大提高编辑的存在感和参与感。

第一，编辑要创建个人微博账户。微博是一种实现双向互动的网络平台，用户可随时随地上传文字、图片等信息，然后通过转发和评论等行为进行交流与互动。其具有四个方面的优势：一是以单一型影响力为主。一般来说，微博用户在某个特定领域很精通，或在该行业中享有一定声望，其多活跃在某一兴趣领域或在某一方面拥有丰富的知识储备与经验。二是信息发布及时，互动性强。高互动性是微博作为新型社交媒体所具有的显著特点。通过粉丝评论、转发等功能，打通人与人之间的传播界限，进一步打破互动的时空界限。三是兼具开放性和便捷性。微博打破了传统意义上的传收双方的界限，每一个人既是信息的接收者，同时又是信息的传播者，并且内容编辑和传播手段十分便捷，不拘泥于特定的时间和地点，可随时随地发布微博，进行评论互动。四是具有"裂变式"的传播模式。用户对某一条微博感兴趣时，会"转发"给自己的所有粉丝，一部分粉丝同样会转发此微博，这样层层传递和散播会使传播速度呈几何级数增长，从而使得信息被大范围快速传播。

微博个人身份认证已经面向各个职业的知名人士和行业精英开放自助申请认证，且要求用户粉丝数不低于100、关注数不低于30，至少2个橙V互粉好友，发布的微博内容能体现活跃的真实个人。而微博V认证用户则要求其粉丝基数大且发布的微博能够引起高度关注，在某一领域、某一群体内具有广泛影响力。创建并维护个人微博账户可实现编辑的"存在感"和参与感。

粉丝的数量决定着微博影响力的大小。粉丝越多，微博信息的传播面就越广，传播效率就越高。可以通过四种方式来吸引粉丝关注。一是发布高质量的原创微博，增加用户的忠诚度和黏性；二是积极与粉丝互动，通过转发、评论等互动方式，扩大微博账户的知名度；三是进行图书有奖转发，不但可以提高关注度，也可以借此宣传图书；四是邀请知名作者发起微访谈，通过名人效应增加微博账户的热度和图书关注度。①

　　第二，编辑要创建个人微信公众号。随着互联网的逐步发展，微信公众号凭借其灵活性、便捷性、个性化等特点，在内容传播中所占比重也逐渐增加。各行各业的人也都加入了这个阵营，但要想真正做好公众号，不仅要重开通，也要重运营。一要深耕行业内容。编辑要将精力持续地放在内容的长期输出上，突出自己的原创性和特色，这样才能吸引更多的读者，从而达到更好的效果。二要瞄准目标人群。编辑可根据自身的专业特点，清晰内容定位、明确内容风格，从而为读者提供需要的有价值的内容。三要做好读者互动。积极回复粉丝的留言及评论，定期举办线上及线下活动，增加读者的好感和黏性。

　　第三，编辑要积极参与出版直播。出版社编辑作为生产者从台后走向台前，有着得天独厚的优势。他们不仅了解图书内容，还可以引导读者从编辑角度认识图书，向读者展示他们的工作状态。传统出版机构选择直播带货正是出版机构工作人员互联网思维的体现。要达到提升直播效果目标，需要从三个方面做好工作。一是增加直播的互动性。增加消费者对图书和出版机构的品牌信任感，从而影响消费者的购书选择。二是实现精准营销。长期以来，消费者选择网络购书只能通过静态平面图、内容简介等方式了解图书，容易出现与实际期望不相符的情况。出版网络直播从大而全的受众市场转为特定的受众群体，能从真正意义上获得消费者的阅读偏好，从而进行准确分析。② 三是选择直播平台。目前出版社可以进行直播的平台主要有出版社自己的官网或者微信公众号，淘宝、当当等电商平台。这几个直播平台各有优势和劣势：出版社自己的网站直播平台有利于为本社打造品牌，增加用户黏性，培养出版社的忠实粉丝群；但搭建直播平台需要一定的技术，并非所有的出版社都具有这样的经济和技术实力。电商销售平台技术成熟，比较容易有效地促进消费行为的实现，但出版社销售获得的利润也会比较低。因此，编辑在选择直播平台之前必须做好规划。

---

　　①　乔文华. 浅析出版单位的微博内容运营与图书营销［J］. 新闻研究导刊，2020，11（05）：195-196.

　　②　江翠平. 出版直播对消费者购书行为的影响分析［J］. 出版广角，2020（22）：77-79.

五、结语

虽然出版行业在发展中暂时遇到了一些困难，但是在历史长河中，最耀眼、最闪亮的那颗星永远是文化，出版人就是文化的继承者、发展者。作为编辑，我们仍要坚守使命，坚守质量，坚守情怀，以梦为马，不负韶华。

黏度思维：新时代图书编辑的核心竞争力

成振珂

摘要：黏度思维是一种新商业思维，许多企业正是运用了这一新时代商业思维与客户建立了牢固的关系，并从同行业中脱颖而出。本文通过阐述黏度思维的内涵，分析图书编辑的核心竞争力及黏度思维核心竞争力的构成要素，提出了打造图书编辑黏度思维核心竞争力的策略，试图从图书编辑核心竞争力培养上寻找出版单位应对新时代挑战的突破口，以期为同类研究提供借鉴。

关键词：黏度思维；图书编辑；核心竞争力；新时代

进入新时代，我国出版业的产业规模不断扩大，出版形式日新月异，党和国家对出版提出了更高要求，从而使得传统出版单位的发展面临着一系列的机遇与挑战。图书编辑作为传统出版单位的核心主体，其竞争力的高低，以及是否具备核心竞争力，对出版单位的发展尤为重要。因此，图书编辑一定要结合时代特点与时俱进，积极主动地提升自己的职业素质，不断完善自身的能力结构，从而增强自身黏性，提升作者、读者黏度，打造自身黏度思维核心竞争力，形成自身独特的竞争优势。

一、黏度思维的本质

美国实用主义哲学家杜威在《我们如何思维》一书中指出："思维就是指这样一种思想活动，即由观察的事物推断出别的事物，将前者作为后者的依据或基础。"① 黏度思维作为一种新时代商业思维，具有深刻的内涵，下面通过几个概念来理解黏度思维的内涵要义。

（一）黏度

"黏度"是企业用来衡量顾客忠诚度的一个重要指标。一般情况下，黏度与顾客的忠诚度成正比。因此，成功的市场营销人员都非常注重培养顾客的"黏度"。

（二）顾客黏度

顾客黏度，顾名思义指的是顾客对于品牌或产品的忠诚、信任与良性体验等结合起来形成的依赖感和再消费期望值。顾客黏度与顾客的依赖感以及顾客再消费期望值成正比。

（三）高黏度顾客

高黏度顾客是指顾客对企业的产品和服务深深地且由衷地热爱和满意。② 这类客户具有四个特点：一是他们一次又一次地回购；二是他们不断扩大购买的产品数量或服务的范围；三是他们还会把企业的产品和服务力荐给其他人；四是他们和企业的关系能够经受住偶尔的过失或沟通不当带来的考验。这些高黏度顾客正是企业的核心顾客，是企业利润的重要来源。

（四）黏度思维

黏度思维就是一种通过与顾客产生同理心，对顾客的需求高度负责，并对其慷慨大方从而获得顾客极度忠诚的思维方式。黏度思维者应具有三个特点：一是与顾客真诚交流，能对顾客产生同理心，真心理解顾客的需求；二是对顾客高度负责，绝不糊弄顾客；三是对顾客慷慨大方，与顾客互惠互利。黏度思维者必须具备一种"顾客就是上帝"的意识，并以这样的意识作为认识的出发点，围绕这一意识开展工作。

---

① 戴伟芬. 杜威画传［M］. 济南：山东教育出版社，2018：95.

② 罗杰斯，林内，莫恩. 粘度思维：如何提升员工和客户的忠诚度［M］. 刘白玉，刘夏青，译. 北京：中国青年出版社，2019：10.

通过上述分析可知，为了应对新时代出现的各种新兴出版方式带来的挑战，图书编辑应培养黏度思维，以读者、作者为上帝，从读者、作者的需求出发，从而形成自身独特的核心竞争力。黏度思维的商业本质要求是让你的同事和客户爱上你，让这个世界对你忠心耿耿。

二、新时代图书编辑核心竞争力分析

在新时代，传统的出版业发生了很大的变化，新兴出版不断涌现，出版单位不仅要追求社会效益，还要追求经济效益，力求实现社会效益和经济效益相统一。当然，要使得出版获得双重效益，出版单位需要一种真正的市场竞争优势，而出版单位的核心竞争力是图书编辑，图书编辑的核心竞争力又有着比较深刻的内涵。

（一）图书编辑核心竞争力

1990 年，美国学者普拉哈拉德和哈默尔发表在《哈佛商业评论》上的一篇文章中提出，核心竞争力就是"能够比竞争对手以更快的速度推出各种各样产品的一系列核心能力"。我国学者陆建华提出："编辑的核心竞争力就是要在特定的工作中塑造出编辑独特的价值，充分显示和张扬自己的个性、优势和独特的知识结构。"[①]

图书编辑的核心竞争力是一种综合能力，结合当前瞬息万变的时代特点，笔者认为，新时代图书编辑的核心竞争力就是编辑的岗位适应和岗位生存能力，是个人能否在编辑岗位上安身立命的根本。简单而言，图书编辑的核心竞争力就是"黏度思维"。黏度思维是一种新时代商业思维，在当今激烈的市场竞争中，由黏度思维主导的企业都具有强大的竞争优势。因此，具备黏度思维的图书编辑，则会注重与作者、读者等图书出版过程中需要协作的各方建立牢固的关系，从而能够经受住市场瞬息万变带来的考验。

---

① 中国编辑学会. 培养编辑名家　打造出版精品：中国编辑学会第 16 届年会获奖论文（2015）[M]. 北京：人民出版社，2016.

（二）图书编辑黏度思维核心竞争力的构成要素

黏度思维作为一种新商业思维，其核心则是要树立一种注重与自己的协作、服务对象建立牢固关系的意识，并在这种意识的主导下赢取对方的忠诚。因此，黏度思维作为图书编辑的核心竞争力主要包括以下六种构成要素。

第一，宽广的知识面。编辑工作是一种创造性劳动，这就要求图书编辑要不断丰富自己的知识面，建立一个广博的跨不同学科的知识结构。对此，商务印书馆前总经理王云五先生曾有过论述：书要读得博，不一定要专，这样才能推出各类可读的书。① 因此，编辑又被称为杂家。

第二，灵活的沟通技巧。图书编辑几乎每天都要与不同的作者、读者、审读专家沟通，也经常要接待一些到访的客人。因此，需要图书编辑掌握一定的交流沟通技巧。以退修书稿为例，如果图书编辑直接告诉作者书稿质量差需要重写，作者难免会产生抵触情绪，难以接受，导致工作不能顺利推进；如果图书编辑先指出书稿中值得肯定的地方，给作者以鼓励，再指出不足之处，请作者进一步完善，那么大部分情况下作者都会愉快地接受。

第三，较强的编辑能力。对书稿的编辑加工是图书编辑的基本工作，这要求编辑熟悉编校规范，能熟练运用编校符号，这也体现了编辑的基本能力。经过图书编辑处理的书稿要给作者焕然一新的感觉，带给作者"忽如一夜春风来，千树万树梨花开"的惊喜。

第四，较好的协调能力。从图书选题的立项，到印刷成书进入销售环节，需要选题论证、编校加工、排版设计、出版印制、营销发行等多个环节、多个部门的通力配合。而图书编辑无疑是各个环节的纽带与桥梁，哪一个环节出现问题都将使选题功亏一篑。因此，要求图书编辑具有一定的协调能力。

第五，强烈的质量意识。图书编辑要有强烈的质量意识，严把质量关。只有高质量的精品图书才能成为销量大、销售时间长的图书，才能真正为出

---

① 余世存. 非常道：1840—1999 的中国话语 [M]. 沈阳：辽宁教育出版社，2010.

版社创造效益。① 图书编辑的工作贯穿图书生命周期各个阶段，可以说图书编辑是图书质量的第一责任人，是图书质量的总负责人。因此，图书编辑要时刻紧绷图书质量这根弦。

第六，高超的产品增值能力。随着出版形式的多样化，编辑要认识到图书所包含的内容资源并不是一次性的，而是可以多次开发的。目前来看，图书内容的多次开发包括两种形式：一是转换内容载体，例如纸质图书可以做成电子书、音频书等；二是对内容进行改编，例如可以拍摄成短视频，开发同名的电影、电视剧等。这样就可以大大提高内容资源的附加值，使得产品增值，扩大利润来源。

三、提升图书编辑黏度思维核心竞争力的对策建议

在新时代，作为出版单位人力资源核心元素的图书编辑，其黏度思维核心竞争力不仅对个人，而且对图书生命周期的各个环节，对整个出版单位而言都具有重要作用。图书编辑的这一特殊性决定其必须培养黏度思维核心竞争力。

（一）增强编辑自身黏性

俗话说："打铁还需自身硬。"图书编辑要获得读者和作者的认可，赢取高黏度读者和高黏度作者，打造自身黏度思维核心竞争力，首先需要了解高黏性编辑的特点，不断增强自身黏性。

高黏性编辑一般具有三个特点：一是有思想，不死板，能亲近，让人愿意与之沟通、交流，做朋友；二是有特点，可信赖，能够给人留下深刻印象，作者出书能第一时间想起你；三是有魅力，能够对他人产生持久的影响力，甚至可以改变他人的思想和行为。换一句话说就是：让他人成为你的"粉丝"。

编辑要增强自身黏性需要做到：一是持续学习。当今是一个知识不断创

---

① 中国编辑学会. 编辑规范与编辑创新论：中国编辑学会第十五届年会入选文集 [M]. 北京：中国人口出版社，2013：143.

新的时代，也是各种新技术不断涌现的时代。因此，图书编辑要主动学习，及时更新知识，提升自己的竞争力。二是看清形势，转变观念。当今新事物、新技术不断涌现，信息处理速度不断加快，这些都要求图书编辑放得下架子、调整好心态，及时转变观念。三是要有精品意识。要严把图书质量关，做精品图书，也要有个人形象意识，将自己打造成金牌编辑。四是要坚持走出去，多参加社会活动。图书编辑不仅要"低头做书"，还要"抬头看世界"，与作者、读者交朋友，开阔自己的视野，提升自己的交流沟通能力，这也是提升图书编辑竞争力的一个重要因素。

（二）提升作者黏度

在图书出版过程涉及的各种关系中，编辑与作者的关系是最基本、最重要的。[①] 如果没有作者提供优秀书稿，编辑纵然有再高的本领，也只能是"巧妇难为无米之炊"。当然，图书编辑要想"一直有米下锅"就必须拥有一批高黏度作者。图书编辑可以按照以下步骤来提升作者黏度。

第一步：赢得信赖。"好的开始是成功的一半"，图书编辑只要能赢得作者的信赖，接下来一切会顺理成章。赢得作者的信赖需注意三点：一是要有耐心，对作者提出的各种问题，做到知无不言，言无不尽；二是态度要真诚，做到坦诚相对，不给作者开"空头支票"，信守对作者的承诺；三是及时反馈，对于书稿的进度，以及遇到的问题及时向作者反馈与沟通，让作者心中有数。

第二步：带来惊喜。作者基于信任，将自己辛苦创作的作品交给编辑出版，其实能正常出版，作者也就满足了，但是如果编辑能带给作者一些惊喜，就会大大增加作者再次合作的概率。图书编辑可以从三个方面带给作者惊喜：一是认真编辑加工，既可以保证图书出版质量，也是对作者的尊重；二是精心设计，包括版式设计和封面设计，尤其是封面设计，令人满意的封面设计会使作者感激图书编辑；三是多渠道推广作者的作品，并向作者反馈，例如积极申报争取入选"农家书屋""五个一工程"等，以及参加中小学或者高校馆配等，让作者充分感受到编辑对作者图书的重视。

---

① 金铁成. 食品科技期刊投稿指南 [M]. 北京：中国轻工业出版社，2017：144.

第三步：再次合作。这一步是普通作者向黏度作者转换的质的飞跃。再次合作一般有三种形式：第一种是作者将自己的作品再次交给编辑出版；第二种是作者把其他优秀作者介绍给图书编辑；第三种是作者变成了读者，向图书编辑购买图书。

至此，正如巴金在谈到编辑与作者的关系时所说："一部书业已出版，平心静气，回头细想，才恍然大悟：作家和编辑应当成为诚意合作、互相了解的好朋友。"① 图书编辑需要和作者成为好朋友。"试玉要烧三日满，辨材须待七年期"，图书编辑提升作者黏度需要经历一个稍显漫长的过程，不可追求一蹴而就。在这个过程中图书编辑要注意耐心引导，最终一定会和作者建立牢固的朋友关系。

（三）提升读者黏度

读者作为出版业的终端，其认可度关乎一本书的最终价值能否实现。因此，图书编辑不仅应该关爱读者，还要做到全心全意为读者服务，具体到打造图书编辑的黏度思维核心竞争力，应该从以下四个方面着手。

第一，服务读者，依靠读者。全心全意为读者服务应该成为出版人的共同遵循。② 因此，图书编辑要真心关爱读者，细心发现读者需求，尽心维护读者利益，真心与读者交朋友、信赖读者，最终才可能赢得读者的青睐。

第二，留住原有读者，激活潜在读者。读者是出版业的衣食父母，每一位图书编辑都应该深刻认识到，读者越多，其策划的图书潜在市场就会越大。出版单位可以通过举办读者开放日、免费赠书等活动向读者致敬，还可以成立读者微信群，畅通读者与编辑的沟通渠道，从而留住原有读者，激活潜在读者。

第三，明确读编关系，发掘读者价值。读者的阅读兴趣和潮流是出版的风向标，图书编辑要以读者这个风向标为中心，只有"投读者所好"，才能策划出版适销对路的图书。图书编辑可以从三个方面获取读者的反馈：一是选题策划阶段向读者征求意见；二是运用大数据，从销售数据上寻找读者购买和阅读的图书类型；三是定期或不定期开展读者问卷调查，深入了解读者

---

① 唐晴. 图书编辑工作 ABC［M］. 北京：中国书籍出版社，2014：99.
② 赵强. 珍爱读者，出版业方能走得更远［N］. 中国新闻出版广电报，2020-12-31（3）.

对出版物品质和阅读效果的评价。

第四，巩固读者依赖，回馈铁杆读者。出版人应清楚地明白，读者对出版物的喜爱，既有对阅读的作家的喜爱，也有对出版机构和图书编辑的依赖。他们的一举一动，都牵动着这些铁杆读者的心。图书编辑明确这一点就可以锁定作者目标和读者目标，有针对性地策划选题，从而达到巩固读者依赖、回馈铁杆读者的目标。

四、结语

图书编辑要不断提升读者黏度，做到"眼中有市场，心中有读者"①，将读者的工作做到深入细致，长期为读者"量身定制"满足其需求的高品质图书。我国有 14 多亿人口，图书市场的需求量和需求潜力非常可观。当前，国家号召建设"书香社会"，提倡全民阅读，可以说图书出版业大有可为。因此，图书编辑"投资"读者，不仅可以提升读者黏度，打造自己的黏度思维核心竞争力，也会获得可观的市场回报。

进入出版的新时代，出版环境、出版形式、读者对象等都呈现出新特点，对出版提出了新要求，但是出版行业具有精神劳动、物质生产劳动、文化传播性的商业劳动三种劳动有机结合的特点没有变②，对优秀图书编辑的需求没有变，图书编辑在出版单位的核心地位没有变。因此，图书编辑必须打造自己的核心竞争力。"千里之行，始于足下"，图书编辑只要认清形势，深入理解黏度思维，积极采取行动，着手增强自身黏性，不断提升作者、读者黏度，就能提升自身黏度思维核心竞争力，打造自身独特的竞争优势。

---

① 　宋开永. 选题策划概论［M］. 沈阳：沈阳出版社，2011：172.
② 　景岚. 书衣集：一个编辑人的实践与思考［M］. 银川：阳光出版社，2016：135.

新时代图书编辑能力内涵及提升路径

寇小艳

摘要： 新时代对图书编辑能力提出了新的要求和挑战：一是政治上要与时俱进；二是要快速正确地处理信息；三是要策划和参与全媒体融合出版。为应对这些挑战，走出新时代出版业态变化给图书编辑带来的困境，一是要运用大数据的思维和技术快速处理信息；二是要沉浸式审校，提高信息处理效率；三是要提升跨界融合能力。

关键词： 编辑能力；融合出版；沉浸式审校；跨界融合

一、传统图书编辑能力内涵

（一）政治认知能力

图书编辑必须具备较高的政治敏感度和良好的政治认知能力。对政治形势的变化、社会的政治思想舆论动态有较强的辨析能力，能够紧跟党的思想和政治路线，适时捕捉到相关选题。在复杂的变化中保持清醒的头脑；能正确、熟练地分析、把握党和国家的路线、方针、政策，和有关出版工作法律法规的变化，在出版工作中做出适宜的调整。

（二）语言文字能力

编辑工作是一种语言文字加工工作。具备良好的语言文字能力，是做好编辑工作的基本条件之一。语言文字能力包括根据《通用规范汉字表》《中华人民共和国通用语言文字法》《标点符号用法》等对稿件进行规范的能力；纠正语言文字差错、调整语序、避免歧义、统一文风的稿件加工能力；书刊辅文、书刊评论、审读报告、选题报告等的撰写能力。

（三）策划能力

选题策划是编辑出版工作的重中之重。图书编辑的策划能力是出版工作能力的重要体现，也是编辑适应激烈的市场竞争的主体意识和主动精神的体现。成功的策划有助于图书质量的提高，更好地实现图书的社会效益和经济效益，有助于出版单位竞争力的提升。策划能力包括充分收集和分析政策信息、市场信息、竞品信息、读者群体心理与需求信息，选题创新的意识和出版经济核算的能力等。

（四）判断能力

对稿件的判断能力是图书编辑审稿最重要的能力之一。图书编辑在审稿的过程中，必须对稿件在政治性、思想性、科学性、知识性等方面凭借一定的标准衡量判断。对稿件的判断能力是图书编辑学识、经验、能力和水平的综合体现。

（五）社会活动能力

信息采集、政策调研、市场调研、邀约作者、读者意见调查等，都需要图书编辑具备较强的社会活动能力。编辑要善于沟通、协调、合作，积极参加学术文化团体的活动，参加各种学术沙龙和讨论，及时调查、了解文化创作的前沿动态。同时要创造条件接近消费者，通过多种途径调查消费者的需求，倾听消费者的声音。[①]

（六）信息感知能力

图书编辑是"信息加工工程师"，对信息敏感、快速捕捉有效信息、对信息资源进行精密分析利用的能力是图书编辑必备的能力之一。对有关信息

---

① 孙保营. 新时代高校出版社编辑的学术能力：内涵、问题与提升路径 [J]. 出版广角，2020（18）：28-31.

敏感，编辑在工作中就会处于主动地位，在图书选题和组稿时会自发地、有选择地捕捉有价值的信息，也会有目的地对信息进行优化和处理，并将创新性成果积极地传播给读者。

（七）审美能力

图书是艺术设计的产物，是美的表现。编辑作为图书的策划和加工者应当具备一定的审美能力。所谓审美能力，是指认识美、评价美的能力，包括审美感受力、判断力、想象力、创造力等。掌握美学的相关知识和要素，对于图书编辑来说，也同样重要。编辑必须具备一定的审美能力，才能使图书具备应有的美感，使读者赏心悦目。①

以上是传统出版对图书编辑的能力要求。新时代的出版业发生了重大变化，出版传媒业进入纸电声一体化的全媒体融合时代②，也对图书编辑提出了新的要求和挑战。

二、新时代对图书编辑能力的新要求

（一）政治上要与时俱进

新时代对编辑出版工作者的政治素养和政治认知提出了更高要求。在新时代，图书编辑要高举习近平新时代中国特色社会主义思想伟大旗帜，增强"四个意识"，坚定"四个自信"，做到"两个维护"；坚持"二为"方向和"双百"方针，严把编辑出版工作的政治关。在出版工作实践中，编辑不仅要密切关注党和国家的路线、方针、政策以及说法用词的变化，并根据这些变化及时对工作做出调整，而且要密切关注社会舆情，注意社会舆论导向，提高政治敏感度和对网络、新媒体信息正误的判断能力。

---

① 国家新闻出版署出版专业资格考试办公室. 出版专业基础：中级 ［M］. 北京：商务印书馆，2020.
② 陈莹，晓雪. 从纸电同步到纸电声一体化"蝶变" ［N］. 中国出版传媒商报，2019-05-24（1）.

（二）能快速正确地处理信息

信息爆炸是 21 世纪的重要特征。快速、正确地认识并处理信息是新时代对国民的基本要求。编辑作为信息的加工处理者和读者的信息中介，必须拥有更快的信息处理能力。按需出版、个性化出版、时事热点选题出版等加快了成书速度，快速出版也要求图书编辑必须拥有更高效的信息处理能力。高效信息处理包括信息采集分析的快速处理、稿件审校工作的快速进行、处理出版各流程的信息反馈，并根据这些信息反馈处理各流程问题，快速推动出版工作。[①] 如 2020 年抗击疫情期间，河南科技出版社快速推出《疫情期间医疗废物应急处置知识读本》助力战疫，海豚出版社《直面"黑天鹅"——危机时刻的青少年心理疏导》出版；新星出版社出版以融合联动方式呈现的多语种抗"疫"主题图书《站在你身后！——从特拉维夫到黄冈的 384 小时》，该书从策划到出版只用了 8 天时间。

（三）策划和参与全媒体融合出版

在全媒体融合发展的新时代，图书出版也进入了融合出版的新时代。单纯的纸质图书不足以应对日新月异的市场竞争，图书+数字化+新媒体（图书+周边）的纸电声一体化出版成为当前图书出版的新常态。如东方出版社出版的《马克思靠谱》，先有线下图书，然后通过微电影→漫画→声播→动漫，在内容营销的过程中形成了融媒的出版形态。纸电声一体化要求图书编辑积极主动地策划和参与全媒体出版的全过程，包括跨界数字出版、新媒体运营、社群营销等，成为全媒体编辑（融媒体编辑）。

三、新时代图书编辑能力存在的不足

（一）快速处理信息的能力不足

编辑工作，是一件苦差事。美国著名编辑家格罗斯在《编辑人的世界》

---

① 李常庆.我国新书出版快速增长的问题探析［J］.出版广角，2016（21）：22-25.

一书中说："今天的编辑和老一辈编辑不同的是，他们必须十八般武艺样样俱全，既要精通书籍制作、行销、谈判、促销、广告、新闻发布、会计、销售、心理学、政治、外交等，还必须有绝佳的编辑技巧。"新时代，"曲高合众"的大众出版推动出版业的大繁荣，图书编辑的编审校工作压力加大。如何快速正确地处理信息，成为图书编辑面临的巨大难题。

（二）全媒体出版的参与能力不足

在传统出版时代，图书编辑工作范围通常只限于传统编辑工作的流程，即信息采集、选题策划、约稿组稿、审稿、选题申报、申请书号、编辑加工整理、校对、核红、誊样、对片等。随着互联网的迅速发展，我国的出版业已经进入了全媒体出版时代，全媒体出版包括数字出版，如电脑软件、网站平台、App、小程序、智能终端、视频动画、音频、课程等的策划、设计、开发、运营、维护等；新媒体运营；融合营销，如全媒体营销、线上线下联动营销、渠道营销、代理销售等。但是受专业的限制，图书编辑对全媒体出版的策划和参与能力不足。①

四、新时代图书编辑能力提升路径

如何走出新时代出版业态的变化带来的困境，实现自身能力的提升和自我价值的最大化，是图书编辑要解决的核心问题。运用大数据分析的思维和技能处理海量的信息，通过沉浸式审校来提高稿件处理的速度，通过数字出版技能的提升来增强全媒体策划设计的能力，通过跨界融合来增强立体出版的策划设计能力等，都是图书编辑提升能力的重要路径。

（一）提升数据收集和处理能力

数据信息收集与处理能力是指在大数据背景下，图书编辑依托自身计算机和网络应用能力，从网络收集目标信息和数据，并对数据信息的质量、市场价值进行捕捉、归类和分析。从更深层次来说，数据分析包括数据收集、

---

① 袁贞. 新时代图书编辑应具备的素质及提高途径 [J]. 新闻研究导刊，2020，11（19）：185-186.

数据筛选、数据存储、数据可视化、数据建模与模型管理等，通过计算机编程的数据分析技术能够实现更加专业有深度的数据收集与分析。对图书出版的数据分析和处理包括市场分析、竞品分析、读者特点分析和作者信息收集处理等。

一是市场分析。提到市场调研和分析，通常会联想到去新华书店或其他书店调研等。新时代，电商已经成为图书销售的重要渠道，通过采集淘宝、京东、拼多多、微店、有赞等电商平台的店铺销售品种、销售数据、买家反馈，甚至营销策略，可以高效完成市场分析。也可以直接利用现成的市场分析报表、报告，如头豹研究院的《中国图书出版行业概览》、旗讯产业研究院的《中国数字出版行业研究报告》等。

二是竞品分析。图书的竞品是指在同一领域同类的图书产品。竞品分析也可以通过网上采集数据来高效完成。如前文所述的从电商平台获取竞品的样稿、定价、折扣、广告宣传、销售数据、读者反馈和营销策略等，高效完成竞品分析。也可以在知乎等问答平台搜索相关的竞品分析文章，或者发起话题讨论，如讨论 A 和 B 哪个更好，其优点与缺点是什么，等等。

三是读者特点分析。近年来，我国网民人数迅速增长，很多老年人也会刷短视频、逛淘宝等。除特殊群体外，大部分读者的特点都可以通过大数据分析来获取。常用的手段有通过问卷星等进行问卷调查；通过搜索分析文章，获取读者阅读习惯；通过线上活动吸粉圈粉，建立社群；通过核心读者群体意见反馈；等等。通过对读者特点的分析，改进图书策划方案。

四是作者信息收集处理。作者队伍是图书编辑的重要资源。编辑出版离不开作者队伍，优秀的作者队伍是保证图书质量的关键。开发作者资源，通常的做法是熟人推介、参加学术沙龙、登门拜访、邀约座谈等。随着网络技术的发展，可以借助网络通信工具、贴吧、论坛、博客、微博等积极开发新作者资源。通过朋友圈、微博宣传、线上稿件征集等手段，也可以快捷地开发作者资源，扩大作者队伍。

（二）浏览式与沉浸式审校相结合

审稿校对是编辑工作的重要环节，是保证图书质量的关键环节。编辑浏览式与沉浸式审校相结合，可以提高审校速度和质量。

　　数字出版的浪潮使大众阅读走向了碎片化，并将其引向听声、观影、看短视频的方向，沉浸式阅读变得难能可贵。沉浸式阅读就是聚精会神地对读物逐字逐句地阅读，通过浏览式阅读之后选择的深层次阅读。沉浸式阅读要求读者沉浸其中，专心致志，防止错认和漏认，理解每句话的准确含义以及语境中表达的真实意思。对文章进行深入分析和思考，准确掌握文章主题、结构和思想内容。对整本书而言，需要吃透全书内容形成整体概念，其中态度和专注极其重要。审校工作关乎图书质量，具有特殊性，编辑应该通过沉浸式阅读，实现沉浸式审校，排除杂念和外界的干扰，专心致志、一心一意地审校。

（三）实现跨界融合

　　一是通过跨界融合提升全媒体出版策划能力。图书编辑是杂家，要了解和掌握的学科知识非常多，这样才能妥善处理来自不同类型稿件的各种问题。新时代图书编辑应该具备数字化加工能力，包括数据采集和分析、数字产品的思维和能力（网页设计、图文设计、音视频设计制作、动画设计等），以在跨界融合中实现全媒体出版策划能力的提升。

　　二是提升跨界融合的全媒体策划意识。图书编辑在策划图书选题时，应考虑图书"周边"配套产品的开发问题。如一本图书，是否可以增值开发出相应的声播、课程、同名漫画、影视剧等，通过其中一点引爆，以提升图书的社会效益和经济效益。

　　三是提升跨界融合的全媒体版权保护意识。网络技术的发展大大降低了侵权行为的难度，网络版权纠纷日益增多。图书编辑在策划"周边"产品的同时，应增强版权意识，注意周边产品的版权；应熟练掌握著作权方面的知识，在与作者、合作单位等签订出版合同时，应提高对数字版权的重视程度，在合同细则中明确支付标准，明令禁止侵权行为，降低侵权隐患。保护版权、保护著作权就是保护品牌，通过品牌效益实现出版商其他产品的联动，扩大出版商的知名度和经济效益。①

　　四是提升跨界融合营销意识。出版传媒在走向融合的同时，图书营销也

---

① 张海丽. 数字时代学术图书出版的思考［J］. 出版广角，2020（10）：57-59.

发生了深刻变化。以往的图书销售途径主要有渠道销售、代理销售、出版社直营、地推、作者签售会、图书展销会等。新时代的图书营销，线上销售的活跃性日益凸显，数字营销成为重要的销售途径。目前流行的销售模式已变为线上活动促销圈粉、线下发售的线上线下联动的融合销售模式。图书编辑在策划图书销售方案时应考虑这种线上线下联动的销售思路，提升图书的销售效果。

五、结语

中国特色社会主义进入新时代，出版行业进入全媒体融合新时代，图书销售进入线上线下联动的融合营销新时代，这对图书编辑能力提出了新的要求和挑战，图书编辑要与时俱进，不断学习，不断提高自身业务能力，勇于跨界融合，才能紧跟时代步伐，实现自身价值提升。

新时代对图书编辑能力的要求及提升路径

王莲霞

摘要： 新时代对图书编辑提出了新的政治要求、文化要求、创新要求、管理要求、技术要求等，要适应这些要求，图书编辑应具备学习力、洞察力、挖掘力、沟通力、创造力、管理力等能力。编辑要通过各种途径和措施不断提升自身素质和能力，努力出版高质量文化精品。

关键词： 新时代；图书编辑；能力；出版质量

随着时代的变革和社会的发展，出版行业对图书编辑能力提出了新的更高的要求。如果具有了适应新时代要求的图书编辑能力，则能较好地开展图书编辑工作，不断提升图书编辑质量，产生更大的社会效益和经济效益，为我国图书事业发展和繁荣贡献力量。作为新时代的图书编辑，必须不断提升自身的图书编辑能力，以适应新时代对图书编辑提出的新要求。

一、相关研究综述

经过梳理相关文献，对图书编辑能力及其提升的已有研究，比较有代表性的研究成果有：杨晓杰（2001）在《试论编辑的创造性思维》一文中提出，编辑的创造性思维呈现出开创性、阶段性、综合性和科学性的特点，具有求异、创新、超前和善于发现的表现形式。赵玉华（2004）在《论新时期图书编辑的政治素养》中提出，编辑要确立市场意识，要深入市场、了解市场、占领市场，绝不是说可以一切以市场为导向，以追求经济效益为唯一目的；我们强调根据读者需要制订出版计划，最近距离地为读者提供最及时的服务，也不是说要去迎合所有读者的一切精神需求。徐维东、陈达凯（2008）在《图书编辑职业能力的胜任力评价模型》一文中提出了图书编辑职业的"胜任力的冰山模型"图：第一层面——知识、技能和经验，第二层面——价值观、态度与习惯，第三层面——人际交往方式与思维方式，第四层面——内驱力。陈君良（2012）在《图书编辑政治意识与把关要点解析》一文中提出，图书编辑应该在选题策划与申报、审稿与编辑加工等环节，切实把握好几个比较重要的政治把关要点。杜小念（2014）在《全媒体出版时代图书编辑的核心竞争力打造》一文中提出，全媒体时代，编辑核心竞争力的重要构成要素包括信息材料的集成能力、内容资源的全方位整合能力和多介质传播的协调能力等。孙志华（2014）在《运用逻辑思维提升编辑能力》一文中提出，编辑日常注意多学习和掌握一些逻辑知识与方法，并应用于选题策划、书稿审读加工、图书装帧设计、市场推广等工作环节，以提高工作效率和提升个人能力。单宁（2015）在《网络环境下编辑能力的四个拓展》一文中提出，网络环境下，编辑应由被动的"作嫁衣"型向主体能动型方面拓展，由单一媒体应用能力向多媒体运营能力拓展，由案头加工能力向市场化全流程运作能力拓展，由国内视野向国际化视野拓展。符玉波（2018）在《浅谈图书编辑的必备能力》一文中提出，图书编辑应具备获取和利用信息的能力、争取作者的能力、熟悉整体设计的能力、审美能力、熟悉印制工艺和纸张的能力、协调沟通的能力等。张俊（2018）在《浅议新时代编辑能力建设》一文中提出，在新时代，编辑应当好把关人，把好内容关；培养工匠精神，积累资源创品牌；积极适应媒体融合发展；等等。高婷（2019）在《智能时代图书编辑能力提升路径思考》一文中认为，智能时代图书编辑要增强选题策划的创新主导力，提升审校加工的人机协同力，以及加强推广营销的灵动活力，进而提升编辑能力和水平。纵观对图书编辑能力的已有研究，可以发现，探讨新时代图书编辑应具备的能力及其提升路径的研究十分鲜见。基于此，本文尝试对此做一些粗浅的探讨，以期对新时代图书编辑能力的提升有所助益。

二、新时代图书编辑应具备的能力

作为新时代的图书编辑，应具备学习力、洞察力、挖掘力、沟通力、创造力、管理力等六种能力。

一是学习力。作为图书编辑，必须不断地强化学习，新时代的图书编辑尤其如此。时代的变迁，社会的变化发展，图书行业的快速发展，相关法律法规、编校知识的更新，都要求图书编辑不断地学习，了解时代的变迁，了解社会的发展变化，理解图书行业的发展变化，掌握相关的最新法律法规和编校知识，为更好地开展编辑工作奠定知识基础。

二是洞察力。作为图书编辑，必须善于观察图书市场、竞争对手和读者的变化发展，并从中捕捉到对自身图书编辑有用的信息，据此开展自身的图书编辑工作，提升图书编辑工作的针对性、有效性和实用性。

三是挖掘力。作为图书编辑，不仅要善于洞察整个图书市场的发展变化，更要学会对整个图书市场发展变化的信息进行有针对性的搜集、整理、分析，利用大数据等技术手段，对搜集到的图书市场变化发展的数据进行深度挖掘，从中挖掘出图书发展的关键点。

四是沟通力。要做好图书编辑工作，离不开和他人的沟通交流。从图书编辑本身来讲，图书编辑不是一个人的工作，而是多个人共同配合才能完成的工作，需要一定的沟通和交流。从对图书市场的了解和把握来讲，要了解和把握图书市场的发展动向，需要和图书市场人员进行沟通交流。对于一本书的策划而言，需要和读者以及作者进行沟通交流，了解读者的需求、市场的需求，并能站在一定高度，在市场基础上勾画出自己的策划思想；和作者进行沟通交流，以便让作者更透彻地理解策划思想进行创作。对于一本书的编校和排版流程而言，需要和编校、排版人员进行沟通交流。对于图书的销售而言，需要和销售人员、读者等进行沟通交流……新时代的图书编辑，尤其需要提高沟通和交流的时效性。

五是创造力。要打造出优秀的、受欢迎的图书，需要进行创造。这种创造力体现在各个细节和流程，比如图书的内容、形式、印制和销售等。对图书产品不进行与时俱进的创造，就不符合市场的需求，将会远远落在竞争对手的后面。因此，作为新时代的图书编辑，必须弯下身子，从图书市场的实际出发，不断提升产品的创造力。我们不仅要做符合市场的产品，更要做引领市场的产品，我们要明白读者的需求，更要引导读者的需求。

六是管理力。一个图书产品的问世，需要选题、策划、编辑、生产等多个环节的协同努力。各个环节的通力合作，优化组合，离不开必要的管理。因此，作为新时代的图书编辑，必须具备一定的管理力，不断提升管理水平，使各个环节无缝衔接，高效合作。提高管理能力，也能间接地产生效益。

三、新时代对图书编辑能力的新要求

一是政治要求。随着社会变化发展节奏的加快，整个图书市场竞争日趋激烈，对图书编辑的政治素养提出了更高要求。作为新时代的图书编辑，必须具有坚定的政治立场，较高的思想道德修养，严把图书编辑的政治关，提高图书编辑的政治水准；必须坚持传播社会正能量，把图书出版的经济效益、社会效益和文化效益有机结合起来，为图书出版行业的稳定健康发展做出自己应有的贡献。

二是文化要求。中华文化源远流长，博大精深，为图书编辑提供了非常丰富的文化素材。作为新时代的图书编辑，应坚定文化自信，大力弘扬和传播中华优秀传统文化，从中华传统文化的宝库和当前社会发展的现实需求中，打造图书产品，开拓图书市场，把图书编辑的经济效益、社会效益和文化效益有机结合起来。

三是创新要求。创新是一个社会、国家持续发展的动力。图书产品也是如此，没有创新的图书产品，就难以推动图书市场向前发展，向纵深发展。因此，作为新时代的图书编辑，需要具备较强的图书创新意识。新时代图书编辑所具备的图书创新意识，来源于对整个社会创新的准确把握，来源于对图书市场的了解和洞察，来源于对读者需求的深刻理解。

四是管理要求。随着社会的发展，人们对图书产品的质量和水准的要求也越来越高，整个图书市场的竞争越来越激烈。基于此，能够又快又好地进行图书出版，成为抢占图书市场的至关重要的因素。而又快又好地进行图书出版，离不开图书出版各个环节的通力合作。作为新时代的图书编辑，需要具备一定的管理能力，以提高图书出版过程中各个环节的合作效率，最终提升图书出版的质量与效益。

五是技术要求。伴随着现代科技的飞速发展，图书编辑的信息化程度越来越高。因此，作为新时代的图书编辑，需要学会应用现代办公软件来进行日常的图书编辑工作。既需要学会应用文字处理软件进行图书编辑，也要学会应用图片处理软件进行图书编辑，还需要学会编辑加工电子书稿，不断拓宽职业技能的边界，不断提升自身的电子化水平和能力。

四、新时代图书编辑能力的提升路径

（一）强化自制力，提升学习力

学习力的提升是一个持续不断的过程。作为图书编辑，要坚持日复一日、月复一月、年复一年，持续不断地学习；要坚持编辑知识、数字化知识、互联网知识和自身的文化学习。在互联网时代，图书编辑要强化自制力的培养，把碎片化时间应用到学习之中。一是要抓好专业学习，夯实专业知识。把国家的图书出版政策弄懂吃透，并在图书编辑实践中正确地应用；要把文字功底打扎实、打牢固，以准确地传达编辑信息；熟练掌握国家的出版标准及专业出版规范，在图书编辑实践中规范应用；把自己所从事的某类专业图书编辑的知识弄懂吃透，并做到在图书编辑实践中准确地应用；把每年的继续教育学习抓好，不断把图书编辑的学习做实做细。二是要抓好数字化知识的学习，储备数字化知识。随着现代科学技术的发展，图书出版的数字化程度越来越深，图书出版的数字化水平越来越高。作为图书编辑，想应对图书出版的数字化挑战，需要在数字化知识学习方面下功夫，增强图书出版的数字化意识，提高图书出版的数字化能力。三是要抓好互联网知识的学习，培育图书出版的互联网思维。互联网的发展，带来了图书市场的重大变革，提供了图书出版和销售的互联网平台，推动了以互联网为平台的优质出版公司的发展。四是要抓好自身的文化学习。作为图书编辑，要跟上时代发展的步伐，必须不断学习各种科学文化知识，以生产出优质的图书产品。①

（二）关注新动向，提升洞察力

洞察力的提升来源于对图书市场持续不断的密切观察与关注。作为新时代的图书编辑，要持续不断地关注图书市场的新变化、新动态、新动向，从而为自身的图书编辑提供必要的指导。一般来说，图书编辑应做好以下四个方面的工作。一是多关注线上市场，注意浏览国内外的发展动向，尤其是图书出版方面的动向，了解整个图书出版市场的大背景；密切关注当下图书出版的动向，图书出版的热点、好评点和创新点。二是要多关注线下市场，从线下书店的销售情况来了解图书的受众、读者的需求和喜好，了解什么样的图书最受读者喜爱，什么样的图书销售量最高。三是要多关注竞争对手的动向，对自己竞争对手的出版动态加以了解，从竞争对手的成功中学习经验，从他们的失败中吸取教训，从其长处弥补自身的短板。四是要多关注自己的细分领域，在对整个图书市场进行整体把握的基础上，还要对自己的细分领域加以长期观察与研究，对自己细分领域内有代表性的图书作品做到心中有数，不断探索这些代表性图书作品广受读者喜爱的原因。②

（三）发现新热点，提升挖掘力

图书编辑不仅要洞察整个图书市场的发展动向，对图书市场的动向保持必要的敏感度，而且要具有发现热点、捕捉热点、把控热点、深挖热点的意识和能力。作为新时代的图书编辑，要培育发现热点的意识和能力，一般来说，可以从四个方面努力。一是要关注国内外图书出版方面的新闻，利用对图书市场的敏感度，去发现热点；要通过对读者的专项调研和理性分析，去发现热点；要通过与一线作者的沟通交流，去发现热点。二是要根据行业发展规律，充分利用大数据等现代科学技术手段，去捕捉图书出版行业的热点问题，并对热点问题加以筛选分析，从中提炼出整个图书市场最关心的问

---

① 崔军英. 大数据时代图书编辑应具备的能力分析 [J]. 科技传播，2020，12（15）：56-57.

② 贾承慧. 新时期图书出版对图书编辑能力的新要求 [J]. 办公室业务，2020（20）：57-58.

题。三是要在捕捉到图书出版行业热点的基础上，把握热点的时效性，科学谋划、精准发力，及时抓住热点，利用好热点。四是要对热点问题进行全面深入的挖掘，这需要培养图书编辑扎实的编辑功底、充分利用热点问题价值的能力，以及利用行业热点话题策划图书的能力。①

（四）利用好关系，提升沟通力

良好的沟通力不仅有助于了解图书市场的发展变化，帮助编辑从中找到好的选题，而且有助于与创作者建立良好的合作关系，还有助于与同事通力配合并完成图书产品。编辑要积极拓展新关系，提升沟通力。一是要培养自身与图书市场的沟通力。作为新时代的图书编辑，需要了解图书市场的基本情况、变化发展动向等信息。对这些信息的了解，不仅仅是从表面上看一看、观一观，更要进行深入的沟通交流。即把自己的所看、所观、所思、所想，拿来与同事、同行沟通交流，既有助于提升自身的沟通力，也有助于自身更好地把握图书市场的发展动向。二是要培养自身与创作者的沟通力。图书编辑有了好的选题，想付诸出版实践，离不开创作者的合作。可以说，没有创作者的合作，再好的选题也无法真正得到落实。因此，作为新时代的图书编辑，要加强与创作者的沟通，尤其是日常工作中的沟通，从创作者的实际出发，争取创作者的支持，赢得创作者的合作，让创作者提供优秀的书稿。三是要培养与同事的沟通力。有了质量较高的稿件，还需要图书编辑与其他同事通力合作，密切配合，对稿件进行专业的加工整理。这就需要图书编辑把各个图书出版环节的沟通工作做好，尤其是细节问题的沟通，力争打造出高质量的图书产品。②

（五）积极抓创新，提升创造力

随着图书市场越来越向纵深发展，对图书产品的创新性要求越来越高。可以说，图书产品如果没有创新，就难以受到读者的欢迎，难以取得理想的市场销量和口碑。因此，图书编辑要想方设法提升图书产品的创新性。一是

---

① 王剑乔. "互联网+" 时代编辑素养提升的再思考 [J]. 新媒体研究，2017，3（24）：70-71.

② 汤枫. 大数据时代下图书编辑能力培养探讨 [J]. 科技传播，2016，8（6）：57-58.

要创新图书产品的内容。内容永远是王道，是吸引读者的最重要元素。所以，图书编辑要下力气与创作者进行密切沟通，一起对图书的内容进行创新，把编辑的策划思路融入图书内容，不断对创作者的书稿进行修改，让书稿服务于编辑的策划思路。二是要创新图书产品的形式。高质量的图书内容，要搭配高质量的图书形式。一个广受读者欢迎的图书产品，既要做到从内容上赢得读者的心灵，也要从形式上吸引读者的眼球。基于此，图书编辑要从图书受众需求出发，根据受众的特点和偏好，对图书产品进行精细化的创新处理，从形式上吸引读者，让读者慢慢由形式关注内容，提升图书产品的竞争力。

（六）勇于抓协调，提升管理力

图书产品从创作到出版，经历诸多环节，涉及多个部门，涉及多方面人员。要掌控好从创作到出版的诸多环节，协调好多个部门，调动好多方面人员，离不开科学的管理。因此，图书编辑需要加强管理力的培养与提升。一是要培养对自身学习的管理力。图书编辑要提出好的选题，离不开对图书市场的了解、洞察、挖掘。而对图书市场挖掘的水平和能力，则是图书编辑自身实力的综合展现。图书编辑综合实力的加强，离不开日常有计划的学习，向图书市场学习，向同行学习，向竞争对手学习，向读者学习。二是要培养对选题的管理力。如何从图书市场实际出发，结合社会热点，针对读者需求进行策划选题？选题之后，如何又好又快地付诸实施？选题实施后，如何对选题实施的效果进行反馈？这些问题，需要图书编辑加强对选题的管理，培养并提高自身的选题管理力。三是要培养对出版的管理力。如何让图书产品又好又快地出版？如何加强对图书内容的政治性、科学性和创新性的管理？如何对图书产品的形式进行管理，以从形式上吸引读者？对于有时效性的图书产品，如何又快又好地出版？这些问题，需要图书编辑加强对出版的管理，培养并提高自身的出版管理力。四是要培养对成本的管理力。要本着保证质量、节约成本的原则，做好成本核算，最大限度地提高图书出版效益。①

---

① 梁莹莹. 大数据时代下图书编辑能力培养方法探讨 [J]. 新闻研究导刊，2020，11（14）：174-175.

五、结语

习近平总书记在党的十九大报告中指出，经过长期努力，中国特色社会主义进入了新时代，这是我国发展新的历史方位。新时代的图书编辑要担当好自己的新使命，顺应新时代的发展潮流，在新时代的伟大实践中，把握图书编辑的发展变化规律，面对新时代对图书编辑提出的政治、文化、创新、管理、技术等方面的新要求，着力提升自身的学习力、洞察力、挖掘力、沟通力、创造力、管理力等能力，不断把中国特色图书编辑事业推向新高度，为中国特色图书编辑事业的发展做出自己应有的贡献。

第五篇

开拓创新：出版营销方略

浅谈线上销售崛起对图书行业销售模式的影响

刘宇洋

摘要： 互联网的普及推动了电子商务的蓬勃发展，线上销售的崛起改变了人们的消费方式与购物方式。近年来，网络书店不断发展，成为人们购买和阅读书籍的重要途径。线上销售严重冲击实体书店，颠覆了传统的图书销售方式。但同时，线上销售也为传统图书行业销售带来新的销售理念和管理思路。线上销售是传统实体书店值得研究和拓展的新领域，也是网络书店不断改进的内容。图书行业要快速适应线上销售，与时俱进，推动线上销售的发展及线上线下的融合。

关键词： 线上销售；线下销售；图书行业；销售模式

近年来，随着我国网络购物用户的不断增长，各出版社、图书公司越来越重视图书线上销售，互联网的发展推动了传统图书销售的变革。改进图书行业销售模式，需要充分考虑线上销售与线下销售。根据相关研究，截至 2019 年年底，我国网民规模达 9.04 亿，网络购物用户规模达到 7.01 亿，全年网上零售额 106 324 亿元，比 2018 年增长 16.5%。在网络购物的商品类别中，排在第三位的是书籍音像制品。网络市场深刻影响了图书销售市场，网络书店逐渐成长，打破了实体书店空间和时间的限制。比较 2012—2019 年我国实体书店与网络书店销售规模（见表 1），可以看出，网络书店不仅影响实体书店，还影响着整个出版行业。

表 1　我国实体书店与网上书店销售规模对比

年份	实体书店/亿元	网上书店/亿元
2012 年	335	130
2013 年	330	170
2014 年	340	210
2015 年	344	280
2016 年	336	365
2017 年	344	459
2018 年	321	573
2019 年	307	715

一、线上销售对图书行业销售模式的影响

（一）积极影响

第一，线上销售拓展了图书行业的销售渠道。实体店是传统图书销售的主要渠道，其销售受营业时间、营业地点的限制，具有一定的局限性；线上销售则不受时间、空间的限制。线上销售拓宽了图书销售的范围，消费者可以随时随地进行图书选购，促进了图书销售的多元化发展。[①] 线上销售有利于有效扩大销售群体，进行网络零售、网络下单与配送，促进双向互动。

第二，线上销售降低了传统图书销售的成本。线上销售不需要实体店面，一定程度上有利于降低成本。过去图书销售主要依靠实体店，需要一定的人力成本、管理成本、租金成本等。线上销售不需要陈列实体商品，展示的是图书图片、视频等。线上销售可以减少经营成本，节约管理费用。线上销售可以有效降低图书价格，提高书店的市场竞争力。相比图书实体店的营销，线上销售可以节省费用开支。

---

① 佘晓灵. 大数据时代图书网络营销的困境及出路［J］. 现代营销（经营版），2018（7）：91.

第三，线上销售延展了消费的时间和空间。线上销售可以无限延伸，减少了销售时间、销售地点等限制。消费者需要的信息资料，在商品页面上就可以完全展示，包括评价、目录、图书包装等。即便没有接触到图书实物，也可以帮助消费者更好地了解图书，消费者可随时进行下单。线上销售可以24小时不间断营业，无论是都市还是乡镇的消费者，都可以根据自身需求随时找到所需图书进行咨询和购买。

第四，线上销售拓展了图书销售的服务范围。虽然疫情使图书线上线下销售受到不同程度的影响，但就细分市场来看，居家抗"疫"也为读者提供了更多阅读时间和契机，一些类别的图书因抗疫时期的特殊性而需求上升。在2020年2月的图书销售排行榜前20名中，主题出版、文化教育、文学艺术等类别图书位居前列。根据大数据平台监控的5 500余家实体书店线上线下实时销售数据显示，2020年前两个月实体书店销售码洋同比减少6.64亿元，同比下滑43%。其中，科技、少儿类图书销售码洋同比降幅相对较小，文化教育、文学艺术、社科等类别则降幅较大。在2月下旬实体书店线下销售榜单中，教材教辅占据前列。少儿、文学艺术、文化教育等大类读者需求靠前的情况依然保持。由于开学延期，少儿、文化教育类图书在销量排行榜中占据的席位明显增加，原创儿童文学，地理、生物、心理等主题科普书，玩具书以及与病毒、疫情相关的科普书均展现出较好的销售势头。此外，开学延期、居家办公等情况也使家庭教育类、儿童类图书成为不少读者的关注热点。

（二）消极影响

第一，造成线下图书销售增长放缓。受线下销售本身的限制，加上线上销售的冲击，实体书店的经营被严重影响。线下图书销售增长放缓，甚至出现负增长，而线上销售保持良好的增速。[①] 线上销售分流了很多读者，影响了实体书店的发展。线上销售的比例均衡，但线下图书销售类型集中。线下图书销售中文学类图书、少儿类图书独占鳌头。线上销售中各行各业的读者都会购买自己喜欢的图书，类别广泛。线上销售价格低，冲击着线下销售，

---

① 高浩杰. 浅谈我国图书网络营销的现状［J］. 科技创新与生产力，2017（1）：45-46，49.

影响实体书店的销售。由于人力资源成本升高、房租上涨等因素，实体书店成本压力递增，图书价格较高。但线上销售的网络书店不受房租等的影响，可以开展各种促销活动，折扣力度较大，可吸引大量消费者，对实体书店来说是雪上加霜。

第二，头部效益对一般书商产生强烈冲击。当前图书销售的头部效益格局明显，即便线上销售平台不断增多，但需要一定的时间发展。有一定品牌与知名度的图书网络销售平台，容易吸引大多数消费者[①]，比如京东、当当网等，而其他网络购书平台，其生存与进一步发展更加艰难。

二、图书行业线上销售渠道分析

（一）常规线上销售分析

第一，头部平台（当当网、京东）分析。相比其他图书线上销售平台，当当网、京东知名度较高，线上销售渠道流量大，消费者更倾向于在这些平台上购买图书。图书线上销售的优势已经很明显，出版商、书商签约这些图书电商平台，会极大促进公司的图书销售工作。相比传统图书销售渠道，图书线上销售发货快、覆盖群体广，图书线上销售也是出版社更倾向于选择的销售渠道。[②] 但同时线上销售市场竞争激烈，运作难度较大，并且随着竞争越来越激烈，营销越来越重要，网络营销受到各方的广泛关注。

第二，第三方平台分析。互联网推动网上书店的快速发展，使图书经销商积极建立属于自己的网上书店，降低成本，形成自己的线上销售渠道。第三方平台越来越多，出版社、图书公司可以自由选择。较大规模的第三方平台，主要是天猫、京东等。大部分图书公司选择在天猫商城建立网上书店，也有部分选择京东平台，同时还有一些出版社自建旗舰店。

第三，中型网上书店分析。这类书店规模也很可观，有比较大的区域影响力，比如文轩、博库等。它们依托新华发行集团，具有较大的规模。还有

---

① 曹晓虹. 图书网络营销策略之我见 [J]. 东华大学学报（社会科学版），2016，16（2）：105-108.

② 余燕东. 互联网时代营销模式创新的途径与对策研究 [J]. 市场论坛，2015（1）：56-57.

蔚蓝网、互动出版网等中小型直营网上书店，它们定位清晰，经营方式存在差异性，发展已经较为成熟。这些中小型直营网上书店运作成本低，经营比较专业。

（二）非常规线上销售分析

越来越多的网民使用新媒体，促使图书非常规线上销售模式的出现。比如自媒体、社群等新兴媒体，为图书线上销售开辟了新渠道，扩大了线上销售范围。比如知识服务商与运营商逻辑思维，虽然不是书店，但也销售图书，从而提供知识服务。逻辑思维创新了图书线上销售模式，同时积极进行网络营销。[①] 逻辑思维与其他平台跨界合作，或者与大 V 线上联合，进行图书线上营销，增加图书线上销量。即使逻辑思维只给会员打九折，很少降价开展促销活动，但其销量还是比较可观的。近年来，出版社加强与视频自媒体的合作，开展网络营销，促进图书的线上销售。比如中信出版社与"一条"的合作网络营销，使悬疑书《S.》大获成功。

三、图书线上销售存在的主要问题

（一）营销理念落后

当前图书线上销售竞争越来越激烈，营销的作用更加凸显，但目前出版社图书营销理念落后，网络营销不足。现代营销理论认为，营销是为了满足人类的需求，创造价值，同时获得盈利。在实际营销中，很多出版社没有转变传统的销售理念，开展市场调研不足，对消费者的实际需求不了解，影响品牌的宣传效果，不利于提升销量。

（二）服务方式不成熟

第一，销售方式单一。我国图书线上销售发展时间并不长，大部分出版社的线上销售方式比较单一；并且服务方式不成熟，很少提前调查、搜集消

①　汪桥. 新时期大学出版社发行渠道及营销模式探析 ［J］. 编辑之友，2013（3）：52-54.

费者的特性、信息等，只是单纯进行图书宣传与销售的线上拓展。第二，针对性不强。没有站在消费者的角度考虑改善服务和经营，影响销售效果。[①]在图书线上销售的过程中，缺乏针对性。目前，许多出版社在进行图书线上销售时，主要进行线上渠道的扩建，以及线上媒介宣传，但仍不能满足消费者的需求，很难提供令消费者满意的服务。第三，服务意识缺乏。随着市场竞争压力的加大，图书线上销售不仅仅是向消费者售卖图书产品，销售服务也越来越受到消费者的重视，比如线上销售涉及的物流速度、支付环境、咨询服务、图书展示等。提高服务意识，不仅可以使消费者获得优质的产品，也能获得优质的服务。

（三）法律与信用问题突出

开展图书线上销售，需要提供良好的环境基础，从而提升消费者的消费信心。良好的法律与信用环境，能为消费者提供安全的消费服务，扩大销售。但我国市场经济体制仍不完善，信用体系还未完全建立，违约行为时有发生，一定程度上也影响了图书的线上销售。在线上交易过程中，如果发生纠纷，缺乏完善的法律支撑，不能保证消费者的利益，也会给经营者带来风险，增加成本费用，从而影响线上销售的效果。

四、提升图书公司线上营销能力的对策建议

（一）转变思想，重视网络营销

目前，我国的图书公司将近 7 万家，其中大多数是民营企业，且主要是中小企业。不少图书公司的经营管理理念落后，缺乏现代营销理念，忽视线上销售。图书线上营销早期在发达国家出现，比如亚马逊网上书店，发展十分迅速，许多国家和地区的图书公司也纷纷模仿学习亚马逊的成功经验。[②]我国图书公司线上销售可以借鉴亚马逊成功的经验，同时结合自身的实际情

---

① 丁忠华. 图书出版业创新模式的历史演进与趋势研究 [D]. 郑州：郑州大学，2010.
② 谈新敏，丁忠华. 浅谈创新思维对发展图书出版业的重要性 [J]. 法制与社会，2010（1）：213-214.

况，实行线上营销本土化。亚马逊公司有发达的电子商务技术支持、雄厚的资金和庞大的数据库。我国供应链体系尚未完善，许多图书公司不注重电子商务技术与供应链管理理念的结合，忽视了合作，加剧了竞争，错失了发展的机会。

（二）改进方式，促进产品开发

图书线上销售方便消费者接触和购买更多类型的图书，提供更为便捷的购买图书的渠道。同时，也方便图书公司了解消费者需求，减少了线下销售无法预测各类图书销售量、无法掌握消费者一手资料等的弊端，可随时根据线上销售统计数据，挖掘选题，加强图书产品的开发。比如根据 2019 年中国线上图书用户年龄分布，确定图书主要消费对象，有针对性地策划选题（见图 1）。

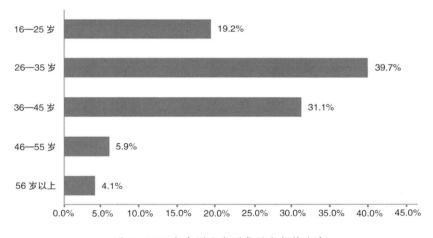

图 1　2019 年中国线上图书用户年龄分布

（三）精准服务，提高服务质量

积累线上销售的图书目标读者群，精准了解读者需求，从源头做起，把控图书产品，改进和革新图书产品，进一步提升线上销售规模，稳定发展出版业务。另外，基于原有图书内容，构建新型的立体化、网络化图书产品，充分利用现代网络技术，满足消费者需求。例如，根据 2019 年中国线上图书用户阅读方式分布图（见图2），图书出版可考虑增设数字图书馆、增加电子书等形式，丰富服务模式，促进图书销售。还可建立与代理商、供应商的交互式通信，与物流企业保持良好的合作关系。调整营销结构，提高服务水平，保证消费者能够全面了解图书信息。

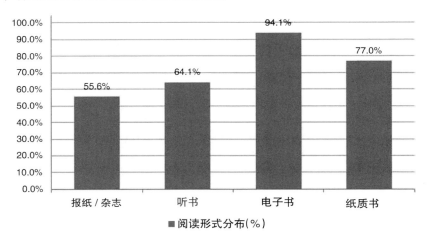

图2　2019年中国线上图书用户阅读方式分布

（四）加大宣传，做好产品推广

对图书产品的宣传与推广，要基于消费者实际需求开展调查，设计宣传方案，充分利用新媒体、互联网等进行营销，提升品牌宣传的效果，建立良好的品牌形象，刺激消费者购买欲望。比如结合图书类型属性营销，开展网络免费试读、主持人推荐等活动。

（五）紧跟政策，提高经济效益

图书公司要积极利用线上销售，转变观念，改善营销模式，扩大网络销售份额，提高经济利益，这都离不开政策的支持。要完善相关法律法规，完善信用制度、电子商务法律法规等，营造良好的销售和购物的政策环境，建立权威的信用制度体系。对线上销售的侵权和盗版现象，建立科学的惩罚措施，维护消费者和图书网上卖家的合法权益，图书线上销售才能有坚实的发展基础。

五、结语

随着互联网的发展，网络购物深刻改变着人们的消费行为和习惯。图书线上销售是必然发展趋势，线上销售的规模和数量不断增加，冲击着传统的图书销售。图书线上销售价格优惠，产品丰富，不受时间和空间的限制，成本较低，但仍很难取代传统的图书销售。因此，图书传统销售与线上销售要融合互补，传统图书公司要顺应时代的发展趋势，解决图书销售中存在的问题，重视线上营销、提高服务水平等，积极探索图书线上销售渠道，提高市场竞争力。

"互联网+"时代大学出版社营销模式创新探析

丁忠华

摘要： 随着"互联网+"时代的到来，网上购书已经成为大众购书的一种习惯，大学出版社面临着前所未有的危机和挑战。通过论述"互联网+"时代大学出版社传统营销模式存在的主要问题，分析了"互联网+"时代对大学出版社营销模式的影响，指出大学出版社要改变传统观念，变被动为主动，从以作者为中心的传统营销模式向以读者需求为中心的新型数据服务模式转型。大学出版社不仅要了解读者需求，还要创造读者需求，引导读者需求，充分利用互联网技术，结合出版社实际情况，勇于面对"互联网+"带来的冲击，对传统的营销模式进行不断创新和突破，积极推行互联网营销战略，形成成熟的市场运作机制和适合自身发展的营销管理体系，建立适合市场发展的创新型营销模式。

关键词： "互联网+"；大学出版社；营销模式；创新

在"互联网+"时代，网上购书已成为一种时尚，越来越多的读者不但开始在网上购买图书，而且还参与图书的评论，互联网成为集读书、购书、评书于一体的图书互动平台，传统阅读渐渐远离我们，上网购书已成为许多读者青睐的消费方式，网上传播图书也已成为一种重要的发展趋势。由于网络的便捷改变了人们传统的购书习惯，实体书店受到了网络书店的严峻挑战。而实体书店作为大学出版社的主要营销渠道之一，对出版社的生存和发展具有重要意义。因此，面对如此严峻的形势，大学出版社应认清形势，改变观念，创新营销模式，利用互联网技术，探索图书出版的新技术、新渠道、新载体和新业态，积极面对"互联网+"带来的冲击和挑战。

一、大学出版社传统营销模式存在的主要问题

大学出版社传统营销模式一般是根据读者需求确定目标市场，进行市场调查，召集相关部门开会讨论确定营销计划，依托出版社自身优势资源制订营销方案，通过各种发行渠道进行销售，尽量满足读者的需求，但仍存在一些问题。

（一）单一化的传统图书营销模式无法满足读者的多样化需求

传统营销模式比较单一，书目发布是出版社传统营销的重要工作，也显示出书业营销工作的被动性。随着"互联网+"时代的到来，市场变化快，纸质发布、光盘发布、电子邮件发布、网站发布等多样化营销模式已逐渐取代原来的传统营销模式。传统的书目营销方式目标不明确，受众不具体，导致效率偏低、成本偏高，读者需求不断改变，出版社营销模式落后，跟不上形势的变化，没有及时制订出适合新形势的图书营销新模式，无法满足读者的多样化需求。

（二）固定化的传统图书营销模式无法满足读者的个性化需求

我国的传统图书市场在全国各地都有分布，布局较分散。受地理条件和交通工具的限制，建立营销发行渠道比较困难。而大学出版社的传统图书营销模式比较固定，一般情况都是先选准目标市场，再以比较低的发行成本获得比较大的销售收入，这在实际销售中受到了很大的挑战。出版社为了能增加销量，只得加大投入，尽可能建立多网点进行销售，而现代图书市场中，产品多样化、需求个性化趋势不断加强，需要图书营销模式差异化，导致传统图书营销模式投入成本高，方式不灵活，无法满足读者对个性化图书的需求。

（三）滞后化的传统营销模式无法满足读者的及时性需求

传统的营销模式是通过满足读者的需求而实现出版价值，是"推"式营

销，以读者满意为原则，周期长、速度慢、模式滞后。现在的营销模式是"拉"式营销，是一种以读者为中心的双向对称传播模式。在这种模式下，读者通过订阅新书信息明确了需求，出版社通过掌握读者真正的需求明确了出版方向；读者第一时间获取新书信息，出版社根据读者需求发送点对点的信息。随着"互联网+"时代的到来，市场竞争是时间和速度的竞争，谁的速度快谁就能抓住先机，占领市场，从而抓住读者需求。因此，传统营销模式已无法满足读者的及时性需求。

二、"互联网+"时代对大学出版社营销模式的影响

（一）营销理念市场化

大学出版社传统的营销理念是以出版社的主动推销为主，读者是被动接受的。进入"互联网+"时代，出版社在营销中不再处于主体，图书不再由出版社通过传统模式进行发行。特别是大学出版社，教材是其主要产品，但现在的读者在营销中是主体，读者已经不再被动地单向地接受出版社的促销信息，而会主动地搜索获取所需图书信息，如从内容到使用反馈等有关图书的多种信息，出版社需要按照读者的实际需求出版图书。如今，读者通过互联网和出版社进行互动；出版社通过网络营销模式，以读者为中心，提供优质服务，使读者得到自己想要的图书，这种模式加强了读者和出版社之间的联系，增进了二者的互动性，建立了长期的合作关系。这种角色的转变对大学出版社营销模式的影响是巨大的。互联网的低成本和互动性，使得出版社制订营销模式要更加系统化、市场化，只有这样才能吸引更多的读者。

（二）营销战略多样化

大学出版社传统的营销渠道比较单一，有传统的发行渠道，主要是选定目标市场、制订营销方案，选择经销商和零售商销售出版社的图书，不直接面对读者。但是随着"互联网+"时代的到来，大学出版社开始采用网络营销等多种模式，直接面对读者销售图书，根据读者的特定需求制订多样化的相关战略，扩大图书的覆盖范围。此外，为实现信息的相互传递，大学出版

社向读者及时传递图书信息，读者通过大学出版社网站平台反馈读后评价以及服务需求，这样既保证了大学出版社与读者之间信息的顺利传输，也保证了读者的书评信息得到更大的推广。

（三）营销服务个性化

大学出版社传统营销手段比较僵硬，营销策略往往基于产品的内容宣传和价格优惠来开展，读者和出版社之间的关系比较僵化，甚至一些营销模式给读者带来很多不便，这也不利于出版社的长期发展。互联网带来的海量免费知识对传统出版营销没有太多价值，出版社的功能不能仅仅局限于给读者提供知识，还需要为不同需求的读者提供个性化的知识内容和服务。差异化的需求和个性化的服务需要基于用户消费行为的数据分析。传统出版营销中出版社也会对信息进行整理和分析，但往往是片面和过时的，互联网技术和大数据技术为个性化营销提供了保障，使读者能够不限时间和地点，更加准确地了解到自己所需要的信息，吸引更多的人来购买。同时，大学出版社也可以根据网络上的数据信息制订更加有效的图书宣传及推广策略，满足读者不断变化的需求。

三、大学出版社构建互联网营销新模式的对策建议

随着社会经济的不断发展，"互联网+"时代已经到来，大学出版社新的营销模式也越来越得到大家的关注。互联网作为一种信息传播的技术，颠覆了人们传统的思维方式和生活节奏，改变了读者的阅读习惯，也改变了传统的图书营销模式。网络化营销的优势就是出版社可以通过网络平台为读者提供全天候服务，可以有效地降低成本，减少中间环节。在互联网出现之前，传统的图书营销模式是以作者为中心，是被动跟从。进入"互联网+"时代，图书营销模式从以作者为中心的传统营销模式向以读者需求为中心的新型数据服务模式转型。在互联网技术的推动下，新的图书营销模式是以读者为中心，是主动融入，这样出版社不仅能了解读者需求，还能创造读者需求，引导读者需求。

（一）创新图书营销理念，制订准确定位读者目标的营销战略

传统图书营销以发书讯、征订等模式为主，如今要转变为全方位立体式网络营销。营销定位因书而异，不能一概而论，要根据读者群体目标进行定位营销，大学出版社要根据出版社特色，准确定位读者群体目标，在教育领域定位读者，制订长期而具有特色的创新营销战略。在实体书店，图书一般都是原价出售，除非书店活动打折。进入"互联网+"时代，"打折大战"给大学出版社传统业务带来较大冲击。面对这种困境，大学出版社要认清形势，针对市场变化，改变传统图书营销方式。首先，应依靠互联网技术，寻求适合自己的营销方式，吸引读者眼球。在市场细分中充分发挥大学出版社的优势，寻找固定读者，给读者提供高水准高质量的图书，并通过定期回访以巩固出版社与读者的供求关系。其次，根据出版社实际情况，测算互联网营销实施的投入成本和收益，深入调研之后再决定是否采用互联网营销以及如何进行互联网营销，避免传统营销模式的弊端，真正实现创新性营销，让大学出版社在"互联网+"时代得到较快发展。

（二）创新图书营销方式，建立适合市场需求的营销渠道

进入"互联网+"时代，网络书店占据图书市场，出版社的营销模式被颠覆，发行渠道被堵塞，传统出版社失去了很多读者。因此，大学出版社必须改变传统的营销观念，以市场为导向，深刻认识和了解读者需求，变被动为主动，真正满足读者的需求，给读者提供适合市场、服务读者的图书，努力创新图书自我销售模式。

互联网的出现让读者在图书营销活动中占据主导地位，读者可以选择多渠道购买图书，这就要求传统出版社改变营销思维，创新图书营销理念，开展创新的互联网营销模式，加强与读者沟通，变被动为主动，利用各种渠道为读者服务。首先，通过网络平台，大学出版社可以不断更新图书的新信息，加快信息更新的速度，激发读者对图书的购买欲；其次，出版社可以对网络进行合理有效的运用，让读者能够与出版社进行充分交流，使出版社可以真正满足读者的需求；最后，出版社可以创立自己的品牌，与读者很好地互动，为读者提供更好的服务。

（三）创新图书营销策略，制订全过程策划的营销体系

影响大学出版社图书营销的因素有很多，但主要还是出版社的市场定位模糊，组织机制存在缺陷，图书营销策划中宣传模式老化，营销管理体系不完善。因此，大学出版社要突破困境，走出阴霾，就要创新图书营销策略，制订适合大学出版社发展的营销管理体系，建立出版、策划、营销相结合的图书营销策略，创建全程策划体制，对选题、出版、市场进行全程的策划、控制和监督。比如某本图书从市场信息—选题策划—图书出版—宣传广告—人员促销—市场组织—图书销售的全过程的营销策划由一个全能型高素质的策划人负责，控制和监督营销全过程，形成一个成熟的市场运作机制和适合大学出版社发展的营销管理体系。

（四）创新图书营销手段，建立需求定制服务的营销方式

大学出版社的传统营销理念是以读者需求为导向的，根据读者需求制定营销方案，作为出版社是被动的，只是提供他们认为读者需求的图书，而这些图书可能并不是读者真正的所求，读者并不满足于这种被动的提供。作为大学出版社，为教育服务是我们的根本，应该研究如何利用互联网策划新的图书，如何利用互联网提高出版社的效率，如何利用互联网为我们的读者进行定制服务。传统出版社图书营销手段单一，营销人员与读者缺乏沟通，读者只是被动地接受，无法直接参与图书的出版过程，因此为读者服务只是一句空话。"互联网+"时代，读者的阅读习惯和阅读方式逐渐改变，需求也变得多样化和个性化，再加上图书市场由卖方市场向买方市场转化，满足读者的需求已经成为出版社创新图书营销手段的出发点和侧重点，于是，出现了定制服务，互联网技术给定制服务提供了很好的条件。定制服务的出现，加强了出版社和读者之间的联系，使出版社和读者的交流更加快捷，更加明确。比如通过互联网技术，整合读者资源，推送活动优惠信息或者他们喜欢的图书内容，让他们关注出版社；进行线上线下渠道创新、注重读者价值以及打造产品品牌；出版社要创建微信公众号及微博、抖音账号，并通过这些平台进行营销；定期或不定期举办读者活动，比如分享交流会、读者见面会等，逐渐形成固定的读者群。

四、抓住互联网发展的机遇，开创图书营销新局面

长期以来，大学出版社营销模式的发展一直延续着传统的发行方式和管理模式，直接导致了出版社不堪重负，图书销售量日益下降。"互联网+"时代的到来，带给大学出版社极大冲击，同时也带来了很大的机遇。传统出版需要互联网，需要新技术，需要利用互联网和新技术走出困境。大学出版社在"互联网+"时代，要利用互联网技术，实现"+互联网"。大学出版社要转变营销观念、创新发展模式，尽快研究和探索如何由传统营销模式向现代营销模式转变，采取更加有效的图书营销方式，构建更具发展潜力和可持续性的图书营销体系。

在"互联网+"时代，大学出版社面对困境，要对同行业领先的竞争者进行详细的了解分析，找出自己与领先的竞争者的差距在哪里，对自己出版社的营销模式进行了解分析，取长补短，吸取成功者的经验，利用互联网新技术，创新图书营销模式。根据市场需求，结合出版社实际，制订发展方案，迎接"互联网+"时代的到来。大学出版社想要得到好的发展，就必须坚持走创新化的道路，并且找到一条适合自己出版社的创新道路。要对营销模式进行全面升级改造，开发出适合出版社发展的互联网营销模式，提高传统大学出版社的营销创新能力；策划出适合读者阅读的品牌，提升大学出版社的知名度、影响力和竞争力；培养出有知识、懂营销、会管理、善经营的新型营销人才，提高大学出版社经营水平；组建服务大学教育的专业营销队伍，提高大学出版社服务能力，形成具有新理念、新方法、可持续发展的营销模式。这样，大学出版社在"互联网+"时代才能在图书营销上走上一条创新之路。

中小型地方大学出版社学术出版的困境与对策

崔 勇

摘要：媒体融合时代，受"互联网+"、媒体融合等新技术革命的冲击，加上学术出版"投入大、产出小""周期长、用量少"等特征，中小型地方大学出版社学术出版处于两难的境地。如何解决学术出版面临的资金、选题和人才的困境，创造出属于学术出版本身的学术价值、经济价值和社会价值，本文给出了初步的思考和对策。

关键词：中小型地方大学出版社；学术出版；出版困境

近年来，"互联网+"、媒体融合等新技术革命对图书出版业产生的影响不断深化。笔者根据多年的工作经验和体会，就地方中小型大学出版社学术出版存在的问题和应对措施谈谈自己的看法。

一、学术出版

学术出版是学术研究成果与公共出版间的重要纽带，通过传播优秀学术研究成果和公众共享优秀学术成果，促进学术的创立与创新、学者的争鸣与合作，并为学者提供必要的学术交流平台。编辑学家黄晓新曾指出，学术研究成果转化为出版物——图书的水平，是中华民族文化事业"软实力"发展的高地，加强我国优秀科技研究成果和人文研究成果的出版，提高我国优秀学术研究成果出版的国际综合影响力，有利于弘扬我国科技研究和人文研究领域"实事求是，求真务实，开拓创新"的理性精神，有利于提升中华民族在世界民族之林中的科技"硬实力"和文化"软实力"。①

　　大学出版社的创立初心和最终使命是为高校的教学工作与教育科研发展服务，要以推广传播先进优秀文化成果为主要目的，把高校自身创造的先进文化教育成果推向社会，用社会的先进文化教育成果推动高校文化教育的健康发展。② 当前，大学出版社正面临着数字化的剧烈冲击，学术出版面临的问题和困难越来越多。

二、中小型地方大学出版社学术出版的困境

　　在中央级专业出版社、地方出版集团以及大型民营出版公司等的多重挤压下，中小型大学出版社学术出版的生存与发展空间越来越小。同时，学术图书出版具有出版费用高、出版周期长、用量少、市场小等特点。中小型地方大学出版社在发展学术图书出版时面临多重困境。

（一）出版资金筹措日渐困难

　　众所周知，打造一部优秀的学术著作，需要优秀的作者和优秀的编辑通力合作，需要大量的资金支持。由于学术图书出版的市场小，其社会效益远远高于经济效益。中小型地方大学出版社很难在学术图书出版方面得到母体大学的专项资金支持。究其原因，母体大学的资金一般流向教育教学、科学研究、文化建设等方面，对已经"事改企"的大学出版社一般不会给予资金支持。

（二）选题策划日益艰难

　　在科技与信息爆炸的时代，地方大学所拥有的优秀的科技成果非常有限，这就直接导致中小型地方大学出版社能接触到的优秀学术成果比较少。同时，中小型地方大学出版社想在学术出版方面得到母体大学专家学者的认

---

　　① 吴屹桉."中国学术数字出版联盟"成立　促进中国学术成果"走出去"［EB/OL］.（2015-07-15）［2020-11-29］. http：//www. cssn. cn/ts/bwdj/201507/t20150716_ 2082319. shtml.

　　② 吴培华. 论大学出版发展的初心、路径和愿景［EB/OL］.（2019-08-31）［2020-11-29］. http：//media. people. com. cn/n1/2019/0831/c40606-31329133. html.

可也很难。正所谓"人往高处走，水往低处流"，母体大学的知名专家和学者大多不愿在本校出版社出版学术论著。同时，一般性学术出版的社会评价低，学术著作在职称评定中所占的分量和分值低，这也从另一个角度增加了优秀学术图书出版选题策划的难度。

（三）学者型编辑人才匮乏

由于中小型地方大学出版社在出版行业处于"弱势"，其努力培养的学术型编辑、学者型编辑很容易被出版集团或中央级专业社挖走。又由于学术出版具有受众面"小"而"精"、专业领域"广"而"深"的特点，对图书编辑的知识要求和能力要求均很高，且学术图书"成书时间长，经济效益低"，大多数编辑迫于出版社对工作量的要求和利润的考核，渐渐淡化和弱化了学术图书的策划工作与编校工作。

三、中小型地方大学出版社提升学术出版效率的对策建议

（一）营造有利于学术图书出版的环境

地方大学出版社既要利用天然优势从母体大学争取政策支持，又要发挥自身优势为母体大学的教学、科研和育人工作提供服务。

一是要努力争取母体大学在政策出台方面给予更多的倾斜。比如：要建议母体大学在制订科研奖励、职称评定、绩效考核办法时与学术著作挂钩，加大对教师出版学术著作的权重系数、支持和奖励力度。对已列入国家级或省部级重点图书项目或已获得各种奖项的优秀学术著作，赋予比普通学术著作更高的权重评分系数，以利于激励学校教师多创作高品质、高水平的学术著作。

二是要努力争取母体大学在资金资助方面给予更多的支持。比如：努力使母体大学在精品学术图书出版方面给予更多资金资助，减轻大学出版社在精品学术图书出版上的经济压力。以郑州大学出版社为例，经过不懈努力，已从郑州大学争取了一系列的优惠政策，很好地调动了教师在郑州大学出版社出版学术著作的积极性。郑州大学出版社也因此吸引了一批高素质、有影

响力的优质作者，出版了一批高质量的学术著作，于无形中提升了出版社的业界影响力。

（二）提升学术图书品牌的策划力

地方大学出版社与母体大学的这种特殊的依存关系，决定了地方大学出版社要以专业教材和学术著作作为自己的主打产品，从而确定自己在出版市场上与其他出版单位的差异化发展战略。

地方大学出版社的首要任务是依托母体大学学科优势和人才优势，聚焦优势学科、特色学科，深挖优秀成果、优秀作者，针对某一领域或某一板块，找准主攻方向，做专做精，形成品牌效应，走特色发展的道路。[①] 比如：郑州大学出版社依托本校在临床医学、药学领域的学科优势和人才优势，确定了以"医药学术出版"为重点的出版方向。近年来，承担"十三五"国家重点图书项目5项、国家出版基金项目6项，出版各类规划教材、实训教材300余种，在医学著作和医学教材出版方向已经形成专业品牌和特色。由此可见，要提高地方大学出版社的图书品牌效应，就要提高学术图书选题的策划能力。[②]

优秀的学术出版策划力求先进性。要积极聘请院士、"杰青"等知名学者和专家为出版社的签约作者，发挥他们在行业领域的前瞻性和创新性，打造有影响力的品牌学术著作。同时，要紧盯国家级、省部级科研基金及专项基金的科研成果，努力将科研成果转化为高品质、高水平的学术著作。多年来，郑州大学出版社积极联系院士和专家精心打造了一系列高水平的学术著作，所出版的《肾脏病科普丛书》《新校订六家注文选》《超硬材料制造与应用技术》等图书荣获国家科学技术进步奖、中国出版政府奖图书奖提名奖等荣誉。

优秀的学术出版策划力求立体化。优秀学术选题策划应走融合路线，将出版的某一领域行业工具书、学术著作、专业教材、行业科普读物进行有机整合、深度融合，形成系列产品和系统出版方向。中南大学出版社关于有色

---

① 阮静. 论新媒体时代传统编辑出版的困境与出路 [J]. 传媒论坛，2020，3（1）：88-89.
② 柳斌杰. 只有高起点　才能大发展：为《大学出版发展战略研究》序 [J]. 大学出版，2007（4）：4-9.

金属的出版，就是以"坚持学术为本，体现学科特色，实现品牌双效"为出版理念，以"出版与有色金属专业相关的学术著作、技术手册、学科教材以及行业科普读物"为工作责任，现已形成"学术著作—技术手册—学科教材—行业科普读物"相互转化、相互支撑、相互依存的良性循环，是学术出版策划力求立体化的典范。

优秀的学术出版策划力求时效化。我国已明确数字出版的产业化，作为小众化的学术出版更需要紧跟时代步伐，借助数字出版的学术著作不仅提升了学术出版的质量，有利于内容的不断更新；还缩短了出版周期，提高了出版效率。出版社可通过对各大网站不同年龄段读者的偏爱和喜好的大数据分析，实现学术出版对读者的精准推送；与此同时，出版社可通过对各大网站不同年龄段读者的评价和建议的搜集与分析，实现学术出版与读者的良性互动。

（三）提升学术编辑的素质和能力

一是加强学术编辑的政治理论素质。与时俱进的政治理论素质是做好学术出版的先决条件。伴随着移动互联网的普及和全球化程度加深，编辑应具备"公民意识""公平意识""公众意识"等政治素养，应具备"社会责任意识""学术规范意识""法治意识"等社会道德修养。如果缺乏与时俱进的政治素养和道德修养，很容易对一些问题认识不清、把关不严。[①]

二是加强编辑的学科专业水平和编辑技能。学术出版承载着繁荣学术研究、服务社会发展的重要职能。学术图书涉及的知识更精准、更专业，要求学术编辑必须具备相关领域的学术研究能力，即了解专业知识，了解行业动态，统观行业全局。学术编辑只有对相关领域的学术研究和最新动向有清晰的认识，在审读这一领域书稿时，才能对其学术价值做出评估，对其缺点和不足提出修正意见，真正做到优化提升书稿，编辑精品力作，否则很难保障图书的内容质量和学术水平。

编辑技能是每一个图书编辑的必备技能。作为策划、编校学术图书的编辑更要"主动学习"。要提高"编辑"水准，不断学习新的编校知识和新的国标，并将这些知识和标准融入自己的编校实践。要树立"精品"意识，不

---

① 董良敏. 新时代图书编辑要加强的六大能力［EB/OL］.（2019-05-30）［2020-11-29］. https：//www. cptoday. cn/news/detail/7688.

断学习所涉领域的发展历程、知识体系及研究前沿等，并将这些知识融入自己的编辑思想。要拥有"工匠"精神，要精益求精、精雕细琢，用心用力打磨每一本学术图书，使之成为精品。同时，还要具备互联网思维，既要注重读者的阅读体验和情感共鸣，又要专注于图书制作的某些细节，以便更快捷、更贴心地为读者提供个性化服务。一本优秀的学术著作，一定蕴涵较多编辑含量。一方面，编辑要对目标作者研究的领域和学科比较熟悉，能与专家或学者就专业问题进行平等交流，能从出版、发行、传承的角度引导专家学者写作，但又不唯专家学者是从；另一方面，编辑在编辑加工、整体设计时应尽量满足大众读者的阅读口味、阅读习惯和阅读期待，创造性地加工、删改、润色书稿。

三是加强编辑的资源整合和营销能力。学术图书编辑在选题策划阶段要具备资源整合能力。根据策划的方向、涵盖的内容和目标读者，充分挖掘作者、读者及内容的衍生价值，为内容增值。尤其是在"学术+科普"图书的编辑出版中，学术图书编辑的资源整合能力尤为重要。以学术科普图书《应时药膳食疗方》为例，编辑在整合相关出版资源时，充分利用互联网技术，将药膳食疗的制作视频以二维码的形式链接于书中，让纸书发声，让读者的阅读体验更为直观。

当下，图书的购买方式和信息来源更加多元，宣传推广和营销方式更加多样化和个性化。图书营销要培养"用户思维""专注思维""社群思维""平台思维""跨界思维"。① 学术图书编辑要提升自身的营销能力，为学术图书的出版拓宽新市场。要以提升读者体验为中心，深入研究广大读者的各种阅读体验需求、阅读喜好和价值追求，学会借助新媒体技术，通过对市场环境反馈和运营数据剖析，创新出版形式，拓宽传播渠道，寻找潜在购买群体。要充分挖掘选题的核心卖点，以卖点为中心，定位相应读者群，策划宣传营销方案，实现点对点地精准宣传营销。运用网络技术搭建平台，通过建立某一目标专业的微信公众号、微博、论坛等，为读者提供优质的阅读服务；通过平台定期举办电子阅读活动，吸引新的读者、维护忠实粉丝，在图书和读者之间架起一座无形的桥梁。

① 王玲. 媒体融合时代出版业互联网思维与编辑素养的提升 [J]. 科技探索与应用，2019（31）：230.

新时代高校教材出版的问题及对策

祁小冬

摘要：随着新课改的不断深入与发展，高校教材在高校教育方面扮演着重要的角色，也是影响高校教育质量的主要因素之一。然而，高校教材出版存在准入门槛低、教材质量参差不齐、同质化严重、粗制滥造、内容陈旧等问题。为了规范新时代高校教材出版，提高高校教材质量，需要政府管理部门、出版机构、高校等共同发力，推动高校教材出版健康可持续发展。

关键词：高校教材出版；政府；出版机构

随着我国高等教育的迅猛发展，高校教材出版也呈现欣欣向荣的景象，但是繁荣的背后却乱象丛生，如低水平重复出版、编辑和编写质量低等。这些问题不利于高校教育质量水平的提升，对高校教育活动的有效开展造成严重影响。

一、新时代高校教材出版存在的主要问题

（一）准入门槛低，教材质量参差不齐

很多人认为，高校的教育水平一定是优秀的，教材也是经过层层筛选，再由专家级别的教授进行审核，最终才能出版。但是，如今的现象是，无论是大学出版社，还是文艺类出版社，均可出版教材，造成了出版教材质量水平较低、无法满足实际教学的需要，对教学质量造成不同程度的影响。甚至

很多民营书店和图书公司也开展高校教材出版工作，而这些不规范的出版渠道在一定程度上加剧了高校教材出版市场的混乱。

（二）选题雷同，同质化严重

由于高校教材出版准入门槛低以及审核不严，高校教材的出版变得简便易行。由于出版机构对教材编撰过程以及审核过程没有认真筛选，教材的质量水平无法得到保证，这是造成高校教材同质化现象的主要原因。有的出版机构为了取得最大的经济效益，对同一本教材用不同的方式改变其结构框架，内容却不做大的改动，使其成为另一个版本的教材，这样当然无法确保教材的质量，导致国内高校教材出版市场选题重复率非常高，同质化相当严重。在目前出版的高校教材中，同学科、同专业、同课程的教材版本很多，内容大致相同，同质化严重。一位知名作者经常编写多个版本的教材，但教材的内容和结构相似。同时，为了追求个人利益，许多高校教师把编写教材作为一种方便快捷的写作形式。他们认为，编写教材不需要严谨的研究，只需要找几本类似的已出版过的书，稍微改变其框架体系，调整章节顺序，妥善处理文本叙事，然后就可以出版一本新的教材。这种拼凑的方法不仅侵犯了他人的著作权，而且教材内容和学科体系非常不完善，缺乏科学性和系统性，造成资源浪费，导致低质量教材在市场上占有一席之地，严重影响着高校的教学质量。

（三）部分教材抄袭拼凑，质量低劣

当前，很多高校的教材都是由本校教师自己编写的。几位教师通过分工合作，将很多版本的教材进行分类整理，甚至有些直接照搬照抄，更改知识结构和章节目录，最终整理出一本教材。有些高校教师为了帮助学生更好地理解知识，或者是对一些知识有一些自己的想法，编写教材之前会进行反复推敲，和其他教师进行严谨认真的讨论，最后形成一本具有很高学习价值的教材。不过，这个过程需要长期的钻研，会耗费很多精力，这导致好教材很少。相关调查结果显示，目前市面上出版的高校教材，其编写内容的错误率、漏洞缺陷等要远高于国家出版相关规定标准。①

（四）内容陈旧，缺乏创新

在信息技术日新月异的背景下，知识的更新周期越来越短。高校是新知识最重要的集散地，高校教材作为授课蓝本，应该走在教育改革的前列。但是，如今不少高校仍然在使用 20 世纪 90 年代编写的教材，这些教材中的知识体系已经和新时代高校培养人才的要求有很大出入。这样的老旧教材，在一定程度上会限制学生的学习能力，培养出来的学生掌握的知识不能适应当前的社会环境。社会需要大学培养多元化、高层次的人才。但是，从目前的情况来看，适合不同教学要求的教材严重短缺。目前，高校教材开发的目标是扩大销售领域，将读者分为研究生、本科生、高职院校学生等层次，缺乏实用性和针对性。虽然有些教材针对的读者比较明确，但内容并不适用。例如，一些研究生专用教材的难度和深度低于本科教材；高职院校、中等职业学校学生使用的教材几乎都是浓缩的本科教材，缺乏实用性和应用性；甚至有些教材出版后多年没有修订过，内容严重老化。

（五）发行环节存在灰色交易

高校是神圣的象牙塔，但同时也是各方利益博弈的名利场。按照国家有关规定，所有高校在教材采购时一律实行招投标制度。这样的规定在一定程度上规范了高校教材采购的市场秩序，但是招投标制度仍存在一些缺陷，让一些人找到了可乘之机，特别是民营图书商，各类灰色交易在高校教材市场不同程度地存在着。②

二、提升高校教材出版效能的对策建议

高校教材出版发行的种种乱象背后，其实都是有根可找、有据可循的。在信息技术高速发展的背景下，我们应该从政府管理部门、出版机构、高校、媒体等多个层面进行综合治理，消除高校教材出版的诸多乱象，还高校

---

① 单晓维. 高校档案和校园文化建设的唯物辩证观 [J]. 兰台世界，2011（18）：30-31.
② 晓宇. 三重忧患重压，高校教材出版探问出路 [N]. 中华读书报，2010-04-07.

教材出版发行一片明净的天空。

（一）政府管理部门依法行政，打击违法、保护合法

一是加强行业管理，明确出版社的高校教材出版资质。教育部门要提升高校教材编订门槛，通过完善的教育信息网络对高效教材出版单位进行筛选和审查，减少高校教材质量参差不齐的乱象，为学生的学习保驾护航。二是科学规划，合理控制高校教材，尤其是控制国家级规划教材的总体规模。对于国家规划的教材，利用现代化手段进行复核和改编，根据当前社会的人才需求制订相应的教材体系。三是加大对高校原创性教材的保护力度。鼓励高校教师针对教材进行科学改编，集思广益，从不同的思路中寻找更适合学生学习研究的教材编订方式，帮助学生更高效地学习实用性强的知识。鼓励原创教材，并利用有效方式举办原创教材编写活动，营造一种尊重知识、尊重人才的氛围。四是强化法治建设，切实保护知识产权。针对目前社会上一部分人对知识产权的无视以及学术界的知识产权保护意识低，各种盗版、"山寨"现象盛行的现象，政府应加强对知识产权保护的宣传与教育工作，加大对各种抄袭、剽窃行为的打击力度，提高违法成本。①

（二）出版机构践行使命，确保质量、打造品牌

一是出版机构严格控制教材开发和生产成本，适当降低教材价格，使出版利润维持在一个合理的水平。过高的价格会引起消费者的不满，导致其放弃购买。二是出版机构应强化品牌竞争意识。高校出版机构应树立正确的出版方向，强化社会责任意识。在教材的选题、编写、出版过程中，要加强审查，层层把关，多出精品，提升自身品牌形象。三是出版机构应谋求更全面的深入合作，与高校形成全新的合作模式。教材出版机构不仅要保证纸质图书的出版，还要更多参与高校教学、学科建设、课程研发、智慧校园拓展等，从纸质出版商转为教学服务提供商。② 通过和高校加强联系，主动了解学校教材的使用政策和教材使用需求。积极配合学校教务部门的工作，也更

---

① 姚文兵. 高校教材出版存在的问题、原因及对策 [J]. 大连海事大学学报（社会科学版），2009，8（6）：138-140.

② 周义军. 关于建立高校教材评价体系的思考 [J]. 现代出版，2011（3）：24-26.

容易获知当前的一些政策等相关信息，根据这些信息及时调整教材产品。

低层次、低质量的教材经不起市场考验，对学校和学生都是极不负责任的。只有权威的、高质量的高校教材才能被市场认可，并被更多高校使用。因此，出版机构必须开发具有强大生命力、可持续的高质量教材，打造具有品牌竞争力的高校教材。出版机构也需要创新和优化教材的编撰风格、呈现方式、新技术应用等，使版面更加生动美观，使教学更加高效，使互联网技术的应用更加方便。要重视教材市场分析、高校课程整体改革和学科全面发展，充分利用高校的优势和特点，选择专家、著名艺术家、一线教师等优秀作者，结合出版机构品牌建设，倡导创新选题和发展战略，探索有利的出版方向，形成自己的出版特色。编写教材的关键，是培养一支高水平、高素质的写作队伍。出版机构可以请高校有关专家学者根据学科特色，集思广益，共同编写相关教材。同时，在教材编写过程中，出版机构还应观察和总结作者的表现，了解作者的写作水平和学术水平，不断优化作者队伍。

同时，出版机构要强化教材的数字化出版。一是用数字化形式呈现纸质教材内容，提供配套纸质教材的教学资源库或教学平台，出版数字教材、课程、在线教育平台、知识素材库等。随着信息技术的发展和互联网的普及，移动设备和各种 App 的功能日益丰富，高校教材可以添加二维码，读者扫描登录注册可以领取电子版教材。二是打造个性化教材服务。信息化时代，缺乏的不是信息资源，而是个性化的信息服务。互联网技术的快速发展，为教学内容的呈现和学生个性化自主学习提供了多种手段：在线课程、微课、云平台服务等，进一步丰富了课程的教学方式方法。三是加强对数字化教材内容的标准化管理。从数字化内容的格式、质量和版权等方面对数字化教材进行统一标准的管理，以提高数字化教材质量。

（三）高校应整合优秀作者资源，提升教材使用效率

一是高校编订教材要注重实用性教材的开发。高质量的教材能贴合时代的发展，紧跟学术研究前沿，体现时代需求的实用性特点，能更好地、更准确地培养时代需要的人才。二是兼顾教材的时效性。根据社会的发展变化，与时俱进地进行教材的改编，使其更加贴合时代发展，让学生能够有效使用教材，达到共鸣和共情。三是建设多样化的教材编写队伍。高校要重视学术

带头人的作用，依靠中青年教师，逐步培养一支结构合理的教材编写队伍。为更好地体现教材编写的权威性，教材编写者需具有相关领域较高的专业素养和技能水平。当前进行教材编写的人员多为参与教学的教师或从事相关研究的学者，他们大多从专业方面进行教材编写，缺少实践案例和特色。所以应该将两者进行融合，用专业知识去解读实践案例，用实践案例去更加形象地理解理论知识。① 四是高校完善教材的选用和评价机制，坚决杜绝教材采购环节腐败行为的产生。杜绝灰色交易，使高校教材采购工作真正做到廉洁、透明、公正、公开。

高质量的教材才能满足新时代大学教育的需求，在创新写作风格的同时，还要注重教材内容的创新性和适用性，把先进的教育理念、学科研究发展的最新趋势融入教材，使教材更加先进、更加现代化。此外，教材的整体适用性也需要注意。对于不同专业、不同层次的学生，教材编写的内容和重点要存在合理差异。

三、结语

为改变高校教材编订的乱象，教育部门、出版机构和高校等应该进行联动合作。由教育部门牵头，出版机构和高校进行交流合作，社会各界主动保护原创教材的知识产权，营造尊重劳动、尊重知识、尊重人才、尊重创造的良好学术氛围，提高高校教材的质量，为高校人才的培养贡献出自己的一分力量。

---

① 孙玉超，屈婷. 高校商务英语教材的出版发展探讨［J］. 出版广角，2018（19）：56-58.

第六篇

科学管理：转型发展探究

完善出版职业资格管理的思考

凌　青

摘要： 出版专业技术人员是我国专业技术人才队伍的重要组成部分，是促进出版业健康繁荣发展的重要力量。2001 年，国家对出版专业技术人员实行职业资格制度。实施出版职业资格管理，适应了出版业自身改革与发展的内在要求，提高了出版行政管理部门的管理效能，有力促进了出版业的健康持续发展。本文就完善出版职业资格管理相关内容，梳理出版职业资格制度的确立、实施脉络，探讨存在的问题并给出建议。

关键词： 出版专业技术人员；职业资格管理；准入管理

出版专业技术人员是我国专业技术人才队伍的重要组成部分，是促进出版业健康繁荣发展的重要力量。2001 年，国家对出版专业技术人员实行职业资格制度。实施出版职业资格管理，适应了出版业自身改革与发展的内在要求，提高了出版行政管理部门的管理效能，有力促进了出版业的健康持续发展。2020 年 9 月，为贯彻落实《中共中央办公厅国务院办公厅关于深化职称制度改革的意见》要求，推进出版专业技术人员职称制度改革，中宣部与人力资源和社会保障部共同研究起草了《关于深化出版专业技术人员职称制度改革的指导意见（征求意见稿）》，并向社会公开征求意见。这有利于进一步完善出版职业资格管理，促进出版业高质量发展。结合上述背景，笔者拟梳理出版职业资格制度的确立、实施脉络，探讨存在的问题并给出建议，以供业内同人参考。

一、出版职业资格制度的建立与实施

（一）出版专业职业资格制度的建立

根据《出版专业技术人员职业资格考试暂行规定》和《出版专业技术人员职业资格考试实施办法》，从 2001 年 8 月 1 日起，国家对出版专业技术人员实行职业资格制度，纳入全国专业技术人员职业资格制度的统一规划。2002 年 6 月，原国家新闻出版总署印发《出版专业技术人员职业资格管理暂行规定》（新出办〔2002〕718 号），该规范性文件对出版职业资格的管理提出了实行登记制度等管理要求。2002 年 9 月，我国出版业首次举行职业资格考试。2002—2018 年，共有 127 700 余人参加考试，78 000 余人考试合格，取得出版职业资格证书。[①]

（二）实施出版职业资格登记和责任编辑注册管理

2008 年 2 月，原国家新闻出版总署以部门规章（署长令）的形式颁布了《出版专业技术人员职业资格管理规定》（国家新闻出版总署令第 37 号，以下简称《管理规定》），对出版职业资格的设置和取得、重要岗位职业资格要求、职业资格的登记、责任编辑的注册、相关法律责任等作出了明确规定。2009 年 5 月，原国家新闻出版总署在重庆召开全国出版专业技术人员职业资格管理工作会议，启动了职业资格登记和责任编辑注册工作。对出版职业资格进行登记管理和对责任编辑进行注册管理，标志着我国出版专业职业资格制度的全面实施。在《国家职业资格目录》（2019 版）中，出版专业技术人员职业资格被列入 23 项水平评价类专业技术人员职业资格之一。

---

① 孙文科. 建立出版职业资格制度意义重大［J］. 出版与印刷，2019（4）：1-5.

二、完善高级职业资格取证办法的关键要点

（一）完善高级职业资格考评内容和形式

出版职业资格等级分为初级、中级和高级。初级与中级出版职业资格的考试和职业资格登记、注册工作已经常态化规范运行，但出版高级职业资格考评办法须进一步完善。

对于出版高级职业资格的取得，2001 年《出版专业技术人员职业资格考试暂行规定》（人发〔2001〕86 号）中明确指出："高级资格（编审、副编审）实行考试与评审相结合的评价制度，具体办法另行规定。"2008 年，《管理规定》要求："高级职业资格通过考试、按规定评审取得。"2009 年，出版行政主管部门提出：要"与人力资源和社会保障部共同出台出版专业高级职称考评结合办法并开展试点工作"。目前，出版高级职业资格（出版专业高级职称）仍按中央职称改革工作领导小组 1986 年 3 月印发的《出版专业人员职务试行条例》（职改字〔1986〕第 41 号）及其实施意见评审取得。2020 年 9 月，《关于深化出版专业技术人员职称制度改革的指导意见（征求意见稿）》又明确"副高级将逐步采取考试与评审相结合的方式，正高级一般采取评审方式。初级、中级、副高级考试由全国统一组织，统一科目、统一大纲"。各地区（部门）应根据此意见，结合地区（部门）实际，制订本地区（部门）评审标准，细化高级职称评审条件和评审程序，落实副高级和正高级职称评审同行评议制度，综合采用个人述职、面试答辩、业绩展示等多种形式，确保评审客观公正。

（二）发挥用人主体在职称评审中的主导作用

在融合出版不断深化的当下，出版企业对出版高级人才的培养、使用具有一定的独特性。为更好地评以适用、以用促评，应发挥用人主体在职称评审中的主导作用，科学界定、合理下放职称评审权限，逐步将副高级职称评审权下放到符合条件的出版单位、行业社会组织或市地。人力资源和社会保障部门对职称的整体数量、结构进行宏观调控，出版单位的主管、主办部门

（单位）进行监督。

三、优化出版职业资格管理的基础性工作

（一）完善出版岗位设置及落实任职条件要求

第一，完善出版单位岗位设置管理。国家人事部和原国家新闻出版总署印发的《关于新闻出版事业单位岗位设置管理的指导意见》（国人部发〔2007〕50 号）中，提出出版单位专业技术岗位一般不低于单位岗位总量的70%，高级、中级、初级岗位内部不同等级岗位之间的结构比例全国总体控制目标（如五级、六级、七级岗位之间的结构比例为 2∶4∶4）的要求，但文件中没有给出专业技术人员高级、中级、初级岗位之间的结构比例，而高级、中级、初级岗位之间的结构比例在很大程度上决定了出版单位的编辑出版能力〔如具有高级职业资格（职称）的出版专业技术人员才具有复审、终审的资格〕，高级、中级、初级岗位之间的结构比例不当必然制约出版单位的高质量发展。因此，应根据出版规律（如初审、复审和终审人员比例）和岗位职责要求，完善出版单位岗位设置管理，要对高级、中级、初级职业资格结构比例、重要岗位任职条件等做出更明确的规定。

第二，落实出版单位重要岗位职业资格要求。出版单位重要岗位主要包括责任编辑、责任校对、复审、终审等。《图书出版管理规定》（2008）、《图书质量保障体系》（1997）、《图书编辑工作基本规程》（1998）、《图书校对工作基本规程》（2004）等规章、文件对出版单位的重要岗位均提出明确的岗位资格要求。如《图书质量保障体系》规定："初审应由具有编辑职称或具备一定条件的助理编辑人员担任（一般为责任编辑）。""复审应由具有正、副编审职称的编辑室主任一级的人员担任。""终审应由具有正、副编审职称的社长、总编辑（副社长、副总编辑）或由社长、总编辑指定的具有正、副编审职称的人员担任（非社长、总编辑终审的书稿意见，要经过社长、总编辑审核）。""出版社要指定一名具有专业技术职称的专职校对人员为责任校对，终校必须由本社有中级以上专业技术职称的专职校对人员担任。"出版单位应严格落实国家对出版单位重要岗位的职业资格要求，出版行政管理部

门应通过年度核验、年度"三审三校"专项检查等方式给予检查督促。

第三，落实出版单位领导任职资格要求。对于出版单位担任领导职务人员，《管理规定》明确规定："必须具有中级以上出版专业职业资格并履行登记、注册手续。"在《关于进一步加强出版单位总编辑工作的意见》（新出政发〔2011〕5 号）中指出，出版单位总编辑要"具有出版专业副高级以上专业技术职务"的任职条件。然而，一些出版单位、出版单位的主办（主管）单位（部门）仍无法满足上述职务任命要求，尤其是附属于教育科研等单位的出版单位。出版行政管理部门应通过年度核验等方式，加强出版单位领导任职资格的检查，督促出版单位及其主办（主管）单位（部门）严格落实《管理规定》，对担任出版单位领导职务的人员要求"必须具有中级以上出版专业职业资格并履行登记、注册手续"，担任出版单位总编辑职务的要求"具有出版专业副高级以上专业技术职务"。

（二）加强出版职业资格与出版监管衔接

第一，完善职业资格与出版行政审批、年度核验等制度的衔接。明确各出版行政审批项目中对专业技术人员资格条件的具体要求，加强对出版专业技术人员登记注册情况的审查，对不具备编辑出版专业人员要求的行政审批项目申请不予批准。完善出版单位年度核验办法，逐步把领导班子、编辑出版专业队伍与出版能力是否符合国家规定资格条件等作为核验是否通过的必备条件，以此加强职业资格制度与出版年度核验制度的衔接。

第二，建立出版单位职业资格人员状况与书号使用合理适配制度。出版职业资格的人员状况是衡量编辑出版能力的重要指标，应将出版单位职业资格人员数量与书号使用数量适度挂钩，建立出版单位职业资格人员状况与书号使用数量合理适配制度。

第三，落实出版责任人记录的有关规定。出版单位应严格按照国家标准《图书书名页》（GB/T 12450—2001）4.2.3.1 的规定，在图书版本记录页列载"责任编辑、装帧设计、责任校对等责任人"信息，主动接受社会公众对出版责任人的执业监督。在各级图书质量检查中，应将图书版本页是否列载出版责任人信息，责任编辑、责任校对等责任人，是否具有相应职业资格作为必检内容给予检查。

四、结语

出版职业资格管理是出版职业准入管理、出版岗位准入管理的核心，是我国出版管理的重要组成部分，应进一步完善出版专业技术人员高级职业资格的取得办法，科学设置出版岗位，落实出版重要岗位的职业资格要求，实行出版职业资格与出版监管的有效衔接，发挥出版职业资格管理在推动出版高质量发展中的应有作用。

高校出版社数字化转型升级研究

黄世昆

摘要： 在我国数字化产业规模迅速扩大的背景下，高校出版社数字化转型升级取得了一定成绩。在现阶段国家政策推动、新冠疫情催化和新兴技术倒逼下，高校出版社数字化转型升级之路机遇和挑战并存。高校出版社需要及时更新数字化出版理念，做好出版社顶层设计，深挖整合优质资源，全面拓展营销渠道，建设复合型高水平数字出版人才队伍，以求得数字化转型升级的更快更好发展。

关键词： 高校出版社；数字化转型；复合型人才

近年来，我国数字出版产业规模迅速扩大。第 45 次《中国互联网络发展状况统计报告》显示，截至 2020 年 6 月，我国网民规模 9.40 亿，互联网普及率达 67.0%，即时通信用户规模达 9.31 亿。传统出版和传统书报刊简单数字化已无法满足人民日益增长的美好生活需要。2019 年国内数字出版产业整体收入规模为 9 881.43 亿元，比上年增长 11.16%。[①] 新的国家政策不断调整推进，云计算、大数据、人工智能、区块链、5G 等新技术不断在出版业得到应用，在为高校出版社数字化转型升级带来机遇的同时，也对其提出了严峻挑战。因此，高校出版社应认清数字化转型升级的紧迫性，破解数字化转型升级的挑战和难题，使数字化转型升级之路越走越宽。

---

① 张立. 2019—2020 中国数字出版产业年度报告 [M]. 北京：中国书籍出版社，2020：21.

一、现阶段高校出版社数字化转型升级背景

（一）国家政策对高校出版社数字化转型升级的指导推动

2010 年，新闻出版总署发布《关于加快我国数字出版产业发展的若干意见》，为传统出版单位数字化转型做出指导部署。2015 年 4 月，原国家新闻出版广电总局、财政部联合下发了《关于推动传统出版和新兴出版融合发展的指导意见》，提出要充分利用先进的网络技术优势，实现对高等教育中移动阅读、在线教育、知识服务、数字印刷的最新产业结合。① 2017 年 3 月，原国家新闻出版广电总局联合财政部发布《关于深化新闻出版业数字化转型升级工作的通知》，进一步明确了转型升级的目标与路径。2020 年 9 月，中共中央办公厅、国务院办公厅印发了《关于加快推进媒体深度融合发展的意见》，全方位明确了媒体深度融合发展的总体要求。经过 10 多年的发展实践，在国家政策指导推动下，高校出版社的数字化转型升级之路也愈加清晰，需逐步向"融合出版"深度发展迈进。

（二）新冠肺炎疫情对高校出版社数字化转型升级的催化

在新冠肺炎疫情严峻时期，实体书店被迫关闭，各大书展相继取消或延期，对高校出版社线下实体出版造成很大影响。因此，很多高校出版社群策群力，借助各种图书数字化手段，推出线上阅读或融媒出版平台。各高校出版单位在为抗击疫情做出贡献的同时，也取得了良好的社会效益。如郑州大学出版社与郑州大学第一附属医院联袂推出《新型冠状病毒感染防控科普手册》（电子版），南京师范大学出版社出版《抗疫援鄂诊疗常用 100 语》（融媒体版）等，取得了良好的社会评价。部分高校出版社积极响应国家"停课不停学"的号召，加快数字化转型进度，积极搭建完善新数字平台或免费开放数字平台资源。如中国人民大学出版社免费开放人大芸窗数字教材平台，北京师范大学出版集团免费开放北师数字教材平台、京师备考平台等。融媒

① 王晓红. 高校出版社数字化转型的现实路径和发展方式研究［J］. 采写编，2018（4）：125-126，173.

体出版物充分发挥了出版单位在内容策划和制作方面的优势，在短时间内充分调动专家、学者等作者资源，在抗击疫情的特殊时期发挥了教育引领作用。①

目前，新冠肺炎疫情防控进入常态化阶段，出版业整体编校进度放慢，生产周期拉长，印制成本增加，实体渠道下滑，而数字出版、在线教育的优势更加显著。在新冠肺炎疫情催化下，如何正确把握和发展数字出版，尽快进行数字化转型，已成为高校出版社需要认真研究的一门课题。

（三）新技术要求高校出版社数字化转型升级加快步伐

近年来，"5G+"模式快速发展，带动着人工智能、AR、VR、物联网等技术迅速发展，也带动这些技术在数字出版方面的应用，出现了很多优秀数字出版物和出版平台，如郑州大学出版社"基于 AR 技术的手语教育复合出版与平台"。2019 年 10 月，习近平总书记在中共中央政治局会议上明确提出，要把区块链作为核心技术自主创新的重要突破口，明确主攻方向，加大投入力度。区块链技术从战略层面上得到国家高度重视，相关涉及区块链技术的文件陆续出台，已在数字出版产业中得到一定应用，如四川数字出版传媒有限公司的区块链版权服务平台——知信链。随着信息技术的全面发展，各种新技术在数字出版上的应用，极大提升了读者的阅读体验。因此，在出版物内容质量没有本质区别的前提下，读者们越来越趋向于选择智能化的阅读方式，以满足自身的阅读体验。这种智能化阅读方式，倒逼着高校出版社必须紧跟新技术发展的脚步，敢于尝试，勇于创新。

二、高校出版社数字化转型升级面临的挑战

（一）数字化出版理念滞后，转型升级思路模糊

高校出版社数字化转型升级的第一推动力是相关政策。② 在国家政策的

---

① 徐东，崔然. 我国数字出版融合发展趋势探讨 [J]. 出版广角，2020 (5)：15-18.

② 廖小刚，陈琳. 高校出版社数字出版的现状、发展趋势及对策 [J]. 中国编辑，2018 (11)：56-62.

指导推动下，虽然很多高校出版社的管理者和编辑的数字化观念有所增强，对人工智能、AR、VR、区块链等新技术有了一定了解，但在新观念、新技术如何与出版结合认知方面仍有不足。如何利用新观念、新技术将多种数字媒体资源与传统出版相融合，更好地满足读者越来越多元化的阅读需求，已成为高校出版社数字化转型升级中需要深思的问题。目前，很多高校出版社数字化转型升级之路已走了多年，也进行了一系列的探索，但是转型升级之路并不平坦。部分高校出版社在数字化转型升级中仍存在观念滞后、思路模糊、缺乏长期规划的问题。

（二）数字化转型成本大，实际收益不理想

在数字化转型升级方面，即使对于小规模的数字平台，也需要动辄十几万、几十万的资金投入，足以使很多高校出版社望而却步、难以承受，这成为数字化转型升级之路上的巨大障碍。在推动数字化转型的过程中，很多高校出版社虽克服了资金难题，试图进行转型。但前期投入的资金和后期较高的运行、维护成本，往往使得高校出版社"入不敷出"，陷入获利难或不获利的窘境。

（三）优质资源利用不足，缺乏全渠道营销思维

信息时代的发展给出版业带来了技术革新，较大程度上提高了新作品的生产效率，但同时也带来了一些诟病，比如出版内容质量不能保障、编校流程不规范等。[①] 高校出版社作为我国出版业三大板块的重要构成之一，其在学术出版、教育出版方面有着独特优势。高校出版社依托高校而建，拥有丰富的优质出版资源，但很多高校出版社往往未能有效把握，导致优质资源流失。目前，与各出版集团相比，高校出版社在出版行业数字化大潮中竞争力较弱，对优质资源的挖掘能力也有待提升。同时，很多高校出版社往往限于原有的营销模式，全媒体运营思维有所欠缺。虽然构建了自己的线上店铺、微信公众号、数字化平台等，但没有有效地整合利用，品牌影响力依旧受到制约。

---

① 钱翠翠."互联网+"背景下地方高校出版社的转型升级路径研究［J］.市场论坛，2019（10）：80-83.

（四）复合型人才培养不够，数字出版人才缺乏

随着媒体融合迈向深度发展阶段，数字化传播内容和形态日益向多元化发展，对数字出版专业人才队伍建设也提出了新要求。2020 年 3 月，人社部、市场监管总局、国家统计局公布了包含全媒体运营师在内的 16 个新职业；2020 年 7 月，人社部联合市场监管总局、国家统计局又发布一批新职业，其中包括区块链工程技术人员、互联网营销师、互联网应用操作员、在线学习服务师等与数字出版息息相关的职业。这些职位的发布为数字出版人才体系建设提供政策依据的同时，也预示着市场对这些人才的大量需求。基于高校出版社用人的稳定性和持续性，传统编校人才比较集中，学术、教育专业人才较多，复合型人才培养不够，数字出版复合型人才、数字产品运营人才较少。这种复合型人才的匮乏，已经成为制约高校出版社数字化转型升级的瓶颈。

三、高校出版社数字化转型升级对策建议

（一）转变数字化发展理念，做好数字化转型顶层设计

在信息技术日新月异的时代，及时更新数字化出版理念，将数字化思维引入传统出版，需要在高校出版社数字化转型工作中得到切实贯彻和落实。强化数字化出版理念，策划出满足现阶段读者偏好和需求的数字化出版物，实现数字化转型升级，才能在市场竞争中占据优势。比如，人民出版社结合新的数字化出版理念，创新性采用三维码技术，推出融媒书《学龄前儿童诗歌词汇》。新技术赋予纸质书可听、可写、可玩、可唱等多种功能，满足了小读者的多重阅读需求，延伸了阅读的内涵与外延，构建真正沉浸式、交互性、多维立体的阅读场景。[①] 出版社要在数字化转型升级中厘清思路，制定好短期目标和长期规划，使数字化转型之路走得更高效、更规范。2019 年以来，机械工业出版社从顶层设计对数字化转型做出系统考虑和安排，从战

---

① 李静. 出版界又一新概念：三维码融媒书能给出版业带来什么？［N］. 出版商务周报，2019-06-16（13）.

略、产业、制度、项目等方面对数字化转型进行统筹规划，取得了较好发展。

近年来，我国数字出版产业持续健康发展，新兴板块继续保持良好发展势头，2019 年我国在线教育收入达 2 010 亿元，与 2018 年相比，在线教育收入规模增长幅度超过 50%，已成为数字出版产业中发展最为强劲的领域，市场格局梯队层次渐趋成型，品牌性产品不断涌现，用户接受度逐步提升。① 在疫情防控常态化的现阶段，在线教育规模必将进一步扩大。高校出版社应制定好短期目标和长期规划，依托丰厚的教育资源，尝试探索在线教育这一潜力市场。

（二）紧紧围绕主题出版，推动数字化转型升级

自 2010 年以来，我国数字化转型升级之路已走过 11 个年头，取得了快速发展，这离不开党和国家政策的推动与基金的扶持。近年来，出版业作为宣传思想主阵地的作用日益提升，意识形态问题越来越受到重视。2020 年 4 月 3 日，国家新闻出版署发布《关于组织实施数字出版精品遴选推荐计划 2020 年度项目申报工作的通知》，通知中明确要求，要以习近平新时代中国特色社会主义思想为指导，全面贯彻党的十九大和十九届二中、三中、四中全会精神，贯彻落实习近平总书记关于宣传思想工作的重要思想，增强"四个意识"，坚定"四个自信"，做到"两个维护"，紧扣决胜全面建成小康社会、决战脱贫攻坚，坚持守正创新、确保质量、务求实效，分类别遴选推荐一批导向正确、内容优质、创新突出、双效俱佳的数字出版产品和服务项目，引导出版单位树立以精品引领发展的导向，持续推出更加丰富、更加优质的数字出版项目，促进出版融合向纵深发展，更好地满足人民群众的出版和阅读需求，推动出版业高质量发展。② 2020 年 12 月 21 日，第十届中国数字出版博览会在北京国际会议中心开幕，中宣部副部长张建春出席会议并作题为《大力实施数字化战略推动出版强国建设》的主旨讲话。讲话中指出：

---

① 张立，王飓，李广宇. 2019—2020 中国数字出版产业年度报告 [M]. 北京：中国书籍出版社，2020：24.

② 国家新闻出版署关于组织实施数字出版精品遴选推荐计划 2020 年度项目申报工作的通知 [EB/OL]. (2020-04-03) [2021-01-09]. http://www.nppa.gov.cn/nppa/contents/279/45925.shtml.

2021 年是我国现代化建设进程中具有特殊重要性的一年，是中国共产党成立 100 周年，是"十四五"开局之年、新征程开启之年。把融合发展和数字出版产业作为一个主攻方向，着力抓好学习阐释习近平新时代中国特色社会主义思想作品的网上出版传播，围绕庆祝中国共产党成立 100 周年等大事喜事，主动策划一批主题鲜明、内容丰富、形式生动的数字出版献礼精品。依据以上数字化转型升级政策通知和讲话精神，高校出版社可在紧密围绕主题出版和数字出版的结合上下功夫，逐步推动出版的数字化转型升级。

（三）深挖高校优质资源，打造精品数字化项目

无论是传统出版还是数字出版，优质的内容质量始终是优质出版物的核心。高校出版社依托高校，拥有丰厚优秀的学术和教育资源。深度挖掘整合高校优质资源，利用各种数字化手段，对产品形态进行多元化拓展，是高校出版社数字化转型升级的方向之一。比如，清华大学以优质资源为依托，充分发挥内容和作者资源优势，全方位开展融合发展的探索和实践，开发了多种在线教育服务和在线教育相关产品，如电子教材、在线课程、付费问答、习题库、备授课系统、知识库产品等，有力地提升了数字化发展的广度和深度。①

高校出版社在深挖优质资源上应多思考、多学习，比如向地方出版集团特色数字化精品项目学习借鉴。安徽出版集团立足本土特色，由点到面、由表及里深度挖掘数字文化内涵，对精品数字内容项目做到"发现一批、储备一批、扶持一批"，打造出"安徽基本古籍库""图片安徽云平台""百年逐梦大别山""云戏黄梅"等精品项目。高校出版社可借鉴学习其立足本土特色，深度挖掘数字文化内涵的思维方式，结合自身资源特色打造精品数字化项目。

（四）全面拓展营销渠道，构建线上、线下联动营销运营体

在信息爆炸的时代，"酒香也怕巷子深"，产品销售模式正由原有的"人找物"向现在的"物找人"转变，如当今火爆的直播带货等。高校出版社若仅依靠原有渠道销售，必将在数字化大潮中处处受制。在现阶段，高校出版

---

① 庄红权，温韫辉. 以内容为体，以技术创新和体制创新为翼：清华大学出版社出版融合初探［J］. 出版广角，2018（1）：38-40.

社必须以全媒体思维，在线上加强与多家平台运营商合作，不断拓宽线上渠道，如掌阅、喜马拉雅、懒人听书等；在线下原有渠道基础上，思考开展数字业务合作，如图书馆数字业务等，并做到线上、线下有效联动，开展特色营销活动，全面拓展营销渠道，提升知名度，扩大影响力。具体实施路径上，可从市场定位和读者定位开始，以市场和读者的类型、需求、特征为基础，以线上、线下联动营销活动为抓手，扩大品牌优势。

（五）重视人才建设，打造复合型数字化人才队伍

事业发展需要靠人才，人才队伍建设是事业发展的决定性因素。对于高校出版社数字化转型升级来说，面对数字产业对传统出版的剧烈冲击，建立一支优秀的高水平数字出版人才队伍非常关键。各高校出版社可依据自身人才队伍建设现状，从自身培养和人才招聘两种途径对数字化人才队伍进行完善建设。自身培养，即从现有队伍中选择具有数字出版技术背景和编辑专业知识的员工，从知识、技术、思维等方面进行全面培养，此类人才企业归属感较高；人才招聘，即引进高水平人才，能快速带动高校出版社转型升级，但此类人才引入困难，代价较高，其企业归属感有待提升。总的来说，高校出版社无论以何种方式建设数字出版人才队伍，都必须将人才队伍放在首位，以选好人才、用好人才、发展人才、留住人才为保障[①]，切实推进数字化转型升级。

四、结语

时代在发展，科技在进步，经过近些年的发展实践，高校出版社作为我国社会主义出版事业的重要组成部分，在数字化转型升级中有了一定的基础和规模。在数字化市场竞争越来越激烈的现阶段，高校出版社要牢牢把握国家数字化发展的机遇，整合优质资源，发挥自身优势，弥补自身劣势，助力我国高等教育事业和文化事业发展，多出社会效益和经济效益相统一的数字化精品，为建设科技强国和数字中国贡献出版人的力量。

---

① 孙保营. 融合出版背景下高校出版社人才队伍建设困局及破解 [J]. 中国出版，2020（16）：46-50.

数字化背景下高校出版社转型升级研究

郗 毅

摘要：信息技术的发展使各行各业的运营和发展方式发生了巨大变化，在此大环境下，高校出版社也需要进行转型升级，这是适应市场发展要求的必然选择，也是响应国家政策、推动出版行业持续发展的必然要求。与传统出版相比，数字化出版耗费的资源成本更大。当前，高校出版社在数字化转型升级方面还存在数字出版理念淡薄、收益效果不理想等问题。本文立足数字化出版需求，从建设数字出版平台、整合学术资源、深度融合现代化技术、明确分工、优化服务、科学选择营销策略等方面，就高校出版社在数字化背景下的转型升级策略展开论述。

关键词：数字化；高校出版社；转型升级

在我国出版行业中，高校出版社是一个重要分支。随着人工智能技术、大数据技术、云计算技术等现代化技术的应用，数字化发展已经成为新的发展趋势。就当下出版行业的实际发展情况来看，很多出版社积极顺应趋势，朝着数字化方向转型升级，从而做大做强企业，重新获得生机，在新的产业格局中占据重要的主导地位。在这样的大环境下，高校出版社也要及时转型升级，应用数字化技术，获得长远、稳定的发展。本文通过对数字化出版趋势和特点的研究，就高校出版社在数字化背景下的转型升级策略进行探讨。

一、数字化背景下高校出版社转型升级的必要性

（一）满足市场需求的必然选择

随着信息技术的全面发展，以 iPad、手机、手提电脑为载体的智能终端的应用越来越广泛，人们也越来越倾向于选择智能化阅读方式，导致纸质出版物市场需求不断下降。① 尤其是近些年，为了迎合新时代青年人的生活方式和阅读特点，各平台大力发展互联网数字阅读，而且在信息技术的驱动下，这种发展势头不断增强，互联网数字化阅读逐渐取代了过去的纸质阅读。这种发展态势在一定程度上表明，读者的阅读需求已经发生转变。所以，高校出版社必须朝着数字化方向转型升级，这是满足市场需求的必然选择。

（二）响应国家政策的必然选择

依据《中华人民共和国国民经济和社会发展第十三个五年规划纲要》的相关要求，我国出版行业要加快数字出版的建设。这也意味着，"数字化出版"已经不仅仅是市场层面的需求，而且已经成为国家的重要产业政策。② 近些年来，作为新兴文化产业的数字化建设，出版社在国家政策扶持下获得了社会的广泛关注，在文化发展过程中，新的出版形式占据重要位置。所以，高校出版社朝着数字化方向进行转型升级，是对国家政策响应的必然选择。

（三）推动出版行业持续发展的必然选择

随着科学技术的迅猛发展，我国高等教育信息化发展的步伐日益加快。与此同时，高校出版社的出版技术在交互式教学理念的驱使下不断提升，阅

---

① 陈飘平. 工具书数字化转型的探索和启示：以上海外语教育出版社为例 [J]. 编辑学刊，2020（2）：61-65.

② 宋亦芳. 移动互联网时代大学出版社数字出版创新转型辨析 [J]. 中国传媒科技，2020（1）：39-41.

读种类也越来越丰富。作为高校出版社数字化的主要受众，"90后""00后"是随着互联网迅速发展而成长的新时代青年，对于智能手机、电脑、互联网等十分熟悉，并且因为他们生活在信息化环境中，可以非常熟练地运用这些平台去获取信息。① 所以，高校出版社在应用技术上必须全面开拓、不断推陈出新，结合智能终端设备，让数字化阅读呈现出新的活力和生机。这也意味着，高校出版社朝着数字化方向转型升级，是获得长久、稳定发展必须做出的选择。

二、数字化背景下高校出版社转型升级面临的挑战

（一）资源成本耗费较大

数字化出版与传统出版相比，消耗的资源成本更大。在数字化背景下，出版社需要搭建相应的数字平台，而即使是小规模的平台，也需要花费很多人力、物力和财力。对出版社来说，动辄数十万的专项资金超出了其经济承受范围，是他们实现数字化转型升级面临的一个巨大挑战。所以，在数字化转型升级这条路上，很多高校出版社只能"望洋兴叹"，尤其是一些技术和资金比较薄弱的高校出版社，面对数字化专项发展往往"无能为力"，由于财力、物力以及人力上的高投入，导致数字化转型升级之路举步维艰。②

（二）数字出版理念淡薄

通过对我国高校出版社发展的趋势和走向来看，在数字化转型升级方面，很多出版社展开了一系列摸索，但是转型升级之路并不平坦，走了很多弯路，也遭遇过很多挫折。目前，部分出版社及其管理者，特别是编辑，对数字化转型的思想观念、认知水平有待提高，很多人对数字化出版认识模糊，存在认知误区，甚至片面地认为数字化出版就是将图书尤其是热销图书

---

① 唐志荣，康锋，陈丽琼. 大数据时代高校科技期刊全程数字化出版及其知识服务转型 [J]. 未来传播，2019（6）：21-27.
② 沈建新. 媒体融合下高校学报数字化转型的解析及路径探索 [J]. 科技与出版，2018（12）：148-151.

通过网络平台进行出版。因为数字化出版理念淡薄，所以高校数字化出版的发展受到严重阻碍。①

（三）收益效果不理想

陷入"不获利"的窘境，是数字化背景下部分高校出版社在转型升级过程中面临的问题之一，这也是他们转型升级之路上的一个巨大挑战。在实际推进过程中，很多高校出版社花费很大的经济成本搭建了数字化出版平台，但在实际运营过程中没有获得稳定的收益，反而需要较高的维护和运行成本，收益与支出不平衡。② 换言之，高校出版社在进行数字化转型升级过程中获得的收益难以满足数字化出版需要的人员开支、设备维护、水电等的成本支出。

三、数字化背景下高校出版社转型升级策略

（一）建设数字出版平台，奠定转型升级基础

数字化出版对平台有较高的要求，为了成功实现数字化转型升级，高校出版社需要建设数字化出版平台，这是非常关键的一个环节，直接影响转型升级的成效。首先，高校出版社要立足实际，依托国家和地方对数字化项目建设的优惠政策，尽最大可能获得资金支持，为高校出版社数字化转型升级寻找资金保障。如郑州大学出版社于 2019 年利用基金项目组建了数字出版中心，负责郑州大学出版社的数字出版、图书配套的电子音像方面的业务，以及出版社的信息化建设、软件开发，以及计算机软硬件、网络的服务工作。更新了一系列配套设备，并建立了独立的数字影音工作室，可承载录音、摄像、摄影等多种辅助出版的数字摄录工作。与此同时，可以通过吸纳民间社会团体资助、合作等多种形式加速数字化转型升级。③ 其次，在数字化发展

① 廖小刚，陈琳. 高校出版社数字出版的现状、发展趋势及对策 ［J］. 中国编辑，2018（11）：56-62.

② 强薇. 浅析中小型高校出版社的数字化转型 ［J］. 新闻世界，2018（7）：90-92.

③ 穆雪. 论高校出版社发展数字出版的对策研究：以陕西省高校出版社为例 ［J］. 今传媒，2013（4）：66-67.

背景下，高校出版社可以采取"抱团取暖"的方式，利用现代化技术资源共享的优势搭建数字化综合出版平台，借助该平台与其他各类出版社建立良好的合作关系，成立数字化出版基地。尤其要加大与同类出版社的沟通与合作力度，从而实现共同提升。此外，高校出版社在数字化背景下要利用信息技术，不断开辟合作的渠道，形成具有多元化特征的综合出版平台，为高校出版社数字化转型升级打好基础。

（二）立足实际整合学术资源，做到内容为先

在高校出版活动中，选题策划是非常重要的一个环节。① 从某种程度上来说，高校出版社与其他类型出版社相比，其比较优势是能够全面整合高校资源。高校有丰富的教育资源，出版社要利用其优势实现对高校科研人员、教育工作者的紧密连接。与此同时，还具备专业的学术储备机制，这也是高校出版社的优势之一，高校内部的教育工作者从某种程度上来说就是优质的作者资源。在数字化转型升级过程中，高校出版社可以利用这些特色资源，针对相关领域专家、学者的研究成果进行深入挖掘，在此基础上与数字化网络信息资源相融合，从而策划出更多高水准、高质量的出版物。

例如，四川大学出版社充分利用母体大学各个院系的学科特色和优势，开发出有较大影响力的出版物，与四川大学古籍所的专家学者开展合作，开发了一系列古籍选题，如《两苏经解》《儒藏》《司马光全集》等。很多图书出版项目因为鲜明的特色、过硬的质量和专业的水准获得诸多奖项。

总的来说，无论是传统出版行业，还是当前社会下的数字化转型与升级，都要坚持"内容为王"的原则，将内容放在核心位置。高校出版社除了将所拥有的纸质图书资源通过信息技术转化为电子资源，还要充分利用自身优势有效整合学术资源，从而占据市场优势。

（三）深度融合现代化技术，推动出版社转型

为了适应市场发展需求，高校出版社在数字化背景下进行转型升级，必须引导和迎合受众需求，根据他们的需求采取相应的转型措施。深度融合现

---

① 黄可心. 对新时期高校学报整体战略转型的理性思考［J］. 吉林省教育学院学报，2011，27（2）：18-23.

代技术，是推动高校出版社数字化转型升级必不可少的一个环节。例如，运用增强现实技术、虚拟现实技术等现代化技术。在出版领域和行业，这一技术有巨大的潜力，应给予高度重视。其中，以 AR 技术为主的数字化出版物正在形成一定的市场规模。如《扬子晚报》《时代周报》等在国内享有盛誉的传统出版商，已经做出积极转型，将纸书图片与手机 App、新媒体等关联起来，从而给受众提供更加精彩、形象、生动的增强现实服务。所以，在出版行业发展过程中运用 AR、VR 技术，会呈现出多元化形态，还能逐渐降低出版物的生产成本，增强出版行业与读者的互动。又如，运用云计算技术、大数据技术，高校出版社可以精准地获得读者阅读需要，然后根据读者需要对出版物的内容进行调整与优化。当前，可利用用户行为数据、出版内容数据等，通过对这些数据的挖掘、收集和运算，实现"市场需要"与"数字出版"之间的高度吻合，从而为高校出版社探索新的发展机会。此外，还要充分利用群体智能化技术，该技术在数字化协同生产方面能提高工作效率。尤其是在审校、出版进程中，可以多角度运用群体智能化技术，其中包括对出版物内容实施标引等，有助于提升内容出版效率。

（四）明确分工并优化服务，打造产品影响力

设定生产架构，对高校出版社数字化转型升级有着极其重要的作用。具体来说，高校出版社要想在数字化背景下实现转型升级，必须要做到运营、平台、技术和内容的有机结合，只有保证这几个方面协同一致，才能保障转型升级效果。与此同时，这几个方面需要明确分工：运营就是有效推广和营销产品内容，平台就是通过信息技术平台发布和使用出版产品，技术就是通过数据库、互联网等技术管理和维护数字化平台，内容就是有效分类和整理知识。这几个方面要保证对立性和统一性，从而打造出数字化、体系化、高质量的知识产品。除此之外，在高校出版社数字化转型与发展过程中，构建、优化盈利模式也是不可忽视的一个环节。前面提到，当下高校出版社在数字化转型发展过程中收益较低且不稳定，但是维护、运营等需要大量的资金支撑，这是出版社进行数字化转型升级道路上的主要障碍。为了克服障碍，高校出版社必须优化盈利模式。具体来说，就是要改善出版产品的内容和质量，使其达到数字化出版的内在要求。与此同时，不断完善数字产品的

推广和制作，使其趋向成熟，从而增加出版社的收益。

（五）科学选择营销策略，有效占据市场份额

高校出版社在数字化背景下的成功转型升级，需要科学的营销策略作支撑，从而在市场上占据优势，获得持续发展。众所周知，数字产品的价格是影响读者购买欲望的主要因素之一。所以，高校出版社在转型升级的过程中，需要认真考虑数字产品的定价问题。

为了培养客户黏性，高校出版社应针对性质不同的出版产品制订不同的价格策略。例如，对于具有品牌效应、市场潜力、特定价值的数字产品，应当采取高价策略，如清华大学出版社出版的数字产品《佳能数码单反相机 EOS6D 新手实战 1 本就 GO!》（仅适合 PC 端阅读），定价高达 77.10 元，这也在一定程度上拉动了同系列其他图书的销售。又如，对于同质化产品较多的数字产品，高校出版社可以采取免费策略或者低价策略来锁定用户，从而有效扩大市场份额，比如各种外语教学类视听产品，这类数字产品有着比较成熟的市场，数量也非常多，所以采取免费或低价策略可以快速抢占市场份额。

四、结语

综上所述，为了响应国家号召，同时也为了更好地满足市场需求，获得可持续发展，高校出版社应朝着数字化方向积极转型升级，融合现代技术，整合学术精品资源，搭建科学、合理的数字化出版平台，创建有效、合理的盈利工作模式。

本文从建设数字化出版平台、整合学术资源、深度融合现代技术等方面就高校出版社数字化转型升级策略进行阐述，希望能为高校出版社及相关人员实行数字化转型升级提供参考。

新媒体时代高校出版社核心竞争力培养研究

孙　泓

摘要：近年来，出版产业数字化信息技术的发展给我国高校出版社的转型升级带来了机遇与挑战，也对其核心竞争力提出了较高要求。当前，高校出版社存在出版品牌不足、高素质复合型人才培养不力、借助新媒体融合创新发展运营能力较弱等问题。笔者认为，应依托母体大学丰富的出版资源，走个性化、差异化发展道路；打造一支能更好承担"举旗帜、聚民心、育新人、兴文化、展形象"的历史使命的人力资源队伍；利用新媒体传播平台管理运营；细分受众市场，有针对性地提供增值服务，从而达到培养高校出版社核心竞争力的目的。

关键词：高校出版社；核心竞争力；新媒体时代；"四力"

党的十九大报告指出，没有高度的文化自信，没有文化的繁荣兴盛，就没有中华民族的伟大复兴。作为"四个自信"中更基础、更广泛、更深厚的自信，文化自信是民族复兴的动力之源。因此，在新时代，文化建设的地位更加重要，对于满足人民的精神需求，建设社会主义文化强国有着突出作用。作为新时代宣传思想文化战线的组成部分，高校出版社在人才培养、学术研究、社会服务、文化传承与创新方面做出了重要贡献。在当前大数据信息技术、云计算、物联网等数字出版的背景下，如何在保持自己专业优势的前提下，结合互联网技术促进出版品质的转型升级，培养高校出版社核心竞争力，是高校出版社面临的新的问题与挑战。

一、新媒体时代高校出版社转型升级存在的问题

为提升高校出版社竞争力，重塑市场主体地位，国家从 2006 年起开始实施高校出版社转企改制工作，到 2010 年年底基本完成。但这种改制对高校出版社的效果和影响并非立竿见影，而是需要一段时间的适应、发展和沉淀。因此，改制后的高校出版社在市场资本运作模式的冲击下，在数字媒介融合创新的经营压力下，面临着诸多问题与挑战。

（一）部分高校出版社自有出版品牌匮乏

出版品牌是出版社在市场上给予政府、读者、作者等利益相关者的总体印象，是对其产品判断的标准①，也是彰显其出版活力、获得社会影响力的重要基础。但在市场化经营模式下，部分高校出版社出版产品仍多为教材、习题集、教辅等，且跟风、重复出版现象较严重②，没有自身的出版特色、市场定位模糊、出版范围较窄、出版理念落后③，这些都是高校出版社打造出版品牌的制约因素。

（二）高素质复合型出版人才培养滞后

由于时代的发展和技术的革新，从传统出版到数字出版转变，以及融媒体出版技术和知识服务越来越普遍，这给高校出版社的发展提出了更高的要求。一方面，信息技术的进步升级，促进了高校出版社管理效率的提高④；另一方面，新技术可以迅速发现出版过程中存在的问题与不足，进而提高稿件及编辑处理的工作质量。而高校出版社实现上述目标的前提是需具备既熟悉出版知识又掌握"互联网+"技术的复合型人才。然而，因为高校出版社

---

① 陈晗. 利益相关者视角的出版企业社会效益分析 [J]. 中国出版，2020（9）：36-38.
② 钱翠翠."互联网+"背景下地方高校出版社的转型升级路径研究 [J]. 市场论坛，2019（10）：80-83.
③ 赵丽华，吴俊庭. 在调整中前行：对当前大学出版社发展态势的反思 [J]. 出版广角，2019（20）：18-20.
④ 庄红权，温蕴辉. 以内容为体，以技术创新和体制创新为翼：清华大学出版社出版融合初探 [J]. 出版广角，2018（1）：38-40.

的品牌影响力较小，加上传统出版利润率较低，业务增长乏力，且出版人员的收入待遇较低，职称晋升困难等①，出版社很难吸引、留住高水平人才。同时，观念落后，高素质人才培养严重滞后。因此，如何通过激励机制、人才培养规划、政策制定等培养和吸引高素质复合型出版人才，是高校出版社发展面临的重要问题。

（三）融媒体发展运营能力较弱

如今，数字融合出版是高校出版社在新媒体时代面临的最大挑战。虽然一些高校出版社对这种发展趋势进行了一定程度的关注，但其影响主要集中在观念层面，并没有从实际执行层面做硬性规定。即使基于数字出版的发展理念，对当前传统出版做出了一些改变，但也只限于从纸质图书到电子图书。② 而从整体数字化改造方面，比如从出版产品的生产到营销阶段、从企业文化建设到人才培养阶段、从运营模式实施到监管理念健全等方面，高校出版社都还没有深入掌握和熟练使用融合数字出版技术，并没有形成成熟的数字出版商业管理模式。因此，新媒体技术融合运营浅显、粗放、质量较低、社会影响较小，这些问题是阻碍高校出版社高质量发展、提高市场竞争力的重要因素。

二、培养高校出版社核心竞争力的对策建议

要解决当前高校出版社面临的诸多问题，出版社必须走个性化、差异化发展道路，结合"四力"打造复合型人才队伍，利用新媒体传播平台运营管理，提供增值服务，增加用户黏性，从而提高高校出版社的核心竞争力（核心竞争力即企业发展应围绕的具有竞争优势的资源）。③

（一）依托母体大学丰富的出版资源，走个性化、差异化发展道路

第一，高校出版社选题策划要树立精品意识、专业意识和品牌意识，依

① 孙保营. 新时代地方高校出版社图书质量建设的困局与纾解 [J]. 科技与出版，2020（8）：26-30.

② 骆萍. 大学出版社可持续发展路径探索 [J]. 科技与出版，2020（2）：38-42.

③ 王军. "双一流"建设背景下加强高校出版工作刍议 [J]. 现代出版，2018（4）：27-28.

托高校特有的专家学者资源和他们的学术成果，以及作为知识链供应主体的高校图书馆[①]，打造与教学科研紧密结合的精品教材、有深度的学术专著，以及具有启发性、易掌握的普及读物等。例如郑州大学出版社依托院士和专家的优秀科研成果，在创伤医学领域出版大量国家级重点图书，弥补了我国在该领域的部分出版空白，建立了出版社在创伤医学领域的出版品牌和市场竞争优势。上海外语教育出版社通过将高校专家的学术成果进行出版、发行与传播，将英语、法语、日语等语言类高校教材、教辅打造成优势品牌，并获得国家级多项图书奖励。四川大学出版社依托大学优势专业深耕细作，现已形成文献文集系列品牌，获得学术界的好评。清华大学出版社在计算机、数学、理工、基础教育等特色专业领域的出版，树立了品牌优势。中国人民大学出版社在哲学社会科学专业领域的系列出版，也打造了自己的品牌优势，获得学术界的认可。这些都是高校出版社依托大学优势资源，汇集高端学术专家，在特色专业领域细化深耕，走差异化、个性化出版道路，进而建立自己的品牌优势，获取市场竞争力。

第二，从长远角度谋划，树立清晰的市场定位及出版理念。做好教材和学术著作出版，以服务于高校人才培养、学科建设及教学科研，是高校出版社的使命和担当。因此，在市场定位方面，出版社要依托母校学科资源、作者资源、特色专业资源等，努力开拓个性化、差异化的细分市场，深挖潜在对口用户规模，抓住出版市场潜在增值空间，从而提高自己的品牌竞争优势。

在出版理念方面，要摆脱盲目扩大市场规模、追求市场占有率的出版理念，凝聚高校优势资源，促进作者、编辑与读者信息的交流与沟通，彰显出版特色，在某一领域深耕，建立自己的品牌优势，这对高校出版社社会效益及经济效益的提升具有重要作用。因为读者作为出版行业重要的利益相关者，他们对出版物的认可及购买选择影响着出版社的经济效益。面对市场上琳琅满目的出版物，读者在不知如何选择时，往往更相信出版社在市场上长期形成的品牌优势。高校出版社通过提供满足读者精神需求的优秀产品及服务，使读者得到获得感和满足感，提高其在读者群中的消费声誉，从而为高

---

① 田常清，谢泽杭，周玉波. 高校出版社发展质量评价指标体系构建研究［J］. 出版发行研究，2019（2）：18-22.

校出版社带来声誉，这就是出版社在读者群体中的社会效益。而社会效益越好的出版社就越容易吸引读者消费购买，甚至会改变读者的阅读习惯和购买取向，从而为自己培养忠实的读者群体，增加用户黏性①，以提高高校出版社的经济效益，让出版社有足够的实力策划社会效益好的图书，实现社会效益与经济效益相统一的目标，形成良性循环。

（二）加强"四力"建设，提升编辑能力

以习近平总书记提出的关于新时代出版人增强"四力"的要求，即增强出版脚力、出版眼力、出版脑力、出版笔力②，并在融媒体背景下，通过完善人力资源管理，建立科学的考核激励、职务职称晋升、利益分配机制，打造一支能更好承担"举旗帜、聚民心、育新人、兴文化、展形象"历史使命的人力资源队伍。

第一，增强出版脚力。就是要行动起来走出去、走对方向，深入业界探究行业生态环境，创新性地开拓一片蓝海。拥有丰富的出版资源对一名优秀编辑来说至关重要，尤其是拥有强大的作者朋友圈。因为对于高校出版社来说，图书质量的高低主要受作者水平的影响，他们是出版社的战略核心资源。一流的作者资源，更有利于出版社拥有市场的主动权和话语权，因此要鼓励编辑人员走出去，通过研究行业动态，了解作者信息，并与优秀作者建立良好的合作关系。通过出版有影响力的作品获得市场认可，打造自己的品牌优势，提升社会效益，占据更大的市场份额，进而提升经济效益，实现社会效益与经济效益相统一。另外，对于出版管理者来说，还要走对方向。在高校出版社发展经营的过程中，确立正确的市场定位、建立正确的战略格局、树立正确的出版理念对出版社的生存发展至关重要。

第二，增强出版眼力。就是要鼓励编辑人员在平常的工作中通过多学、多看、多阅读、多比较，进而增强自身的政治辨识力和发现好作品的能力。在编辑工作过程中，会遇到形形色色的书稿，这就要求编辑自觉利用习近平

---

① 贾慧娟，刘辉. 高校出版社运用新媒体营销的改进策略：以微信为例［J］. 科技与出版，2019（12）：100-103.

② 郑可. 打造出版精品，推动高质量发展：关于新时代出版人践行"四力"的若干思考［J］. 中国编辑，2019（11）：30-33，54.

新时代中国特色社会主义思想武装头脑，要在学习理论、付诸实践中提高自己的战略思维、辩证思维、纵深思维、底线思维，进而对各类书稿进行鉴别、筛选、取舍、应用。其中重要的一点就是要结合时代背景与政策方针，围绕党和国家工作主题去筛选高质量的选题，要善于发现观念先进、思想深刻、创作结构精当的价值之作，进而为广大读者呈现出新时代的人民之美、生活之美、文化之美，通过知识的传播、文化的传承开社会风气之先，引领时代发展。因此，要鼓励编辑人员多关注社会焦点及国家时政热点，并将掌握的知识运用到出版实践，理论联系实际，用一双善于发现的眼睛挖掘经典之作，出版更高质量的精品。

第三，增强出版脑力。这需要出版人与时俱进，积极响应党和国家号召，做好反映习近平新时代中国特色社会主义思想的传播者。编辑要善于洞察时代格局，通过认真钻研马克思主义基本理论知识及出版专业知识，不断提高知识化、专业化水平，以全面、系统、客观的态度讲好中国故事，并利用现代多元的表达方式与传播形态，为广大人民群众呈现当代优秀作品，从而更好地巩固国家意识形态，推动社会文化领域消费的转型升级，营造风清气正的社会氛围，为读者的精神陶冶、中华文化的传承贡献出自己的一分力量。

第四，增强出版笔力。这需要编辑提高驾驭语言文字的能力。因为出版工作主要是与文字内容打交道，要想娴熟地驾驭文字，最重要的是要在平常的工作中养成写作的职业习惯。这样在收到作者稿件时，在尊重作者创作的基础上，通过深入研读作者的文笔构思、逻辑思路、风格特点，利用平常积累的过硬的写作经验，优化稿件逻辑结构、语言体系及表达逻辑，进而更好地打造具有文化品位、审美水平的出版读物。

第五，大力培育复合型人才。在融媒体背景下，高校出版社要制定科学的人才培养规划，依托母体大学开展多元化的培训，积极为编辑人员争取国内外学术交流的机会，通过课程学习与实践，培养出既具备专业出版知识，又能灵活运用大数据、人工智能、物联网、云计算等技术的一专多用的复合型出版人才，并大量起用有能力、有担当、有创新思维的骨干人员到核心岗位，从而更好地促进高校出版社的转型升级。

（三）适应行业特点，创新新媒体运营机制

适应行业发展规律，利用新媒体传播平台管理运营，细分受众市场，有针对性地进行内容推送，通过增值服务增加用户黏性。

第一，建立自己独具特色的微信公众平台。利用高校出版社微信公众号为读者提供多元化的产品分类、筛选、预览功能，并从数据分析的视角，将用户数据和内容数据智能化，从而做到事前完善、事中跟进、事后反馈，满足读者个性化需求。首先，通过大数据技术进行精准营销。传统出版产品的运营统计只是从销售量的角度考虑绩效水平，但是忽略了对用户社会关系网络的探究[①]，因此无法有效掌握细分领域读者群及挖掘潜在用户的规模。通过大数据分析技术，将出版产品的营销建立在对用户行为数据的整合利用的基础上，进而实现精准营销及商业价值的转换。其次，充分利用企业公众号。通过自营新媒体公众号，根据自己的营销策略不仅可以自主地发布一些关于出版产品的音频、视频、主要内容简介及书评等，而且还要对发布文章的内容版式做出高标准的整合和设计，比如在页面布局、图文设置、字型字号、段落排版等都要做到最优化，以展示出版社的良好形象。增加和读者线上线下的交流频率，了解读者的反馈意见，进而增加用户体验，以培养用户对高校出版社的信任度。最后，做好数据分析及定制服务。由于新媒体与生俱来的数据性，当用户接触微信公众号了解所需信息的同时，也留下了阅读的痕迹，这样出版社就可以根据捕获的数据及已保留的存量数据进行技术分析，对用户进行精准分类，从而有针对性地为用户推送相关信息，做到个性化定制服务，充分发挥新媒体的数据分析作用，最终将信息流量转化为产品的销量，以增加高校出版社的商业价值及市场竞争力。

第二，与各类营销平台开展有效合作。出版社要与各类平台大力开展合作，以提升产品的竞争力和传播力。例如在电子书方面，与淘宝、京东、当当网、咪咕等线上运营商合作；在视频教程方面，与网易云课堂、作业帮、咪咕等合作；在音频产品方面，与喜马拉雅、各类电视台合作。一方面通过互联网数据分析技术对用户行为进行碎片化处理，进而实现订单的数字化、

---

① 王加俊，吴从新. "双一流"建设背景下高校出版社核心竞争力培养研究 [J]. 出版参考，2019（10）：28-32.

流程化；另一方面还可以实现销售渠道的多元化管理，从而有助于建立稳定的用户群体，实现高校出版社与网络平台的互利双赢。

第三，创新产品呈现形式与营销方式。由于新媒体技术的信息化、数字化拓宽了高校出版社的产品流通渠道，也扩大了读者消费的选择范围，因此高校出版社的出版经营理念要与时俱进。除了保持传统出版如高校教材、学术著作、教材教辅等产品线以外，还要利用互联网扩大自己的出版范围。比如在出版物内容载体层面，要抓住现代用户快节奏的生活特点，以电子书、手机出版物、网络原创文章、在线课程、知识库等产品形式为读者提供增值服务，让读者可以在短时间内汲取到感兴趣的内容，以满足用户的精神需求。同时，要结合社会焦点、热点问题推送适合大众阅读的文章，或者通过将用户按照年龄、职业、兴趣爱好等进行分类，推送适用各类人群阅读的文章，从而增加用户对营销平台的关注度，扩大消费市场，提升出版社的核心竞争力。

三、结语

高校出版社是我国出版业的重要组成部分，要做好教材和学术著作出版，以服务于高校人才培养、学科建设、科学研究及社会服务，这也是高校出版社的使命和担当。在数字化信息技术迅速发展、知识更迭速度加快的时代背景下，高校出版社要依托高校的优质资源，建立自己的品牌优势；夯实"四力"，提升编辑能力；结合大数据、云计算等互联网技术培养一批复合型出版人才队伍；利用融媒体平台提供有针对性的增值服务，以增加用户黏性。通过多策并举，提升高校出版社的核心竞争力。

基于书号实名申领信息系统升级改造的思考

侯晓莉

摘要： 书号实名申领信息系统是书号信息化管理的载体。为了提高书号实名申领信息系统运行效率，优化完善系统功能，中国版本图书馆对书号实名申领信息系统进行了升级改造。升级改造后的书号实名申领信息系统不仅加强了对三审、书号和重印书的管控及监督，还进一步加强了上级部门的审核和管理。优化完善后的书号实名申领信息系统在强化导向把关、确保元数据规范、提升政府管理水平、加强书号调控等信息化管理方面起到了积极作用。

关键词： 书号实名申领；信息化管理；系统升级改造

随着我国出版体制改革的不断深入、市场需求的不断变化以及出版流程的不断调整，出版产品形式越来越多样化。我国的书号管理制度逐渐走向标准化、科学化。中国标准书号的标准化、科学化主要借助书号实名申领信息系统实施，依托信息化手段，实现了标准书号在出版生产中的高效运用。

近年来，随着出版单位规模扩大，书号实名申领信息系统作为书号信息化管理手段的载体经常出现故障，影响效率。在此背景下，中国版本图书馆对书号实名申领信息系统进行了升级改造，从 2020 年 3 月开始，中国版本图书馆分批有序地在全国各出版社普及新的书号实名申领信息系统。

升级改造后的书号实名申领信息系统，在整体页面布局和功能设置等方面延续了旧书号实名申领信息系统的风格，对原有的项目进行了优化完善，同时还新增了部分功能，如增加三审意见的录入功能、重印书的图书信息上报功能、上级部门的审核与监管功能、增补书号的在线填报功能等。升级改造后的书号实名申领信息系统的这些变化，以及国家新闻出版署近几年相关政策的要求，引发了笔者关于新书号实名申领信息系统在强化导向把关、确保元数据规范、提升政府管理水平、加强书号调控等信息化管理方面的思考。

一、加强三审管控，强化导向把关

三审制是我国出版单位依靠分级负责与集体智慧来保证出版物质量的一项基本工作制度。三审制是利用程序上的交叉互补、递进制约来减少三审人员在审稿工作中的失误，在提高出版物质量、优化出版物产品结构、保证出版物导向等方面发挥着十分重要的作用。同时，由于三审在审稿过程中看问题的角度和侧重点各异，不同审读者的意见可以互相补充，互相借鉴，集思广益，使审读意见更加全面深刻，对书稿的价值评判更加客观。①

《国家新闻出版总署书号实名申领管理办法（试行）》明确规定："出版单位在按规定完成书稿三审程序后，方可进行书号实名申领。"但是一些出版单位内部管理失范，三审制度执行不到位，有的甚至流于形式，严重影响图书内容导向和出版质量，甚至导致一些内容质量存在问题的图书流入市场。国家新闻出版署连续几年均开展了"三审三校"制度执行情况的专项检查。关于三审制度的规定以及国家新闻出版署的举措无不说明，只有加强三审管控，才能确保图书导向正确、内容积极向上，才能更好地提高图书质量，催生精品力作。

（一）明确三审权限，加强对三审人员的管理

书号实名申领信息系统升级改造后，出版单位必须事先在书号实名申领信息系统中填写本单位三审人员及责任编辑的相关信息，包括姓名、性别、出生日期、职称、联系电话、所属部门、学历、出版专业职业资格证书编号、责任编辑证书编号、责任编辑证书有效期等信息，并明确其是否有初

---

①　国家新闻出版署出版专业资格考试办公室. 出版专业实务：初级［M］. 武汉：崇文书局，2020.

审、复审、终审、责编相关权限。相较新的书号实名申领信息系统，旧系统可以手动录入三审人员，初审、复审和责编有可能不具备相关资格或权限。升级改造后的书号实名申领信息系统在申请书号时，三审人员和责编的相关信息只能从事先录入书号实名申领信息系统中的信息列表里选择，不可手动输入；如果不提前录入信息，将无法选择相关信息。

在实际操作中发现，升级改造后的书号实名申领信息系统能够自动识别资格证编号或者责编证号，同一个资格证编号或者责编证号只能同时录入一次，即如果资格证编号或者责编证号已经在出版社录入书号系统，其他出版社再次录入时会提示重复录入信息，无法录入。三审人员信息录入程序的完善，划清了三审、责编等相关人员的权限和责任，避免了出版单位弄虚作假，保证了三审人员信息的准确性、真实性。

（二）限定字数下限，加强对三审意见的管理

升级改造前的书号实名申领信息系统对三审意见没有严格的限制和要求，而升级改造后的书号实名申领信息系统将"三审意见"设置为必须录入项，并对录入字数的下限有严格的要求：初审意见 100 字以上，没有上限；复审意见 100 字以上，没有上限；终审意见 50 字以上，没有上限。

升级改造后的书号实名申领信息系统中有了详细的三审意见，通过详细的三审意见可以直观地了解到：初审人员对选题内容的社会效益、文化价值和出版价值是否进行了审核，对书稿是否提出取舍意见和修改建议；复审人员是否审读了全部稿件，并对书稿的质量及初审报告提出复审意见，做出总体评价，是否解决了初审中提出的问题；终审环节是否对稿件的出版导向、学术质量以及是否符合党和国家的政策法规等方面作出评价。

通过升级改造后的书号实名申领信息系统，可以利用信息化管理手段更为直观地发现出版单位三审制度是否健全，制度执行是否到位；在三审各环节是否都有明确意见并有相关责任人；也可以促使出版单位在内容编辑环节更好地执行初审、复审和终审程序，更严格地把好导向关、知识关、文字关，提高政治站位，规范出版流程，保证图书的内容质量和编校质量。

二、加强上级部门审核及监管，提升政府管理水平

在升级改造前的书号实名申领信息系统中，出版单位如果申请书号只需将图书信息上传后等待上级主管部门核发，书号核发后就可以进行后续的业务操作。升级改造后的新书号实名申领信息系统则加强了上级部门的审核及监管。比如，增加了对图书信息关键项修订需核发单位审核的功能，增加了国家新闻出版署的监管与退回功能。

（一）加强核发单位审核修订，严格落实属地管理

升级改造后的书号实名申领信息系统，出版单位在"图书信息修订"中若要修订关键项，需经核发单位审核。关键项包括：书名（正书名）、并列书名、副书名及说明文字、第一作者、内容提要、作者简介、套书名、套书责任者、丛书名、丛书责任者等。出版单位提交关键项信息修订申请后，在核发单位审核通过前，待审核图书的业务流程将被暂停，即暂停该图书的书号核发、条码下载、成书上传等业务操作。核发单位审核通过后，该书的图书业务流程才能恢复正常。

增加核发单位审核修订功能，可以更好地体现省级新闻管理部门对图书的把关和审核功能，严格落实属地管理和主管责任，形成职责明确、运行规范的书号管理体系。

（二）加强国家新闻出版署监管，减少问题图书

升级改造后的书号实名申领信息系统增加了国家新闻出版署的监管与退回功能。国家新闻出版署在监管过程中如果发现图书信息不符合规定，可以直接退回到出版单位。被国家新闻出版署退回的图书暂停书号核发、条码下载、成书上传等正常业务操作。针对被退回的图书，出版单位可以进行图书终止或者修改信息再进行上传。被退回图书修改信息上传成功后，如果国家新闻出版署审核通过并解除限制，被退回的图书才能恢复正常业务流程。

一般情况下，被国家新闻出版署退回的图书或者内容导向不符合国家出版规章制度和有关纪律要求，或是容易引发舆论炒作和敏感性，或者没有履

行相关备案手续，或是不符合本单位的出版方向等。国家新闻出版署的监管与退回功能，使上级管理部门能够通过信息化管理更直接地对图书的出版质量进行管控，加强了上级管理部门对出版单位的监督和管理，进一步提升了政府管理水平，可以促使出版单位加强出版导向把关，减少问题图书，多出好书，有利于出版业的繁荣发展，不断满足人民群众日益增长的文化需求。

三、加强重印书管理，确保元数据规范

重印是图书第一次印刷后，没有改动或改动较少的印制。因为重印对已排版面不做改动或仅做少量改动，并可以加快图书出版速度和大幅度降低图书出版成本，所以在出版单位的工作中，图书的重印是一项很重要的工作。

当前出版业正在由数量增长型向优质高效型转变，这促使出版单位致力于提高图书单品平均印数。重印率是衡量出版工作优劣的重要标志，也是出版业阶段性转移的重要标志之一。重印率提高才能使出版业产品结构更加优化、精品意识进一步提升和精品生产再次扩容，才能有效降低运行成本，增强产品生命力和资源再生能力，提高产业效能，强化文化传承和知识积累，进而达到社会效益和经济效益的最佳结合。因此，重印书数据统计的准确性、全面性就显得尤为重要。

升级改造前的书号实名申领信息系统所有新书需要按照相关要求进行图书信息上传，而对重印书只有在价格变动时，才需要在书号实名申领信息系统填写重印书信息申请附加码。所以重印书的信息在书号实名申领信息系统中无法得到有效监控，数据也得不到准确统计。升级改造后的书号实名申领信息系统加强了对重印书的管理，要求所有重印图书都要在书号实名申领信息系统进行图书信息上传，填写信息时印次不能更改，系统自动累加。在书号实名申领信息系统上传重印图书信息之后，如果该书已经成书，还需要上传该书的成书信息，否则下次重印时会提示该书没有进行成书上传，将无法操作。

升级改造后的书号实名申领信息系统通过信息化手段，加强了对重印书相关信息的管理，可以有效监管出版社重印书信息，更及时、准确、全面地掌握出版社图书的出版状况，确保图书信息统计元数据规范，不仅方便出版

社查询相关信息，也为国家宏观管理和产业改革发展决策提供了科学依据。

四、优化增补程序，加强书号调控

我国的书号管理制度经历了一个由手工编码到计算机编码，由标准混乱到逐渐走向标准化、科学化，并与国际接轨的发展过程。

中国标准书号是国际标准书号系统的重要组成部分，编号位数总共为 13 位，是每一本书从产品诞生，到市场流通，到终端用户形成有效信息流的关键信息。国际标准书号是每一本书的"身份证号码"，具有唯一性。正因为国际标准书号的唯一性，使管理部门通过信息化管理手段对出版图书进行管控成为可能。①

近年来，随着数字出版的不断发展，民营公司不断壮大，出版社面临的竞争压力越来越大。为了扩大规模效应，实现经济效益，一些出版社不加选择地出版了部分内容质量不高的图书，甚至出现买卖书号的行为，而且出版物形式愈发多样，对书号的需求呈爆炸性增长态势。② 针对这一现状，为了合理配置出版资源，提高出版质量，国家进一步加强了对出版社书号的管控。从 2018 年开始，国家开始控制出版单位的书号数量，对出版单位核发的书号数量采取逐年递减的方式，同时对追加书号也有了更为严格的限制。③ 据统计，2017 年，全国出版新版图书 25.5 万种，比上年降低 2.8%；2018 年新版图书品种继续减少，全国出版新版图书 24.7 万种，较 2017 年降低 3.1%。④

通过书号实名申领信息系统对图书书号实施信息化管理，是国家宏观调控书号的主要手段之一，对出版社书号使用总量宏观调控是出版宏观管理的重要内容，而每年的书号增补工作是发挥书号宏观调控工作的重要组成部

① 王庚梅. 中国标准书号应用综述：规范应用中国标准书号，促进行业信息化建设 [J]. 全国新书目，2019（11）：16-18.

② 王俊琴. 国际标准书号的起源与发展：从 SBN 诞生到 ISBN 修订 [J]. 出版广角，2017（5）：64-66.

③ 柳丰. 论书号收紧对中国书业的影响及出版社的应对 [J]. 衡阳师范学院学报，2020（1）：154-158.

④ 2017 年全国新闻出版业基本情况 [N]. 中国新闻出版广电报，2018-08-06（2-3）.

分。2020 年中宣部出版局下发的《申请书号增补工作须知》，对 2020 年书号增补的原则、条件、程序和要求都进行了明确说明。2020 年中宣部出版局对申请书号增补的原则是：坚持实事求是、科学合理，宽严相济、综合考察，突出重点、不搞普惠，支持出版单位聚焦专业、强化特色，保障重点项目出版，做优做强主题出版、精品出版，有效满足高质量发展需求。2020 年增补书号的程序和要求与以往有很大的区别，要求书号增补的材料需要在线上完成，使所有的信息都有据可查。

优化书号增补功能，是书号实名申领信息系统升级改造后变化最大的一项功能，通过这一功能国家可以更直观地了解出版单位书号的使用计划，并作为国家宏观调控的重要依据，从而有效抑制书号总体数量的盲目增长，控制总量平衡，合理配置出版资源，进一步优化图书结构，提高图书整体质量，压缩低质平庸图书品种，实现质量和效益的不断提高。

五、结语

综上所述，通过书号实名申领信息系统升级改造后的这些变化，我们可以看到国家对书号系统升级改造的重要意义。通过优化书号实名申领信息系统的功能，借助信息化管理手段，有利于规范出版单位三审制度的执行，加强导向把关；有利于加强对出版产品元数据信息的规范，使出版产品信息统计更准确，以便实施行业信息的有效分析，从而提升市场服务水平；有利于加强上级主管部门的监督和管理，缩短管理层级，使国家更为直接地对图书出版质量进行管控，提升政府管理水平；有利于优化书号管理，合理配置书号资源，增强书号总量宏观调控能力，实现出版工作从规模数量增长向优质、高效的转变。这些变化为进一步规范出版单位行为、优化出版业产品结构、提高图书出版物质量都起到了更为积极的作用。

新时代高校出版社党建工作：问题、成因及对策

赵常信

摘要：本文梳理了当前高校出版社党建工作中存在的问题和成因，对党建工作在高校出版社中的地位和作用做了深入分析，提出了如何在高校出版社中加强党建工作的对策和建议。

关键词：新时代；高校出版社；党建工作

高校出版社是我国出版业的重要组成部分，承担着宣传党的思想文化工作、坚守意识形态阵地的任务，发挥着促进文化繁荣、建设社会主义文化强国的重要作用。党建工作在高校出版社发展中起着引导方向、凝心聚力、统筹发展等重要作用。党的十九大以来，高校出版社坚持贯彻全面从严治党，党的领导和党建工作不断加强，但在我国从高速发展转入高质量发展的新形势下，也面临很多挑战，存在一些亟须解决的问题。

一、新时代高校出版社党建工作存在的问题及成因

（一）政治核心作用发挥不充分

高校出版社中的党建工作，不同程度地存在"口头上重于泰山，行动上异常迟缓""高抬腿、轻落脚"的现象。个别党员干部存在重业务轻党建的思想。即使出版社安排有专门负责党务的书记，也多碍于企业以经济效益为重点的发展理念，被动工作，疲于应付，流于形式。出版社党建工作往往以

会议应付会议、以文件落实文件。对于出版社的党建工作存在认识上的误区，缺乏责任感和工作热情。

（二）党建工作缺乏规划和活力

高校出版社缺乏专业党务人才，奖惩考核评价机制不健全，党员干部教育管理机制和激励约束机制不完善。党建工作缺乏必要的工作规划、工作措施、工作制度和具体落实党建工作的人才，党务工作人员临时指派。党建工作没有落实党要管党、党管干部、党管人才原则，党组织的政治核心作用没有体现，对出版社没有起到必要的监督，缺乏活力和号召力，缺乏引导和推动力，应当担负的作用难以体现。

（三）党建活动形式缺乏吸引力

高校出版社迫于竞争压力忙于出版业务，党的组织生活缺少创新精神，内容就是传达上级文件，形式就是开会，载体就是纸张。组织者和参会者多迫于形势，流于形式主义，个别老党员已经麻木不仁，对年轻党员缺乏吸引力。党内学习形而上学，脱离实际，脱离业务，缺乏针对性。党务教育泛泛而谈，空洞无物，大而不当。党建工作平庸无奇，缺乏特色，难有起色。

（四）党组织对企业监督作用弱化

面对日益残酷的市场竞争环境和日益沉重的生存竞争压力，还要应对缺乏社会责任感的文化企业不规范的市场竞争，部分高校出版社党组织对不符合国有企业市场运营要求的行为往往选择性失聪，监督往往被认为是削弱企业竞争力。个别党员干部对党内监督认识不到位，想方设法逃避监督，尽力摆脱被监督的角色。负责监督的党员干部，往往怕得罪人，更怕打击报复，乐意成为好好先生，致使监督形同虚设。

（五）党建经费和人员不能保障

高校出版社薪酬体系以岗位为基础、以业绩为导向，对专职党务工作者没有业绩考核指标和激励机制，按一般管理服务人员进行考核。党建工作活动经费因出版社的经营状况而定，经费往往不能保障。这些情况导致高校出版社党建工作经费不足，党务人员工作缺乏动力，学习教育难、开展活动难、推进工作难。很多高校出版社没有专职党务人员，多为其他岗位人员兼职，本身承担的业务工作较多，工作压力大，没有足够的时间和精力去落实推进党建工作。党务人员缺乏必要的党务知识培训，难以适应新时代的党务工作要求。

二、新时代高校出版社党组织应发挥的作用

（一）把握出版政治方向

出版工作是党的宣传思想文化工作的重要组成部分，是促进文化繁荣昌盛、建设社会主义文化强国的重要力量，是意识形态工作的重要阵地。出版工作本质上是政治工作，坚持正确的政治方向，是出版工作的根本要求。高校出版社加强党建工作，就要引导干部职工牢固树立政治意识、大局意识、核心意识、看齐意识，坚定中国特色社会主义道路自信、理论自信、制度自信、文化自信，坚决维护习近平总书记党中央的核心、全党的核心地位，坚决维护党中央权威和集中统一领导，不断巩固马克思主义在意识形态领域的指导地位，巩固全党全国人民团结奋斗的共同政治基础。

（二）筑牢干部职工理想信念

高校出版社大力加强党建工作，就是要引导广大干部职工坚定共产主义理想信念，坚定社会主义先进文化前进方向，践行社会主义核心价值观，弘扬中华优秀传统文化，唱响共产党好、社会主义好、改革开放好、伟大祖国好、各族人民好的主旋律，传播为中华民族谋复兴、为中国人民谋幸福的正能量，凝聚全党全国人民为建设社会主义伟大国家而努力的向心力、战斗力。

（三）强化思想舆论阵地建设

在融合出版背景下，高校出版社从传统出版向数字出版转型，传统营销向新媒体营销转变，传统发行向网络发行演变，需要加强党对网络文化阵地的领导，加强党对网络思想文化的正确引导。加强互联网内容建设，坚持正

确政治导向，有利于正确引导网络舆论，唱响网上主旋律，壮大主流思想舆论，掌握网络战场主动权，把握国家政治安全、文化安全、意识形态安全。

（四）夯实干部人才队伍基础

高校出版社的发展壮大，离不开一支高素质的人才队伍。加强党建工作，坚持党管干部原则，坚持"信念坚定、为民服务、勤政务实、敢于担当、清正廉洁"20 字好干部标准，培育、选拔、管理、使用好干部队伍。加强党建工作，坚持党管人才原则，深化人事体制机制改革，完善选人、留人、育人、用人机制，实行积极、开放、有效的人才政策，把各类优秀人才凝聚到出版社发展事业中来，打造优秀企业文化，凝聚发展力量，激发广大职工干事创业的积极性、主动性和创造力。

（五）净化企业发展生态环境

高校出版社要加强党建工作，强化党风廉政建设，发挥党员先锋模范作用和党组织战斗堡垒作用。党员干部要率先垂范，筑牢廉洁从业思想防线，深化标本兼治，着力构建不敢腐、不能腐、不想腐的体制机制。高压震慑，不触碰红线、坚守底线，不越雷池半步，严明法律、法规、纪律和规矩；扎牢制度的笼子，严格监督和制约机制；加强教育和引导，引导树立廉洁从业观念，净化企业生态，营造风清气正氛围，打造干事创业平台。

三、加强高校出版社党建工作的对策建议

（一）提高政治站位，高度重视高校出版社的党建工作

首先，高校出版社要深刻认识领会新时代对党建工作的新要求，全面从严治党。习近平总书记在党的十九大报告中强调，新时代党的建设的总要求是：坚持和加强党的全面领导，坚持党要管党、全面从严治党，以加强党的长期执政能力建设、先进性和纯洁性建设为主线，以党的政治建设为统领，以坚定理想信念宗旨为根基，以调动全党积极性、主动性、创造性为着力点，全面推进党的政治建设、思想建设、组织建设、作风建设、纪律建设，

把制度建设贯彻其中，深入推进反腐败斗争，不断提高党的建设质量，把党建设成为始终走在时代前列、人民衷心拥护、勇于自我革命、经得起各种风浪考验、朝气蓬勃的马克思主义执政党。其次，高校出版社要深入贯彻党对出版工作领导的各项规定和要求，全面加强党的领导。当前，党的宣传部门直接管理出版工作，加强了党对出版工作的全面领导，出版业更加鲜明地承担起"举旗帜、聚民心、育新人、兴文化、展形象"的任务。再次，高校出版社要认真贯彻落实我国出版工作的指导思想、方针原则和主要任务，全面贯彻党的出版方针。高校出版社要以习近平新时代中国特色社会主义思想为指导，坚持正确政治方向，坚持以人民为中心，坚持把社会效益放在首位，坚持质量第一，坚持改革开放，坚持党管出版，广泛深入传播党的理论创新成果，培育和弘扬社会主义核心价值观。总之，高校出版社要围绕出版社高质量发展，抓好党建工作；要以高质量党建工作，引领和促进出版社高质量发展，充分发挥党建工作在出版工作中的引领方向、保驾护航、凝心聚力、协调发展等保障作用。新形势下，高校出版社要尽快克服党建工作中任务指标不具体、内容虚化老化、形式单一呆板、党建和业务分离等现象，牢固树立党建和业务并重、党建和业务相互渗透、相互促进的理念，统筹推进党建和业务工作协调发展。

（二）深化体制改革，建立党委领导与法人治理相结合的管理模式

2018 年 8 月，习近平总书记在全国宣传思想工作会议上强调，要加强党对宣传思想工作的全面领导，旗帜鲜明坚持党管宣传、党管意识形态。要以党的政治建设为统领，牢固树立"四个意识"，坚决维护党中央权威和集中统一领导，牢牢把握正确政治方向。2019 年 3 月，中共中央《关于加强和改进出版工作的意见》中指出，加强和改进出版工作，要坚持中国特色社会主义文化发展道路，坚持为人民服务、为社会主义服务，坚持百花齐放、百家争鸣，加强内容建设，深化改革创新，完善出版管理，着力构建把社会效益放在首位、社会效益和经济效益相统一的出版体制机制，努力为人民群众提供更加丰富、更加优质的出版产品和服务。根据中央会议和文件精神，高校出版社要积极探索党委领导与法人治理结构相结合的管理模式，并积极探索加强党的全面领导的模式和制度，落实政治导向把关责任。首先，在人事安

排上实行"双向进入、交叉任职",高校出版社党总支(或直属党支部)班子成员进入董事会、监事会和经营管理层,党总支书记兼任董事长(或执行董事),纪检委员兼任监事会主席(或监事)。其次,将加强党的全面领导、党建工作写入公司章程。再次,将意识形态工作责任制分解到党总支成员、各党支部书记、各部门主任、编辑校对岗位、新媒体管理使用人员,层层传导,压实责任,保证党组织对出版社发展目标、发展战略、发展道路、发展手段、出版导向、选题方向、干部人事任免和国有资产保值增值、服务母体大学建设的决策权和监督权,同时也保证了董事会、经营管理层能有效地把党的路线方针政策贯彻到出版经营活动中。

(三)勇于改革创新,坚持党建与业务工作统筹推进

高校出版社要认真学习贯彻《党委(党组)落实全面从严治党主体责任规定》,进一步健全和落实出版社党建工作机制,坚持党建工作和业务工作同谋划、同部署、同推进、同考核,加强对出版社全面从严治党各项工作的领导。党总支书记履行全面从严治党第一责任人职责,做到重要工作亲自部署、重大问题亲自过问、重要环节亲自协调;管好队伍、抓好落实,支持、指导和督促出版社领导班子其他成员、党支部书记履行全面从严治党主体责任,发现问题及时提醒纠正。党总支成员按照"一岗双责"要求,领导、检查、督促分管部门和单位全面从严治党工作,对分管部门和单位党员干部从严进行教育管理监督。党总支定期召开会议专题研究全面从严治党工作,结合实际制定责任清单,制定落实全面从严治党主体责任的年度任务安排,明确责任分工和完成时限。要将党建工作与业务工作统筹安排,年初把目标、方案、考核等具体化,年中台账化、销账化,年终考核评价,进行详细总结。

(四)坚持与时俱进,勇于创新党建工作的内容和形式

党总支要科学制定"理论学习中心组年度理论学习计划",积极发挥理论学习中心组示范引领作用。出版社党组织要认真落实"三会一课"制度,党总支成员、党支部书记要带头讲党课,定期组织"主题党日活动",加强对党员干部的教育,进一步增强党员的先进性和纯洁性。创新性开展党员群

众"结对帮服"工作，发挥党员的模范先锋作用。要把对党员的管理与实行目标管理有机结合，努力提高党员的综合素质和能力。在党建工作中要丰富党建内容，在党建工作方式和载体上，要结合新时代受众特点创新改进。要结合新时代高校出版社党员群众的思想实际开展党建活动，杜绝文山会海等形式主义，理顺出版社工作关系，化解工作矛盾，消除潜在问题，通过调动党员干部积极性来体现党建工作的成效，全面推进党的建设。

（五）加强党风廉政建设，充分发挥党组织的监督作用

首先，强化廉政教育，夯实廉政思想基础。党风廉政建设工作永远在路上，必须持之以恒、常抓不懈。组织党员干部认真学习、模范遵守党章和党内廉政法规，引导党员强化自律意识，严格遵守政治纪律和政治规矩。通过多种形式的廉政教育活动，增强廉洁教育的说服力，使广大干部职工进一步坚定理想信念，筑牢思想道德防线，增强拒腐防变能力。其次，将党风廉政建设工作贯穿到各项工作之中。适时制定并落实《党风廉政建设工作要点》《党风廉政建设责任制目标任务分解方案》等，召开党风廉政建设专题会议，制定并落实对重点环节监控、对重点岗位进行廉政谈话制度。抓实党风廉政建设和作风建设，落实"一岗双责"，将党风廉政建设与业务工作同研究、同部署、同落实、同检查、同考核。再次，要严格要求广大党员干部按照党章总体要求，遵守中央八项规定，严于律己，廉洁从业，始终保持先进性、纯洁性和战斗力。最后，领导干部要率先垂范。党员干部要自觉遵守各项党规党纪，筑牢廉洁奉公的思想基础，筑牢严于律己的道德高线、不容逾越的法纪底线、拒腐防变的精神防线和守好作风警戒线，以身作则、率先垂范。领导干部在严于修身的同时，要严于律己、严于用权，管好身边工作人员、管好下属、管好亲属，严把政治关、廉洁关，形成廉洁奉公的强大合力，营造风清气正的工作氛围。

新时代高校出版社高质量特色发展之路

——以郑州大学出版社为例

张卫明

摘要： 在新时代高质量发展背景下，郑州大学出版社实施转型发展战略，通过"聚焦专业，凝练特色；整合资源，突出特色；融合创新，提升特色；打造精品，做优特色"，走出了一条独具特色的发展之路。

关键词： 新时代；高质量发展；特色发展

2021 年是中国共产党成立 100 周年，也是实现"两个一百年"奋斗目标承前启后的一年，是我国从全面建成小康社会迈向富强、民主、文明、和谐的社会主义现代化国家关键之年。实现"两个一百年"奋斗目标，高质量发展是保证。党的十九大做出了我国经济已由高速增长阶段转向高质量发展阶段的重大战略论断。2020 年 7 月 30 日召开的中共中央政治局会议特别强调，我国已进入高质量发展阶段，必须把新发展理念贯穿于发展全过程和各领域，实现更高质量、更有效率、更加公平、更可持续、更为安全的发展。出版行业作为我党领导的社会主义文化事业，应当积极回应新时代新要求，出版高质量产品，以满足人民群众对美好生活向往的需要。高校出版社是我国出版行业的重要组成部分，在新形势下具有同样的使命。近年来，郑州大学出版社充分发挥自身优势，走出了一条高质量特色发展之路。

一、聚焦专业，凝练特色

高校出版社是由高校举办的出版机构，根据 2002 年教育部印发的《高等学校出版社管理办法》的规定，高校出版社属于事业单位。2008 年国家进行文化体制改革，国务院办公厅颁布《文化体制改革中经营性文化事业单位转制为企业的规定》（国办发〔2008〕114 号），明确规定经营性文化事业单位转制为企业。2009 年教育部办公厅下发了《关于高校出版社转制工作有关规程的通知》（教社科厅函〔2009〕3 号），对高校出版社转企改制工作提出了注销事业法人资格、进行企业法人注册等具体要求。从此，高校出版社成为独立的市场主体。在转企改制前，高校出版社作为母体学校的一个部门，一般由分管教学科研的副校长主管，主要是为母体学校的教学科研服务，任务单一，压力较小。转企改制后，母体学校一般将出版社作为校办企业对待，对出版社进行经济指标考核，同时还要求上交一部分利润。不少高校出版社办社较晚，资金积累不足，特别是地方高校出版社，由于地域性限制，出版资源有限，图书产品结构不合理，品种单一，同质化出版现象严重；编辑策划能力不强，比较依赖合作出版和资助出版；市场营销意识不强，原有的发行渠道逐渐萎缩。面对激烈的市场竞争，地方高校出版社生存压力剧增。

郑州大学出版社作为地方高校出版社，也曾面临过同样的问题。近年来，郑州大学出版社狠抓内涵建设，大力实施转型发展战略，走具有特色的专业化发展之路，依托母体大学的学科优势和中原厚重的地域文化优势，确立了"服务大学，服务社会"的办社宗旨，以学术出版为主体，以教育出版和大众出版为两翼，围绕医学、建筑、经管、新闻传播、特殊教育和地方文化等专业方向，凝练出了自己的出版特色，形成多学科、多层次、多品种的图书出版格局，出版社的发展进入良性轨道。

二、整合资源，突出特色

高校出版社原是为解决高校教材和学术专著出版问题而成立的，出版资源本来有限，转企改制之初，由于市场竞争能力差，原有的一些出版资源流失严重。郑州大学出版社原为河南医科大学出版社，成立于 1995 年年初，是中南地区 21 所地方医学院校协办的医学专业出版社，主要出版医药卫生教材、专著、译著、医学普及读物等，医学出版资源丰富，在医学出版方面具有较高的知名度。

20 世纪末，我国进行高等教育体制改革，坚持"共建、调整、合作、合并"的原则，调整了地方高校的布局。2000 年，原郑州大学、郑州工业大学、河南医科大学三校合并，河南医科大学出版社更名为郑州大学出版社，由原来单一的医学出版社向综合性出版社发展。进入新时代，郑州大学出版社紧紧抓住母体学校创建"一流大学"的机遇，主动挖掘母体学校出版资源，围绕母体学校的优势学科和重点学科，凝聚优质作者资源，积极为他们搭建出版平台，将母体学校的学科优势和学术优势转化为出版优势。通过深耕特色学科及一流学科，打造可持续的出版品牌。① 郑州大学出版社地处河南省会郑州，地理位置相对优越，可汇聚省内 100 多所高校的出版资源。省内特别是郑州市的一些省属高校，办校历史较长，一些学科在全国都有一定影响力。河南地处中原，是黄河文明和中华文明的发祥地，地域传统文化丰厚，成长出一大批地域文化名家。郑州大学出版社通过主动策划，将这些资源进行整合，从而突出已有的出版特色。郑州大学出版社还发挥原来的专业出版优势，积极拓展省外的出版资源，通过项目运作的方式，一大批全国知名专家成为郑州大学出版社的优秀作者，如中国科学院院士赵玉芬、曾益新等，中国工程院院士张金哲、王正国、付小兵、刘志红等。通过对优势出版资源的挖掘、汇聚、整合和拓展，为郑州大学出版社高质量发展打下了坚实基础。近年来，郑州大学出版社出版了一大批"双优"图书，在社会效益不断提升的同时，还取得了良好的经济效益，在 2019 年、2020 年连续两年社会效益考评中均获评"优秀"等次。

三、融合创新，提升特色

出版业高质量发展，需要特别关注的是技术创新对出版业的影响。信息技术、数字技术、网络技术、多媒体技术已经把具有 2 000 多年历史的传统出版业带入新时代，技术正在改变着内容的生产方式、展现方式、传播渠道、消费方式，这种改变在报刊出版领域已经产生了颠覆性影响，在图书出

---

① 孙保营. 新时代大学出版社助推母体学校"双一流"建设的内存要求与实现路径 [J]. 科技与出版，2020（12）：81-87.

版领域的影响也越来越大。[1] 新时代，地方高校出版社也必须顺应新技术的潮流，在"互联网+"背景下，原有的专业内容优势与出版新技术、新渠道和新平台优势融合在一起，进一步提升已有的出版特色。在具体策略上，应结合其服务高校教学科研、繁荣学术文化交流的重要职能展开，紧跟国家政策发展步伐，争取项目扶持和引导资金，以纸质图书为基础向读者提供多样化的信息技术服务，如提供纸质图书的电子版、构建相关教学科研与资源建设平台、建立特色资源数据库等，在原有教育和学术资源优势基础上，探索形成内容特色鲜明、技术手段先进、服务专业全面的出版融合发展模式，以实现出版资源的效益最大化。[2]

近年来，郑州大学出版社主动实施融合创新发展战略，积极申报国家和地方政府出版项目，争取专项资金的支持。2020 年，两项中央文化产业发展专项资金重大项目"高校教材在线销售与数字出版平台建设""基于 AR 技术的手语教育复合出版与平台建设"和一项河南省高成长服务业专项引导资金扶持文化产业资金项目"高等教育融媒体出版与平台建设"顺利完成结项。

"高校教材在线销售与数字出版平台建设"项目充分利用现有优秀教材资源、数字化资源以及相关的教师资源，每年为高校数十万大学生提供优质在线阅读、知识服务、教学互动、学习交流和资源共享平台。平台还以优秀教材联盟的方式引领各高校的在线教学资源向开放合作、资源共享、专业互动、优势互补方向推进，形成出版社、作者、学校、教师、学生的五维互动。目前，已建成"高校教材数字出版和教学资源中心""高校教材出版和发行服务子平台""高校教材深度教学交互子平台"和"高校教材协同编辑系统"，建成"高校教材供应与深度教学交互平台"，不仅满足学生线上线下教材需求，也为广大高校师生提供教材订购发放、教学互动、数字化学习和交流等服务。

"基于 AR 技术的手语教育复合出版与平台建设"项目，是利用郑州大学出版社丰富的手语出版资源和作者资源，运用先进的数字技术建设的手语

---

[1] 魏玉山. 关于研究出版业高质量发展的几个问题 [J]. 出版发行研究, 2019（2）：1.

[2] 郑海燕. 社会效益考核下大学出版社高质量发展路径探析 [N]. 中国新闻出版广电报, 2019-11-20（4）.

教育教学数字资源库和教学网络平台，实现了手语教学资源集聚和共享。该项目已开发出版用于手语教学的 50 余种 AR 图书和 30 门左右在线课程，建成涵盖 8 000 个手语词汇、3 000 个手语句子、200 个手语情景对话、100 个手语故事、100 首手语歌曲等内容的手语教学数字资源库、多终端的语音向手语转换系统以及手语教学资源网络平台。项目的实施造就了更多的优秀手语人才，帮助聋人融入社会、全面发展，具有良好的社会效益和经济效益。

"高等教育融媒体出版与平台建设"项目，是在郑州大学出版社已出版的高等教育理工类和医学类专业方向众多品种教材的基础上开发的，参与融媒体教材合作的院校有 50 余所。这些学校具有很强的学科建设基础和庞大的教学师资队伍，一大批国家级、省级、校级精品课程为本项目的内容资源建设提供了有力的保障。这些项目的成功结项，标志着郑州大学出版社在向数字创新、融合发展的转型道路上取得了重大进展。

四、打造精品，做优特色

改革开放 40 多年来，我国图书出版行业取得了巨大进步，出版规模不断扩大，图书品种日益丰富，在整体上已经解决了"有没有"的问题。随着我国全面建成小康社会的实现，人民群众对文化生活的需求越来越高，图书出版需要解决"精不精"的问题。当前，全国图书出版行业增长放缓、产能过剩、竞争激烈，特别是互联网技术的发展和电子书的出现，带来了大众阅读方式的改变，传统的纸质出版受到了较大冲击。打造精品图书不仅是解决出版社生存之道的现实所需，而且是响应时代要求进行"供给侧"结构性改革和建设文化强国的必然选择。

近年来，郑州大学出版社坚持"质量兴社、品牌兴社、项目强社"的理念，摒弃短期利益，谋定长远发展，从策划源头抓起，强化责任制度落实，在特色专业的基础上，通过项目带动实施品牌战略，打造精品力作，将特色图书产品做细做透、做精做优。

在学术出版方面，重点做好国家重点图书出版规划项目、国家出版基金资助项目和国家古籍整理出版资助项目（以下简称"国家出版项目"）。在完成前期项目的同时，还不断延伸相关品种的开发，比如在 2015 年获批国家

出版基金项目《中华战创伤学》（11 卷）的基础上，又分别在 2018 年、2020
年获批国家出版基金项目"创面治疗技术的研发与转化应用系列丛书"（26
册）、《中华创伤重症医学》（上、中、下）。围绕"一带一路"建设，郑州
大学出版社获批国家出版基金项目"'一带一路'背景下国际化临床医学丛
书"（17 册）。自 2013 年以来，已出版上百部国家出版基金项目图书，有两
项出版基金项目在 2018 年、2019 年国家出版基金项目管理办公室进行的结
项综合考评中获评为"特别优秀"，在全国 500 多家出版社中仅有 7 家获此
殊荣。除了国家出版基金项目外，还做好河南省高等学校哲学社会科学优秀
著作资助项目"卓越学术文库"以及河南省"十二五""十三五"项目等重
点图书的策划出版工作，推动了地方学术出版的繁荣与发展。

在教材出版方面，郑州大学出版社能够把牢出版方向，严守教材出版阵
地，成立了意识形态工作领导小组，细化相关主体职责，确保高校教材出版
的政治方向和价值导向；成立高校教材出版领导小组，在组织机构、经费投
入、绩效考核等方面，建立了教材出版保障体系；积极申报国家级规划教材
和省部级规划教材项目，打造精品教材，服务教学。近年来，郑州大学出版
社共出版国家级规划教材 60 多种、省部级规划教材 100 多种，涵盖法学、经
管、旅游、医学、建筑等学科。有些教材如《军事理论教程》等多次再版重
印，发行数量达数十万册。

在大众读物出版方面，郑州大学出版社以传承优秀传统文化和传播科学
知识为己任，将大众读物出版作为发展战略的重要一翼。多年来连续出版了
系列精品文化读物，如"校园书香阅读文库""小小说系列丛书"及"大众
医疗健康普及读物系列"等，它们走进了学生的"第二课堂""农家书屋"
和社区图书馆，在推动全民阅读和普及科学知识方面做出了积极贡献。2017
年出版的报告文学作品《中国棉》荣获河南省第十二届精神文明建设"五个
一工程"奖。郑州大学出版社还积极开展送书下乡和文化扶贫项目，多次到
革命老区和贫困地区捐赠图书，体现了出版人的社会责任担当。

郑州大学出版社在坚持走高质量发展道路的同时，还在组织机构、队伍
建设、人才培养、管理体制、激励机制等方面深化改革，为高质量发展提供
了制度保障；还通过加强党建工作，以党建促社建，以党建引领出版社高质
量发展。

基于区块链技术的出版行业转型研究

王卫疆

摘要： 现有的传统出版行业长期面临着多方利益失衡、学术出版诚信困扰、出版模式效率低下等问题，区块链技术的点对点分布式网络结构、哈希数值的透明性以及不可修改性、内置智能合约的可能性等特性，为解决出版行业面临的问题提供了解决思路。本文从总结现有区块链在出版行业的国内外实践出发，从解决出版行业问题着手证明应用的可行性，并具体提出了三种新的策略与建议。

关键词： 区块链；出版业；模式；学术出版

2016 年，区块链伴随比特币的火爆开始进入公众视野，作为数字经济时代的产物，从金融领域逐步往其他领域延伸。2020 年 4 月，区块链作为信息基础设施的重要部分，被国家发改委引入新型基础设施范围，与人工智能、云计算等共同搭建我国信息技术平台，赋能千行百业。

一、区块链技术在出版行业现有实践与发展

区块链技术是一种按照时间先后顺序形成的一种以区块为单位的数据块链式连接的分布结构①，其核心在于运用密码学方式实现链上数据的不可修改，不同机构参与者可实现去中心化的信息存储与数据共享。狭义上的区块

---

① 孙保营. 新时代大学出版社助推母体学校"双一流"建设的内存要求与实现路径 [J]. 科技与出版，2020（12）：81-87.

链可以简单理解为多副本的账本，每次数据的更新需要每个副本来确认，保证过程不被篡改，具有较好的透明性和可追溯性。广义的区块链是完整的依据加密结构，带有数学证明的进行数据生成及更新的系统框架与计算范式。①

国外对于区块链的出版行业实践较早，尤其是欧美地区，从 2008 年起步到如今，已经从萌芽状态逐步转为稳定发展状态。欧美地区的区块链创新实践主要集中于自助出版、新版权管理、智能合约出版等。

国内该领域尚处于刚刚起步阶段，现有研究探索主要有两个方面。第一，依据区块链去中心化特点进行数字出版的版权保护探索，线上 P2P 交易模式使得普通著作权人也可参与版权保护。第二，将区块链应用于图书报刊新型生产销售模式，诸如读者点印模式、线上电子图书的发行等。②

但不可否认的是，国内市场对于区块链的需求巨大，同时结合国家强有力的政策扶持，区块链在国内出版行业的发展正处于关键阶段，应吸收国外已有的成熟模式，探索符合中国国情的本土化应用思路。

二、出版行业转型升级的发展瓶颈与现实表现

出版行业作为知识发行与传播的关键环节，在如今信息技术革命的浪潮中面临着升级与转型压力。回顾现有出版行业转型升级的种种尝试，制约出版行业转型升级的主要瓶颈有以下三个方面。

（一）出版商、著作权人、公众等多方利益失衡

在当今信息化时代，传统出版业务已无法满足公众需求，数字作品出版业务应运而生，但随之而来的是数字版权的多方利益协调问题。首先，数字版权人不参与其作品的发行运营，使得出版方对发行运营数据的公布不够透明化，导致版权人与出版方利益差距较大。其次，数字版权人的作品在网络被公众匿名传播的渠道广，无法追溯传播源，更没有对传播路径的监控，使得作品出现版权纠纷。再次，公众对于数字作品是否允许直接使用的法律边

---

① 魏玉山. 关于研究出版业高质量发展的几个问题 [J]. 出版发行研究, 2019 (2): 1.
② 郑海燕. 社会效益考核下大学出版社高质量发展路径探析 [N]. 中国新闻出版广电报, 2019-11-20 (4).

界问题认知较为模糊，并且很多出版商对数字版权控制过度，使公众无法对作品较为便利地使用，其实也造成了出版商与公众之间的利益失衡。

（二）传统学术出版模式存在诚信困境

近年来，学术不端行为频发，传统学术无论是期刊还是书籍出版业，都出现版权争议、内容来源不明、科研可信度等问题。学术期刊在出版发行前虽经过学术不端系统检测，然而国内现有学术不端系统检测库中并未收录书籍库，仅收录期刊、硕博论文、报纸、网页等，且对国外文献的模糊翻译检测也并不成熟。同样，在书籍出版中，对于学术不端的检测更加欠缺，且书籍没有自己的电子数据库，文章剽窃长期隐蔽，不易被发现。以上这些问题都反映出传统学术出版模式的诚信困境，亟待使用科技手段改变传统出版业的固有模式，促进科学与科技的进步。

（三）传统出版模式亟待改善

现在国内固有的传统出版模式链存在不透明、多方协同效率低、出版发行链条单一等问题。书籍出版著作权人、出版商、编辑、排版人员之间并无充分交流，著作权人将著作交予出版商后，几乎对后续流程全无掌控。传统模式下编辑和排版人员之间多次审阅、校改，不仅导致纸张浪费，更是在多次重复作业中导致了出版行业的低效率。学术期刊出版更是加入了专家评审、研究机构评审等环节，在层层评审环节中无法进行重复的学术不端检测，且不同专家的评审不透明更易发生学术造假行为，以上也是导致现有学术成果发表时间长、效率低的主要原因。

此外，现有书籍、期刊等的出版发行模式也较为单一，出版商发行数量与市场需求数量存在信息不对称和延时等问题。因此，常常造成书籍刊物的库存积压或多次返厂印刷造成人力财力的浪费，如何建立新出版发行模式，拓宽书籍刊物销售渠道，解决信息流对等是出版行业人员需要进一步思考的问题。

三、区块链技术在出版行业应用的可行性分析

综合以上出版行业转型升级的发展瓶颈，区块链技术运用于出版行业来解决上述现实问题，具有以下几方面的可行性。

（一）平衡出版商、著作权人、公众等多方利益的可行性

区块链技术因其密码学方式保障链上数据的不可修改性，依托区块链技术对著作权人的数字作品进行版权认定与转移记录，可以保障数字作品的合理、合法传播，平衡著作权人与公众之间的利益。另外，区块链技术的核心机制之一哈希算法对每一项数据都有哈希赋值，可以将出版发行量进行"透明化"量化证明，提升著作权人对出版发行过程的了解度，平衡著作权人与出版商之间的利益。另外，在哈希算法中还有"哈希令牌"，也可以通过增强著作权人的话语权来保障其权益。

另外，基于智能合约技术可以实现将合同和计算机编码结合，且区块链的不可修改性保障了合约的法律约束力，提升了对著作权和知识产权的保护。

（二）区块链技术保障诚信的可行性

区块链各区块对书籍、期刊等内容进行分布式存储，且因为加密式哈希算法使所有区块紧密相连，具有透明性与不可更改性，因此区块链此种特性可以说完美适用于学术出版，对保障学术出版的诚信提供技术支撑。无论是书籍，还是学术期刊的出版，在区块链技术支撑下的系统可以准确记录著作权人提交、出版方编辑、外方专家评阅、出版方出版发行等一系列过程的时间，并为成果提供不可修改的数字化证明，对于降低学术界的信任危机将发挥重要作用。

当著作权人将自己的成果上传至区块链平台后，将会生成具有唯一性的"指纹信息"，之后对于引用该成果或者试图剽窃成果的，都可以轻松查询著作权人成果信息，形成一个"通用查重库"，降低了学术不端发生的可能性。

（三）区块链技术改善传统出版模式的可行性

传统出版业的印刷、销售、物流等渠道可以在区块链的技术支撑下形成复合区块链体系，使该体系内的数据实现共识，打通读者、出版社、印刷厂、书店等节点，让读者需求主导市场。读者网上下单，指令到达书店终端，并下达给印刷厂，印厂启动印刷程序；同时，将购书信息发送至出版方、物流、著作权人、监管税务部门等节点，完成一次交易，该流程书店和出版方都无须设立仓库，可实现零库存出版。

四、区块链技术在出版行业应用的实施策略与建议

区块链技术在出版行业的应用，其出发点是促进出版行业进行全面的升级改造，解决现有传统出版模式带来的问题，其着力点是构建区块链数字平台，应用于新版权、新零售、新业务等亟待改善的领域。

（一）区块链+新版权

现有多方利益失衡方面的问题症结在于版权确权与版权追踪的管理体系较复杂，费用较高，基于区块链技术建立"新版权"数字登记平台，对于明确多方利益，增强确权和版权追踪的透明度，尤其是对数字产品版权保护和交易具有非常重要的帮助。

首先，对于著作权人，在创作的时候，可以选择将数字作品上传至区块链平台，由平台生成包含作品上传时间以及作者信息的"哈希令牌"至各节点储存，杜绝了抄袭和抢先进行版权著作登记的事件发生。在各节点验证时仅需核对哈希值，即可证明是否为源版权。另外，作品一旦进入区块链平台，可利用智能合约实现著作权人的"授权邀约"，即作品使用者需满足授权的条件，才可完成交易，获得该作品的使用许可。在平台上的每笔交易基于区块链技术的分布式记账皆可追溯。对于未被许可的作品传播也可快速采取维权措施，维护著作权人的权益。著作权人可以通过智能合约对自己的作品进行合理标价，使过程透明化，避免不了解市场的著作权人被"赚差价"，鼓励著作权人的创作积极性。

对于区块链仍存在的真实性风险，可将法院加入区块节点，通过第三方公证渠道规范各个区块数据存储流程。当出现版权纠纷时，法官可快速验证真伪，进一步提高法官认定的效率，辅助裁决。

（二）区块链+新零售

针对现有出版行业销售模式单一的问题，提出"区块链+新零售"的策略，可拓宽出版物销售渠道，尤其在"后疫情时代"，电商平台迅速崛起，网红带货模式也从普通消费渠道转向带有政治倾向的全民带货模式，思考基于区块链的"新零售"模式对于改善现有出版行业销售问题具有重要意义。

如今，全国大大小小有接近600家出版社，各平台销售网点有16万多个，不同的出版社和发行机构都有着自己的一套体系，彼此业务方向不同，发行具有局限性。因此，"新零售"模式倡导在区块链技术支撑下实现读者需求主导市场，或者著作权人和出版方共同主导，实现读者点印模式或是"预售模式"。然而现在具备承接读者点印、按需印刷模式能力的印刷厂数量不多，且成本飙升问题无法避免。如果出版行业进行传统销售模式的转型，需形成一个由大量子链复合的复合区块链系统。当然，平台需要一步一步搭建，此种模式普及也围绕"区块链+新零售"形成新兴产业分支——图书销售区块链运维业，并且可促使区块链生态的完善，随之所涉及的设备终端、衍生服务等均需进行相应升级。相较于传统发行模式，按需印刷数量精准，极大减少了资源的浪费及空间的占用，可对资源进行合理有效的配置。

（三）区块链+新业务

在如今数字化时代，数字内容诸如电子书籍、数字摄影作品等在网上的流通越来越多。由于担心被盗版，此类数字产品一般是以固定格式在固定渠道进行传播销售，致使传播途径过窄。在区块链支撑下，可追溯交易记录，改变原有的数字内容先付费后消费的业务流程，使数字作品以更加开放的姿态展现在公众面前。

当然，新兴技术的推广与应用离不开社会各方的支撑，除了国家政策指导外，亦可以设立区块链产业投资基金，鼓励企业上市融资，将区块链产业与其他产业更好地融合。帮助出版行业衍生产品的研发与经营，以及鼓励传统出版行业衍生品牌合作商的加盟，将以出版物本身为主要盈利点转变为以相关衍生品为主要盈利点。其商业模式可以基于区块链技术实现出版物众筹，众筹作为一种时下流行的互联网金融模式，可以为出版行业提供融资手段，例如《小王子》电影相关衍生品众筹涉及服饰、玩偶、联名款产品等多达20余个品类，但是衍生品类的众筹需要摸清观众的诉求，需要通过大数据进行分析并打造好适合于观众诉求的产品。引入区块链的众筹模式可以将版权作为一种回报方式，让众筹者可以在二次销售中获利，使得众筹者更加积极地参与该融资方式。

（四）区块链+新平台

在区块链支撑下的出版行业可以搭建新数字化平台取代目前常用的社交平台，进行一站式的出版与发行。该平台根据著作权人作品的质量对其进行赋值，例如可以根据作品的受欢迎程度来分配数字货币，从而也达到了鼓励高质量作品出现的目的。

区块链数字化平台对于更具有时效性的新闻出版行业优势尤其明显。首先在选题阶段，利用区块链的存储特点从异常存储波动中观察热点舆论动态，并能根据此对舆论热点进行预测。其次，在内容编写及审查过程中，利用区块链的智能合约和共识机制，通过平台智能分配相关领域的采编人员进行内容的编写与审查，内容提交平台后，可由平台智能拦截含有设定违禁字眼的作品，争议内容再交由人工审查，可提高内容编写及审查效率。最后，在作品传播阶段，利用该平台可根据用户追踪精准投放符合用户喜好的作品及广告，并基于平台形成与广告主、代理商、出版社等合作的新生态链，利用区块链的透明性及不可篡改性，保证用户浏览数据、用户偏好等数据的准确性和隐私。

五、结语

区块链正处于发展的关键阶段，对于出版行业现在面临的诸多问题，区块链正好可以发挥其应用价值。具体来说，一是针对诚信、多方利益失衡方面，区块链哈希值的特性与智能合约的应用有效解决了版权方面的诸多问题；二是改善现有出版模式，区块链对于实现读者点印模式以及零库存出版模式有着很好的推动作用。

区块链等新的数字技术在新闻出版行业的应用，有效拓宽了出版社产品传播的渠道，创新的不仅是传播载体和形式，主要是改变了读者的阅读习惯，实现了图书的表现形式。但是区块链在出版行业的应用过程中也面临着许多亟待解决的问题，诸如安全方面的哈希值加密算法是否能经受黑客攻击考验，以及设备终端漏洞问题如何规避等；技术方面诸如区块链平台现有计算效率较低，与现有支付公司 VISA 相比，其计算速率还不如后者的 1/500；等等。这些问题也为未来区块链在出版行业的应用提出新的思考。

参考文献

（一）图书

［1］陈隆文. 中原历史地理与考古研究［M］. 北京：中国社会科学出版社，2016.

［2］戴伟芬. 杜威画传［M］. 济南：山东教育出版社，2018.

［3］德拉埃斯马. 记忆的风景［M］. 张朝霞，译. 北京：北京联合出版公司，2014.

［4］二月河. 密云不雨［M］. 北京：作家出版社，2007.

［5］二月河. 我和我的编辑［M］//旧事儿. 郑州：大象出版社，2016.

［6］国家新闻出版署出版专业资格考试办公室. 出版专业基础：中级［M］. 北京：商务印书馆，2020.

［7］国家新闻出版署出版专业资格考试办公室. 出版专业基础：初级［M］. 武汉：崇文书局，2020.

［8］国家新闻出版署出版专业资格考试办公室. 出版专业实务：初级［M］. 武汉：崇文书局，2020.

［9］格罗斯. 编辑人的世界［M］. 齐若兰，译. 北京：北京十月文艺出版社，2019.

［10］金铁成. 食品科技期刊投稿指南［M］. 北京：中国轻工业出版社，2017.

［11］景岚. 书衣集：一个编辑人的实践与思考［M］. 银川：阳光出版社，2016.

［12］李治堂，张志成，等. 中国出版业创新与发展［M］. 北京：印刷工业出版社，2009.

［13］刘志强. 学报编辑论丛（2015）［M］. 上海：上海大学出版社，2015.

［14］罗杰斯，林内，莫恩. 粘度思维：如何提升员工和客户的忠诚度［M］. 刘白玉，刘夏青，译：北京：中国青年出版社，2019.

［15］柳斌杰，邬书林. 中国出版年鉴 2019［M］. 北京：中国出版年鉴杂志有限公司，2019.

［16］马克思恩格斯文集：第一卷［M］. 北京：人民出版社，2009.

［17］毛泽东. 毛泽东选集：第三卷［M］. 北京：人民出版社，1991.

［18］莫言. 用耳朵阅读［M］. 北京：作家出版社，2012.

［19］聂震宁. 创新才会赢：新世纪出版断想［M］//张芬之，周杨. 图书出版必备. 北京：中国书籍出版社，2018.

［20］宋开永. 选题策划概论［M］. 沈阳：沈阳出版社，2011.

［21］汤一介. 我们三代人［M］. 北京：中国大百科全书出版社，2016.

［22］唐晴. 图书编辑工作 ABC［M］. 北京：中国书籍出版社，2014.

［23］萧振华. 出版物质量问题典例面面观［M］. 合肥：安徽教育出版社，2020.

［24］辛泉. 消除压力心理咨询手册［M］. 北京：华文出版社，2003.

［25］新词新语规范基本原则研究课题组，金惠淑. 新词新语规范基本原则概论［M］//教育部语言文字应用研究所. 语言文字应用研究论文集 Ⅱ. 北京：语文出版社，2004.

［26］福奇. 工匠精神：缔造伟大传奇的重要力量［M］. 陈劲，译. 杭州：浙江人民出版社，2014.

［27］杨牧之. 编辑艺术［M］. 北京：中华书局，2006.

［28］余世存. 非常道：1840—1999 的中国话语［M］. 沈阳：辽宁教育出版社，2010.

［29］张立. 2019—2020 中国数字出版产业年度报告［M］. 北京：中国书籍出版社，2020.

［30］中国编辑学会. 编辑规范与编辑创新论：中国编辑学会第十五届

年会入选文集［M］. 北京：中国人口出版社，2013.

　　［31］中国编辑学会. 培养编辑名家　打造出版精品：中国编辑学会第16届年会获奖论文（2015）［M］. 北京：人民出版社，2016.

　　［32］中共中央文献研究室. 毛泽东文集：第七卷［M］. 北京：人民出版社，1999.

　　［33］中共中央马克思恩格斯列宁斯大林著作编译局. 列宁全集：第一卷［M］. 北京：人民出版社，2013.

（二）期刊

　　［34］蔡莹. 新时期图书编辑创新能力的培养策略和提升路径分析［J］. 新闻研究导刊，2019，10（8）：171-172.

　　［35］曹德和. 规范度评价以什么为根据：从"理性原则"和"习性原则"谈起［J］. 修辞学习，2005（6）：49-52.

　　［36］曹建，杨晓方. "三审三校"提升学术出版质量策略研究［J］. 中国出版，2018（10）：3-6.

　　［37］曹进，靳琰. 网络强势语言模因传播力的学理阐释［J］. 国际新闻界，2016（2）：37-56.

　　［38］曹梦园. 青年医学编辑的心理健康状况调查报告［J］. 卷宗，2013，3（5）：238.

　　［39］曹明倩. 知识流动视域下的编辑人才培养［J］. 出版发行研究，2019（10）：44-47.

　　［40］曹腾. 图书编辑与作者的沟通交流技巧分析［J］. 今传媒，2016，24（6）：120-121.

　　［41］曹巍，姜钰. 北师大出版集团期刊社：推动党建与业务深度融合［J］，党建，2019（9）：59.

　　［42］曹晓虹. 图书网络营销策略之我见［J］. 东华大学学报（社会科学版）. 2016，16（2）：105-108.

　　［43］陈爱萍，余溢文，巩倩，等. 编辑加工退修中编辑与作者间有效沟通的实现［J］. 学报编辑论丛，2020（0）：406-410.

［44］陈晗. 利益相关者视角的出版企业社会效益分析［J］. 中国出版，2020（9）：36-38.

［45］陈莉. 出版社设立终审部门的可行性分析：以北京大学出版社为例［J］. 出版广角，2020（22）：30-32.

［46］陈明伟. 践行工匠精神　助力科技强国：科技强国背景下科技出版的时代使命［J］. 科技传播，2020，12（12）：46-47，50.

［47］陈飘平. 工具书数字化转型的探索和启示：以上海外语教育出版社为例［J］. 编辑学刊，2020（2）：61-65.

［48］陈寿富. 学术期刊编辑的理性诉求与实践智慧：从高校社科学报编辑身份焦虑谈起［J］. 河南大学学报（社会科学版），2020（2）：151-156.

［49］陈淑芹. 媒介融合背景下图书出版的数字化转型发展［J］. 科技传播，2019，11（6）：185-186.

［50］陈伟俊. 高质量党建引领民营经济高质量发展［J］. 中国党政干部论坛，2019（5）：46-49.

［51］陈小刚. 浅谈 Word 和 Excel 软件在编辑工作中的应用［J］. 新闻研究导刊，2017，8（22）：259-260.

［52］陈裕华. 从"四力"践行微观童书传承和弘扬优秀中国文化［J］. 文教资料. 2020（16）：85-87.

［53］陈媛媛. 论高校出版社职业人才培养机制创新［J］. 中国出版，2020（10）：58-61.

［54］崔军英. 大数据时代图书编辑应具备的能力分析［J］. 科技传播，2020，12（15）：56-57.

［55］戴月. 浅谈全媒体时代图书编辑发展思路［J］. 科技传播. 2020，12（2）：159-160.

［56］邓欣欣. 关于推进国有企业党建工作创新的几点看法［J］. 改革与开放，2011（16）：51.

［57］窦臻. 把控组稿关键问题　提高科技图书出版质量［J］. 中国编辑，2018（2）：74-76.

［58］杜念峰. 新形势下党建出版工作的新任务和新机遇［J］. 中国出版，2019（1）：40-42.

［59］杜贤. 培养新时代编辑人才刍议［J］. 中国出版，2019（3）：15-17.

［60］杜新杰. 图书出版编辑如何在全媒体时代实现自我能力提升［J］. 科技传播，2020（4）：152-153.

［61］段存广. 浅析世界一流大学出版社的特征及启示［J］. 中国高校科技，2019（6）：83-85.

［62］段维，严定友."互联网＋"时代出版选题策划新思路［J］. 中国出版，2016（1）：14-17.

［63］范雨昕. 科技图书编辑业务能力的提升［J］. 采写编，2020（3）：135-136.

［64］方艳. 增强编辑的"四力"，做好重点图书选题策划：《荒漠化土地生态修复的中国模式——库布其模式解析》策划手记［J］. 传播力研究. 2019（17）：172.

［65］傅昕，王崇. 媒介融合背景下出版营销的创新策略研究［J］. 科技与出版，2020（1）：86-89.

［66］高丛菊，迟殿元，王志超. 医学期刊选题策划探究［J］. 齐齐哈尔医学院学报，2018，39（15）：1858-1859.

［67］高浩杰. 浅谈我国图书网络营销的现状［J］. 科技创新与生产力. 2017（1）：45-46，49.

［68］高婷. 智能时代图书编辑能力提升路径思考［J］. 出版广角，2019（17）：56-58.

［69］高振宇. 新时代大学出版社队伍建设的困境与机遇［J］. 科技与出版，2020（5）：103-107.

［70］郭丽娟. 浅析出版行业工匠精神的坚守、传承和创新［J］. 名作欣赏，2019（26）：118-120.

［71］郭芸. 智慧党建：党员教育的新平台——以人民出版社"党员小书包"为例［J］. 出版广角，2019（15）：50-52.

［72］韩敏. 出版社人才建设问题及策略思考［J］. 出版与印刷，2019（3）：63-67.

［73］韩啸，赵莹莹，张祥合，等. 科技期刊青年编辑成长的有效途径［J］. 编辑学报，2017，29（S1）：141-143.

［74］郝烨，于文.基于区块链技术的学术期刊出版优化创新［J］.科技与出版，2019（11）：66-70.

［75］何海勤.术业有专攻：也谈编辑分工［J］.中国出版，2003（12）：46-47.

［76］何自然.流行语流行的模因论解读［J］.山东外语教学，2014（2）：8-13.

［77］何自然.语言中的模因［J］.语言科学，2005（6）：54-64.

［78］贺军生.构建新型编辑绩效考核体系平衡图书双重效益［J］.科技与出版，2015（12）：129-131.

［79］贺莎莎.重视图书质量打造精品图书：图书质量现存问题及对策研究［J］.中国编辑，2017（10）：50-53.

［80］侯春霞.关于保障学术图书编校质量的思考［J］.市场观察，2020（8）：25-28.

［81］胡莉.对出版社编辑人才培养现状的几点思考［J］.新闻研究导刊，2020，11（10）：196-197.

［82］换晓明，赖雄麟.论编辑"工匠精神"与中国学派话语体系构建［J］.中国出版，2019（17）：42-46.

［83］黄可心.对新时期高校学报整体战略转型的理性思考［J］.吉林省教育学院学报，2011，27（2）：18-23.

［84］黄林.编辑职业倦怠的成因及对策［J］.出版科学，2011，19（2）：31-33.

［85］黄先蓉，常嘉玲.融合发展背景下出版领域知识服务研究新进展：现状、模式、技术与路径［J］.出版科学，2020，28（1）：11-21.

［86］姬建敏.开拓、创新、发展：新中国编辑学研究70年［J］.出版发行研究，2020（1）：16-21.

［87］姬建敏.学报编辑心理健康状况的调查［J］.河南大学学报（社会科学版），2005（5）：230-232.

［88］贾承慧.新时期图书出版对图书编辑能力的新要求［J］.办公室业务，2020（20）：57-58.

［89］贾慧娟，刘辉.高校出版社运用新媒体营销的改进策略：以微信

为例 ［J］. 科技与出版，2019（12）：100-103.

［90］贾茜. 探析如何提升图书编辑的综合能力 ［J］. 传媒论坛，2019，2（11）：141.

［91］江翠平. 出版直播对消费者购书行为的影响分析 ［J］. 出版广角，2020（22）：77-79.

［92］江雨莲，孙激. 人工智能在医学期刊编辑出版中的应用 ［J］. 科技与出版，2020（2）：66-71.

［93］蒋学东. 编辑绩效考核的定量化尝试 ［J］. 科技与出版，2014（1）：46-50.

［94］矫正. 大学出版社编辑人才培养路径探析 ［J］. 传播力研究，2020，4（4）：129-130.

［95］金锋. 从铁道专业编辑视角浅谈出版全周期与作者的有效沟通 ［J］. 出版参考，2020（4）：76-78.

［96］金华，吴文源，张明园. 中国正常人 SCL-90 评定结果的初步分析 ［J］. 中国神经精神疾病杂志，1986，12（5）：260-263.

［97］金蕾. 医学类译著中的现状及编辑加工技巧的探讨 ［J］. 传媒论坛，2019，2（2）：145，147.

［98］阚明旗. 论图书编校存在的问题及其对策建议 ［J］. 传媒论坛，2020，3（16）：91-92.

［99］孔国兴. "怼"：一个错误的研究对象 ［J］. 中国图书评论，2019（9）：27-33.

［100］雷洪勤. 自媒体时代图书营销策略研究 ［J］. 科技与出版，2019（7）：114-117.

［101］冷文伶. 图书编辑出版工作中与作者的有效沟通及合作 ［J］. 传媒论坛，2019，2（13）：147.

［102］李常庆. 我国新书出版快速增长的问题探析 ［J］. 出版广角，2016（21）：22-25.

［103］李翠薇. 编辑职业倦怠的成因及其干预措施 ［J］. 重庆工商大学学报（自然科学版），2014，31（10）：86-89.

［104］李广宇，张宁. 科技期刊编辑工作疲溃感与心理健康的相关性研

究［J］.中国科技期刊研究，2014，25（5）：679-681.

［105］李国昌，王凤林.图书编校"六忌"［J］.中国编辑，2019（10）：12-15.

［106］李华.医学科普图书编辑应提升的编辑力［J］.科技传播，2016，8（2）：36-37.

［107］李丽娟.土木工程类书稿加工过程中的几个常见问题［J］.科技与出版，2009（2）：33-35.

［108］李禧娜，郑倩玲，罗巧，等.医学期刊青年编辑如何提升审稿能力［J］.韶关学院学报，2015，36（6）：75-79.

［109］李禧娜.我国编辑人员职业倦怠研究概况［J］.传播与版权，2017（2）：52-54.

［110］李小玲.新媒体时代主流意识形态传播的挑战与对策［J］.新闻爱好者，2020（3）：44-48.

［111］李颖.建筑类书稿中几种常见错误的编辑加工［J］.科技信息，2018（4）：70.

［112］梁莹莹.大数据时代下图书编辑能力培养方法探讨［J］.新闻研究导刊，2020，11（14）：174-175.

［113］廖小刚，陈琳.高校出版社数字出版的现状、发展趋势及对策［J］.中国编辑，2018（11）：56-62.

［114］林佳木."低颜值"的学术图书封面：问题、原因及对策分析［J］.传播力研究，2019，3（24）：150，152.

［115］刘春艳，廉强.我国出版智库知识服务创新模式及其保障机制研究［J］.科技与出版，2020（11）：122-127.

［116］刘洪，赵可.《戏曲进校园普及读本》编写手记［J］.采写编，2017（6）：136-138.

［117］刘炯.编辑与作者的有效沟通：四"真"法［J］.科技传播，2015，7（4）：26-27.

［118］刘莉."非暴力沟通"在科技期刊编辑与作者沟通中的应用［J］.编辑学报，2020（3）：338-341.

［119］刘清田.策划编辑与加工编辑分离下的出版物质量风险与防控

[J].中国编辑，2016（6）：12-14，18.

[120]刘莎，金海成，应惠，等.大数据下的网络图书销售模式及未来发展探究[J].商场现代化，2020（5）：15-16.

[121]刘书焕.出版社编辑职业倦怠的成因与应对[J].采写编，2019（6）：140-141.

[122]刘向鸿.浅析融媒体时代图书编辑"四力"理念的实操与细分[J].出版发行研究.2020（4）：78-83.

[123]刘亚平.出版直播的兴起与发展[J].中国传媒科技，2020（6）：42-44.

[124]刘艳.地方文化选题的策划与运作：以广西师范大学出版社地方特色图书出版为例[J].出版广角，2015（17）：72-73.

[125]柳斌杰.只有高起点　才能大发展：为《大学出版发展战略研究》序[J].大学出版，2007（4）：4-9.

[126]柳丰.论书号收紧对中国书业的影响及出版社的应对[J].衡阳师范学院学报，2020（1）：154-158.

[127]娄红立.跨文化视域下新闻网站联合数字技术助推中国文化对外传播[J].新闻爱好者，2020（5）：46-48.

[128]卢婵.论图书编辑与作者沟通的方法[J].传播力研究，2019，3（22）：151.

[129]罗晓黎.论《旅游英语》的教材内容的多样性[J].英语广场，2018（12）：78-79.

[130]骆萍.大学出版社可持续发展路径探索[J].科技与出版，2020（2）：38-42.

[131]吕宝霞."囧"的古词新义及其演变的认知研究[J].现代语文，2010（9）：133-136.

[132]吕应春.科技期刊编辑心理健康状况调查分析[J].山东精神医学，2005（4）：238-239.

[133]马嘉.层层把关、标本兼治：构建图书编校质量控制流程[J].科技与出版，2018（6）：80-83.

[134]马力亚·阿瓦力汗.增强"四力"提升编辑工作质量[J].新闻

研究导刊. 2020, 11 (22): 199-200.

［135］马全动. 浅谈如何推进国有企业党建工作创新［J］. 现代企业文化，2015 (32): 26.

［136］马伊顾. "出版+"理念下编辑人才培养模式探索［J］. 中国出版，2019 (12): 55-58.

［137］缪宏建. 科技期刊青年编辑的主要特点、成才标准及培养措施探讨［J］. 泰州职业技术学院学报，2006, 6 (5): 54-56.

［138］穆向明. 基于区块链技术的数字版权保护新思路：《2018 年中国网络版权保护年度报告》评述［J］. 出版广角，2019 (19): 91-93.

［139］穆雪. 论高校出版社发展数字出版的对策研究：以陕西省高校出版社为例［J］. 今传媒，2013 (4): 66-67.

［140］聂文聪. 图书编辑出版过程中与作者的有效沟通及合作［J］. 现代交际，2019 (4): 102-103.

［141］聂震宁. 创新时代出版创新面面观［J］. 编辑之友，2003 (2): 12-15.

［142］牛志娟. 完善出版物印前质检工作应注意的几个问题：以高等教育出版社为例［J］. 科技与出版，2020 (5): 74-78.

［143］欧阳菲. 出版社如何借力微博营销？［J］. 出版广角，2014 (15): 52-54.

［144］潘洁. 浅谈医学期刊编辑提升统计学素养的难点及策略［J］. 新闻传播，2018 (22): 73-74.

［145］潘洁. 微传播时代医学编辑的角色转变及素养要求［J］. 新媒体研究，2018, 4 (18): 77-78.

［146］钱翠翠. "互联网+"背景下地方高校出版社的转型升级路径研究［J］. 市场论坛，2019 (10): 80-83.

［147］钱添艳，尹群. 从网络新词"怼"看方源词的扩大化［J］. 湖州师范学院学报，2019, 41 (11): 110-116.

［148］强薇. 浅析中小型高校出版社的数字化转型［J］. 新闻世界，2018 (7): 90-92.

［149］乔文华. 浅析出版单位的微博内容运营与图书营销［J］. 新闻研

究导刊，2020，11（5）：195-196.

［150］秦珂. 首次销售原则在我国图书馆传播与利用数字作品中的延伸性适用探讨［J］. 图书情报工作，2018，62（16）：15-21.

［151］任剑乔，卢渝宁. 关于图书印前编校质量检查的重点：以西南师范大学出版社为例［J］. 出版发行研究，2017（1）：86-88.

［152］荣静. 新形势下医学图书策划编辑选题优化的思考［J］. 新闻研究导刊，2019，10（8）：175，230.

［153］阮静. 论新媒体时代传统编辑出版的困境与出路［J］. 传媒论坛，2020，3（1）：88-89.

［154］单晓维. 高校档案和校园文化建设的唯物辩证观［J］. 兰台世界，2011（18）：30-31.

［155］佘晓灵. 大数据时代图书网络营销的困境及出路［J］. 现代营销（经营版）. 2018（7）：91.

［156］沈建新. 媒体融合下高校学报数字化转型的解析及路径探索［J］. 科技与出版，2018（12）：148-151.

［157］沈鑫，裴庆祺，刘雪峰. 区块链技术综述［J］. 网络与信息安全学报，2016，2（11）：11-20.

［158］施东毅. 图书编辑与作者的有效沟通研究［J］. 新闻传播，2015（3）：85，87.

［159］石丹. 论区块链技术对于数字版权治理的价值与风险［J］. 科技与出版，2019（6）：111-120.

［160］石文慧. 浅析图书出版单位针对编校人员人力资源的差异化管理［J］. 内蒙古科技与经济，2019（7）：23-24.

［161］史菲菲. 教材书稿中引用的法律法规标准过时问题：以《建设法规》书稿为例分析［J］. 传播与版权，2018（2）：24-25.

［162］史格非，于笑天，黎世莹，等. 控制撰稿源头，提高编校质量［J］. 编辑学报，2018（1）：54-56.

［163］宋亚卿，姜山. 浅谈科技类图书编辑加工中的易错点［J］. 新闻研究导刊，2020，11（5）：188-189.

［164］宋亦芳. 移动互联网时代大学出版社数字出版创新转型辨析［J］.

中国传媒科技，2020（1）：39-41.

[165] 苏雅. 浅谈科技类专业图书POD线上平台销售通路搭建的关键要素 [J]. 出版参考，2018（7）：58-59.

[166] 苏雨恒. 实行导师制培养模式加强青年编辑队伍建设 [J]. 中国编辑，2019（1）：4-7.

[167] 隋云平. 医学学术专著中黑马校对系统的使用 [J]. 采写编，2019（4）：128-130.

[168] 孙保营. "互联网+"背景下地方高校出版社转型发展战略选择研究：以郑州大学出版社为例 [J]. 新闻爱好者，2020（10）：50-53.

[169] 孙保营. 融合出版背景下高校出版社人才队伍建设困局及破解 [J]. 中国出版，2020（16）：46-50.

[170] 孙保营. 新时代大学出版社助推母体学校"双一流"建设的内在要求与实现路径 [J]. 科技与出版，2020（12）：81-87.

[171] 孙保营. 新时代地方高校出版社图书质量建设的困局与纾解 [J]. 科技与出版，2020（8）：26-30.

[172] 孙保营. 新时代高校出版社编辑的学术能力：内涵、问题与提升路径 [J]. 出版广角，2020（18）：28-31.

[173] 孙保营. 新时代学术出版人工匠精神的内涵意蕴与培育路径 [J]. 科技与出版，2021（1）：110-114.

[174] 孙保营. 新时代学术图书责任编辑之责任的八个维度 [J]. 中国编辑，2021（2）：87-90.

[175] 孙华明. 浅谈出版社品牌图书的打造与维护：以《新语文读本》为例 [J]. 出版广角，2019（12）：30-32.

[176] 孙文科. 关于加强编辑队伍建设的几点思考 [J]. 中国编辑，2018（6）：53-54，65.

[177] 孙文科. 解读出版专业技术人员职业资格制度 [J]. 科技与出版，2009（5）：21-24.

[178] 孙晔. 从图书三审制的实施现状反思各环节的功能定位 [J]. 编辑之友，2017（3）：74-76，80.

[179] 孙亦君. 用工匠精神打磨原创科普图书：从《科学令人如此开

怀》丛书编辑工作浅谈对我国少儿科普图书出版的思考［J］．传媒论坛，2019，2（13）：140，142．

［180］孙玉超，屈婷．高校商务英语教材的出版发展探讨［J］．出版广角，2018（19）：56-58．

［181］谈新敏，丁忠华．浅谈创新思维对发展图书出版业的重要性［J］．法制与社会，2010（1）：213-214．

［182］汤枫．大数据时代下图书编辑能力培养探讨［J］．科技传播，2016，8（6）：57-58．

［183］唐志荣，康锋，陈丽琼．大数据时代高校科技期刊全程数字化出版及其知识服务转型［J］．未来传播，2019（6）：21-27．

［184］田常清，谢泽杭，周玉波．高校出版社发展质量评价指标体系构建研究［J］．出版发行研究，2019（2）：18-22．

［185］田宏碧，张志强．中国大陆编辑心理健康研究评述［J］．出版科学，2011，19（6）：23-26．

［186］仝磊，董润泽．新时代出版高质量发展的品牌建设之路［J］．中国编辑，2021（3）：49-53．

［187］童辉杰．SCL-90 量表及其常模 20 年变迁之研究［J］．心理科学，2010，33（4）：928-930，921．

［188］童子乐．浅论学术图书编校工作中的困境及出路［J］．传播与版权，2020（4）：58-59．

［189］万李．发扬工匠精神提高工程技术类图书出版质量：工程技术类图书专业术语辨析［J］．传播与版权，2019（4）：51-53．

［190］汪海运．浅议学术期刊编辑在审稿过程中应具备的政治素养［J］．出版广角，2015（10）：78-79．

［191］汪桥．新时期大学出版社发行渠道及营销模式探析［J］．编辑之友，2013（3）：52-54．

［192］王成兵．高质量党建引领保障高质量发展［J］．红旗文摘，2019（19）：39．

［193］王程程．实、优、精、远：出版重点选题的规划策略［J］．中国出版，2020（11）：33-36．

［194］王大可，李本乾. 数字时代救灾应急出版的传承与新变［J］. 中国编辑，2020（7）：58-61.

［195］王方宪. 书稿质量检查与编辑加工要求［J］. 中国编辑，2016（3）：12-16.

［196］王芳. 论地方特色资源的建用结合与可持续发展：以辽宁省地方特色资源建设为例［J］. 图书馆学刊，2017，39（4）：40-44.

［197］王庚梅. 中国标准书号应用综述：规范应用中国标准书号，促进行业信息化建设［J］. 全国新书目，2019（11）：16-18.

［198］王加俊，吴从新. "双一流" 建设背景下高校出版社核心竞争力培养研究［J］. 出版参考，2019（10）：28-32.

［199］王剑乔. "互联网+" 时代编辑素养提升的再思考［J］. 新媒体研究，2017，3（24）：70-71.

［200］王静. 浅谈编辑校对工作中黑马校对软件的应用［J］. 电脑知识与技术，2020，16（28）：239-240.

［201］王军. "双一流" 建设背景下加强高校出版工作刍议［J］. 现代出版，2018（4）：27-28.

［202］王俊琴. 国际标准书号的起源与发展：从 SBN 诞生到 ISBN 修订［J］. 出版广角，2017（5）：64-66.

［203］王玲. 媒体融合时代出版业互联网思维与编辑素养的提升［J］. 大科技，2019（31）：230.

［204］王明琳. 出版社编辑职业倦怠的成因及干预措施探析［J］. 传播与版权，2020（1）：45-46，49.

［205］王穆超. 邹韬奋期刊编辑思想对当代期刊编辑的教益［J］. 中国报业，2013（24）：102-103.

［206］王希杰. 汉语的规范化问题和语言的自我调节功能［J］. 语言文字应用，1995（3）：9-15.

［207］王晓红. 高校出版社数字化转型的现实路径和发展方式研究［J］. 采写编，2018（4）：125-126，173.

［208］王彦祥. 论编辑出版教育与工匠精神培育［J］. 中国出版，2017（14）：25-29.

［209］王一莉. 新媒体时代图书出版编辑工作的创新思考［J］. 新闻研究导刊，2020，11（19）：191-192.

［210］魏春玲，雷鸿昌. 论新时代图书编辑工匠精神［J］. 中国出版，2019（20）：59-61.

［211］魏国强，陈莹，吕鹏启. 教育出版的知识服务功能转型研究［J］. 出版广角，2018（23）：44-46.

［212］魏玉山. 关于研究出版业高质量发展的几个问题［J］. 出版发行研究，2019（2）：1.

［213］温相雄. 基于 7Ps 理论的公共图书馆服务营销策略研究［J］. 大学图书情报学刊，2020，38（3）：54-58.

［214］吴红艳，李春华，白发秀. 科技期刊编辑的心理健康状况与个性特征分析［J］. 编辑学报，2003，15（4）：306-307.

［215］吴民虎. 浅谈如何培养编辑出版人员的积极心理［J］. 新闻研究导刊，2017，8（17）：244.

［216］吴明华. 确保图书质量的管理思考与探索［J］. 科技与出版，2019（7）：23-26.

［217］吴培华. 学术图书出版：现状、问题与保障［J］. 现代出版，2020（6）：16-20.

［218］吴平. 学术出版的价值与意义［J］. 出版科学，2019，27（6）：5-8.

［219］吴庆庆，席慧. 印前质检是保障图书编校质量的有效措施［J］. 传播与版权，2019（1）：78-80.

［220］武晓涛. 建筑类图书书稿常见问题分析［J］. 出版参考，2020（2）：71-74.

［221］夏丹. 全媒体出版时代学术图书馆配市场发展策略研究［J］. 图书馆理论与实践，2019（11）：18-23.

［222］肖贵飞. 新时代学术图书出版的本质与实践路径［J］. 中国编辑，2019（11）：44-48.

［223］谢广灼. 二维码在图书出版行业中的应用［J］. 出版广角，2015（Z1）：130-133.

［224］徐东，崔然. 我国数字出版融合发展趋势探讨［J］. 出版广角，

2020（5）：15-18.

　　［225］徐菲. 浅谈科技出版社图书质量管理体系的完善［J］. 科技传播，2018，10（24）：180-182.

　　［226］徐晶. 浅议沟通能力对图书编辑的重要性［J］. 新闻研究导刊，2019，10（5）：184.

　　［227］徐静，刘冰. 与时俱进的科技期刊编辑职能［J］. 编辑学报，2016（1）：95-97.

　　［228］徐志武，王晓园，周畅. 我国传统出版单位青年编辑职业奉献意愿研究［J］. 现代出版，2019（6）：64-68.

　　［229］许金，贾晶晶，王健. 高校学报青年编辑职业倦怠的成因及调适［J］. 滨州学院学报，2016，32（5）：84-86.

　　［230］杨博. 医学编辑能力素养提升策略探讨［J］. 中国报业，2020（2）：96-97.

　　［231］杨牧之. 编辑要有高尚的文化品格：兼谈编辑的鉴赏能力和审美情趣［J］. 中国编辑，2008（5）：72-75，78.

　　［232］杨娜. 新时期提高图书出版质量的策略探讨［J］. 国际公关，2020（3）：13.

　　［233］杨石华，陈卓. 出版项目制：图书质量保障的有效实践方式［J］. 出版广角，2019（15）：20-23.

　　［234］杨绪明，陈晓. "怼"的来源、语义及方言词语网络流变规律［J］. 语言文字应用，2019（2）：76-83.

　　［235］杨迎春. 编辑出版的工匠精神是这样练就的［J］. 出版发行研究，2017（12）：98-100.

　　［236］姚大彬. 新媒体时代图书编辑创新能力的培养和提升［J］. 办公室业务，2019（16）：44.

　　［237］姚文兵. 高校教材出版存在的问题、原因及对策［J］. 大连海事大学学报（社会科学版），2009，8（6）：138-140.

　　［238］易龙，周涛. 基于实测数据的中英文智能编校系统对比研究［J］. 出版科学，2020，28（4）：15-21.

　　［239］殷茵，王红帆. 青年审读编辑职业倦怠与心理建设［J］. 江汉大

学学报（自然科学版），2012，40（4）：74-75.

　　［240］于友先. 出版强国与人才培养［J］. 中国出版，2010（19）：6-9.

　　［241］余燕东. 互联网时代营销模式创新的途径与对策研究［J］. 市场论坛，2015（1）：56-57.

　　［242］俞道凯. 大学出版社学术著作的营销之道［J］. 新媒体研究，2019，5（5）：62-63.

　　［243］袁翠红. 图书编辑出版过程中与作者的有效沟通及合作［J］. 科技传播，2016，8（15）：57-58，67.

　　［244］袁贞. 新时代图书编辑应具备的素质及提高途径［J］. 新闻研究导刊，2020，11（19）：185-186.

　　［245］岳昌庆. 向左，向右?：策划编辑与文案编辑划分的实践与探索［J］. 出版参考，2015（3）：36-37.

　　［246］岳静玲，韩玉. 科技期刊编辑心理健康状况及心理素质的优化［J］. 中国健康心理学杂志，2007，15（6）：559-560.

　　［247］恽薇，许秀江. 区块链在读者点印模式中的应用分析［J］. 出版参考，2019（4）：58-60，64.

　　［248］恽薇. 培养学者型编辑人才，提升学术原创图书品质［J］. 出版广角，2019（17）：48-50.

　　［249］昝景岩. 出版社专职文字编辑职业现状与发展策略［J］. 出版与印刷，2020（1）：97-100.

　　［250］翟晓娟，张宇，史梅. 图书馆线上线下融合的新媒体营销实践与策略研究：以南京大学图书馆为例［J］. 图书馆理论与实践，2020（1）：102-107.

　　［251］詹斌. 新时代出版工作者的八项修炼［J］. 中国出版，2020（24）：39-42.

　　［252］詹伯慧. 再论语言规范与语言应用［J］. 语言教学与研究，1999（3）：34-48.

　　［253］张放. 论学术图书编审流程中编辑与作者的互动［J］. 中国编辑研究，2011（4）：31-35.

　　［254］张锋. 数字出版对传统出版的影响［J］. 采写编，2016

（3）：118.

［255］张海丽. 数字时代学术图书出版的思考［J］. 出版广角，2020（10）：57-59.

［256］张琳，刘晓涵. 提高科技期刊编辑与作者沟通效率的研究［J］. 编辑学报，2017，29（1）：17-20.

［257］张文静. 高校出版社：从"使用人才"到"经营人才"［J］. 出版参考，2016（7）：43-44.

［258］张秀红，吴琼. 辽宁省学术期刊编辑心理健康状况调查分析［J］. 辽宁师范大学学报（自然科学版），2011，34（2）：243-246.

［259］张勋，栾奕，库雪飞，等. 医学期刊编辑心理健康状况调查研究［J］. 中国当代医药，2012，19（10）：175.

［260］张英瑛. 新媒介时代出版机构的网络直播营销模式探析［J］. 出版广角，2019（4）：68-70.

［261］张宇霞. 工匠精神在融媒体时代编辑出版工作中的作用［J］. 新闻研究导刊，2020，11（24）：183-184.

［262］张玉明. 以高质量党建引领企业高质量发展［J］. 党建，2019（3）：53-54.

［263］张志平. 新形势下国有企业党建问题研究与对策建议［J］. 中共伊犁州委党校学报，2015（3）：22-24.

［264］赵金鑫，张筱，赵静姝，等. 医学期刊编辑初审能力的培养［J］. 中华现代护理杂志，2016，22（20）：2959-2960.

［265］赵静. 策划编辑与加工编辑对图书质量所负职责应有所重合［J］. 科技与出版，2009（7）：41-42.

［266］赵丽华，吴俊庭. 在调整中前行：对当前大学出版社发展态势的反思［J］. 出版广角，2019（20）：18-20.

［267］赵伟力，孙玮贤，李凌雁. "深挖细耕"本土出版资源，着力做好地方特色出版［J］. 科技与出版，2016（10）：104-107.

［268］郑持军，任志林. 出版社编辑职业倦怠的成因及干预措施探析［J］. 出版发行研究，2010（1）：34-37.

［269］郑可. 打造出版精品，推动高质量发展：关于新时代出版人践行

"四力"的若干思考［J］. 中国编辑，2019（11）：30-33，54.

［270］郑月林. 图书编辑职业倦怠成因分析及解决对策［J］. 传播与版权，2019（9）：55-56，59.

［271］中央党校党建部课题组. 高质量党建引领高精尖发展：中关村门头沟科技园区党建工作实践探索［J］. 前线，2019（4）：79-81.

［272］钟菱. 编辑人才断层的原因分析以及培养对策［J］. 新闻研究导刊，2016，7（14）：277-278.

［273］周方圆. 用编辑能动性增益图书价值：以建筑类图书编辑的营销实践为例［J］. 中国出版，2019（8）：49-51.

［274］周红利. 编辑与作者双向沟通模式探索［J］. 新闻研究导刊，2020，11（7）：176-177.

［275］周俊. 数字时代出版编辑思维模式转型及实现策略［J］. 采写编，2020（6）：84-86.

［276］周世慧. 图书责任编辑的工作现状浅析［J］. 出版参考，2017（8）：59-60.

［277］周雯迪. "囧"与"窘"行废关系探析［J］. 名作欣赏，2018（9）：162-164.

［278］周义军. 关于建立高校教材评价体系的思考［J］. 现代出版，2011（3）：24-26.

［279］朱丹. 提升图书编校质量之我见［J］. 中国出版，2019（21）：35-37.

［280］朱剑. 如影随形：四十年来学术期刊编辑的身份焦虑——1978—2017年学术期刊史的一个侧面［J］. 清华大学学报（哲学社会科学版），2018，33（2）：1-35，192.

［281］庄红权，温蕴辉. 以内容为体，以技术创新和体制创新为翼：清华大学出版社出版融合初探［J］. 出版广角，2018（1）：38-40.

［282］曾冬苗. PDCA循环结合健康教育在脑卒中患者康复护理中的应用［J］. 微量元素与健康研究，2020，37（4）：78-79.

［283］曾志红. 试谈高校学报青年编辑的职业倦怠问题［J］. 华南师范大学学报（社会科学版），2008（4）：154-156.

［284］左浚茹. 专业出版社青年编辑的职业发展［J］. 科技资讯，2018，16（1）：234-235.

（三）学位论文、报纸、网络等其他资料

［285］丁忠华. 图书出版业创新模式的历史演进与趋势研究［D］. 郑州：郑州大学，2010.

［286］富雅青. 媒介融合背景下高校编辑出版专业人才培养研究［D］. 武汉：武汉理工大学，2016.

［287］郭祥. 当代非本义网络流行词（语）研究［D］. 泉州：华侨大学，2020.

［288］刘腾飞. 中华预防医学会系列杂志编辑工作者心理健康状况及影响因素分析［D］. 唐山：河北联合大学，2011.

［289］阮爱萍. 医学图书出版策划研究［D］. 上海：第二军医大学，2006.

［290］姚仁斌. 安徽省高校学报编辑心理健康现状及其与社会支持、职业倦怠的相关性研究［D］. 合肥：安徽医科大学，2014.

［291］张薇. 医学期刊编辑心理健康状况及影响因素［D］. 唐山：河北联合大学，2015.

［292］2017年全国新闻出版业基本情况［N］. 中国新闻出版广电报，2018-08-06（2-3）.

［293］陈昊武. 在新时代大力弘扬工匠精神［N］. 人民日报，2020-04-20（9）.

［294］陈莹，晓雪. 从纸电同步到纸电声一体化"蝶变"［N］. 中国出版传媒商报，2019-05-24（1）.

［295］杜大力，赵玉山，邢自兴. 从大数据看新中国70年出版成就与发展历程［N］. 中国新闻出版广电报，2019-10-08（4）.

［296］吉沄. 不必为"怂"站台［N］. 语言文字周报，2019-01-23（1）.

［297］黄孝阳. 由编辑"四力"谈新时代出版工作者的价值与思考

［N］．中国出版传媒商报，2019-11-19（7）．

　　［298］李静．出版界又一新概念：三维码融媒书能给出版业带来什么？
［N］．出版商务周报，2019-06-16（13）．

　　［299］卢秀娟．重视流程管理　提升图书编校质量［N］．中国新闻出版
广电报，2019-06-19（4）．

　　［300］晓孛．三重忧患重压，高校教材出版探问出路［N］．中华读书
报，2010-04-07．

　　［301］张中兴．关于科技类图书封面、版式设计的一些思考［N］．新华
书目报，2015-06-11（A03）．

　　［302］赵强．珍爱读者，出版业方能走得更远［N］．中国新闻出版广电
报，2020-12-31（3）．

　　［303］郑海燕．社会效益考核下大学出版社高质量发展路径探析［N］．
中国新闻出版广电报，2019-11-20（4）．

　　［304］耿银平．建设制造强国需要"工匠精神"［N/OL］．光明日报，
2016-03-10（6）［2021-01-12］．http：//opinion．people．com．cn/n1/2016/
0310/c1003-28187447．html．

　　［305］中共中央．中共中央印发《深化党和国家机构改革方案》［A/
OL］．（2018-03-21）［2021-01-08］．http：//www．gov．cn/zhengce/2018-
03/21/content_ 5276191．htm#1．

　　［306］国家新闻出版署．2019年新闻出版产业分析报告（摘要）［R/
OL］．（2020-11-03）［2021-01-13］．http：//www．nppa．gov．cn/nppa/up-
load/files/2020/11/c46bb2bcafec205c．pdf．

　　［307］习近平．在知识分子、劳动模范、青年代表座谈会上的讲话［R/
OL］．（2016-04-30）［2021-01-12］．http：//www．gov．cn/xinwen/2016-
04/30/content_ 5069413．htm．

　　［308］国家新闻出版署关于组织实施数字出版精品遴选推荐计划2020
年度项目申报工作的通知［EB/OL］．（2020-04-03）［2021-01-09］．
http：//www．nppa．gov．cn/nppa/contents/279/45925．shtml．

　　［309］吴培华．论大学出版发展的初心、路径和愿景［EB/OL］．（2019-
08-31）［2020-11-29］．http：//media．people．com．cn/n1/2019/0831/

c40606-31329133. html.

［310］吴屹桉. "中国学术数字出版联盟"成立　促进中国学术成果"走出去"［EB/OL］.（2015-07-15）［2020-11-29］. http：//www. cssn. cn/ts/bwdj/201507/t20150716_ 2082319. shtml.

［311］董良敏. 新时代图书编辑要加强的六大能力［EB/OL］.（2019-05-30）［2020-11-29］. https：//www. cptoday. cn/news/detail/7688.

［312］中共中央宣传部. 中宣部印发《图书出版单位社会效益评价考核试行办法》［EB/OL］.（2019-03-11）［2021-01-13］. http：//www. sohu. com/a/300543010_ 210950.

后　记

　　两年前，我调任郑州大学出版社社长、总编辑。作为出版界的"新兵"，面对国家对国有文化企业"社会效益首位，实现社会效益和经济效益相统一"的约束性制度安排，面对新时代对出版业高质量发展的新要求，面对国家权威出版机构在高端图书市场愈加凸显的头部效应、地方出版集团对教材教辅市场不可撼动的垄断性地位，面对大学出版社特别是地方大学出版社所处市场竞争压力的逐步增大，我感觉压力颇大。同时，在数字媒体迅速发展的今天，数字阅读、网络阅读已成为多数人的阅读方式，很多人不再购买纸质图书，相当一部分大学生不愿购买教材，导致大学社传统纸质出版逐年下滑；虽积极探索和发展数字出版业务，但盈利模式还不成熟。大学社在人才队伍建设、图书质量建设、图书营销推广、优质选题策划等方面都还存在很多问题和短板。这些问题时常困扰着我，亟须探索出有效办法和途径，解决这些现实困境和问题，实现大学社高质量发展。

　　大学社特别是地方大学出版社如何在危机中育新机、变局中开新局，我认为，这需要出版社班子成员和全体员工的团结协作、共同努力，危中寻机、化危为机，增强忧患意识、推动改革创新；需要每一位大学出版人充分发扬"为民服务孺子牛、创新发展拓荒牛、艰苦奋斗老黄牛"的"三牛精神"，以精益求精的工匠精神出版精品力作，实现良性可持续发展。

　　幸运的是，郑大社领导班子是一支团结协作并具有战斗力的团队。党总支书记韩晔具有较强的统揽全局的驾驭本领，勇于担当、廉洁自律，以党建引领出版社高质量发展；副总编辑崔青峰出版编辑业务能力强，是业务的行家里手，同时勤勉敬业、务实严谨；副总编辑吴昕市场意识敏锐，市场开拓能力强，并且多才多艺，丰富了出版社员工的业余生活；副社长李海涛为人真诚，爱岗敬业，解决问题及难题有思路、有办法，执行力强。班子成员的努力和各自优势的发挥，以及"心往一处想、劲往一处使"的大局观念和协作意识，为出版社高质量发展提供了组织保障。2020 年年初，出版社对中层干部进行换届调整，换届后的中层干部队伍充分体现了年轻化、专业化，他们群众基础好，工作动力足，带领部门和分社员工开拓进取，工作业绩取得很大进步。这为探索新时代背景下大学出版社高质量发展提供了实践依据。

为了探索新时代大学出版社高质量发展的路径，近两年来，我根据工作实践，并参阅了近 500 篇相关文献，分专题撰写了 15 篇学术文章和 5 篇书评，这些文章主要围绕新时代大学社发展中的问题而展开，对于我和郑大社更好地践行高质量发展理念提供了有益的方法和路径指导。

为了充分调动广大员工参与大学社高质量发展探索和实践的积极性，在我的倡议和安排下，出版社举办了"'新时代大学出版社高质量发展'理论研讨会"，这也是郑大社第一次在全社范围内举办学术理论研讨会。员工结合自身岗位实践中存在的问题，并参考相关文献，共撰写了 82 篇学术论文。这些论文主要包括学术前沿思辨、选题策划要义、编校实务探微、编辑队伍建设、出版营销方略、转型发展探究等主题，对大学社高质量发展进行了系统分析和阐释。从总体上来说，活动达到了预期效果，调动了大家开展学术研究的积极性，提升了员工的学术素养；提高了员工对大学社高质量发展的理解能力和践行动力，形成了争做有情怀、有格局、有思想、有担当、有技能、有追求的大学出版人的良好氛围。

在"新时代大学出版社高质量发展"理论研讨会征稿和活动过程中，出版社总编室李珊珊同志负责文章的整理、分类、评奖等各项基础性工作；出版社副总编辑崔青峰编审、原副社长骆玉安编审等作为评审专家，对全部文章进行了认真评阅，并评出各类奖项。在书稿的编辑过程中，出版社社科分社副总编辑张帆、人文（洛阳）分社刘晓晓编辑、审读质检部张华编辑等对书稿进行了认真编校和审读。在出版过程中，人文（洛阳）分社社长李勇军编审、孙精精编辑，多次与河南文艺出版社相关人员沟通交流，对本书的顺利出版提供了很多支持。在此一并表示感谢。

河南文艺出版社总编辑马达编审，安排优秀编辑、校对等对书稿进行精心编辑和审读，安排排版、设计、印制人员以近乎完美的装帧设计风格和印制质量把该书呈现给广大读者，为本书的顺利出版做出了积极贡献，在此表示衷心感谢。

我要特别感谢中国大学出版社协会理事长、清华大学出版社社长宗俊峰教授。我在 4 次大学版协及有关会议上聆听了他的专题报告，并 3 次与他面对面交流，他对我国出版业及大学社发展具有前瞻性、全局性的认识和把握，他的报告和观点使我受益匪浅。在我向他汇报郑大社举办高质量发展论坛，拟结集出版优秀论文，并请他为此书写序时，他欣然答应，让我感动、倍受鼓舞。

书中的文章是由 40 余位作者结合工作实践和"新时代大学出版社高质量发展"主题而撰写，因内容涉及多个学科和领域，文中观点难免有偏颇及纰漏之处，敬请读者朋友不吝赐教。

2021 年 7 月 25 日